Nikolaus B. Enkelmann · Power der Verkaufsrhetorik

Nikolaus B. Enkelmann

Power der Verkaufsrhetorik

Mit Sprache, Stimme und Persönlichkeit überzeugen

GABLER

Die Deutsche Bibliothek – CIP-Einheitsaufnahme

Enkelmann, Nikolaus B. :
Power der Verkaufsrhetorik : mit Sprache, Stimme
und Persönlichkeit überzeugen / Nikolaus B. Enkelmann. –
Wiesbaden : Gabler, 1996
ISBN 3-409-19626-9

Der Gabler Verlag ist ein Unternehmen der Bertelsmann Fachinformation.

Lektorat: Manuela Eckstein

Umschlaggestaltung: Schrimpf und Partner, Wiesbaden
Satz: FROMM MediaDesign GmbH, Selters/Ts.
Druck und Bindung: Wilhelm & Adam, Heusenstamm
Printed in Germany

ISBN 3-409-19626-9

Vorwort

Ganz herzlich möchte ich mich beim Gabler Verlag und seinen höchst motivierten Mitarbeitern bedanken, daß dieses Buch rechtzeitig zu meinem 30jährigen Berufsjubiläum und zu meinem 60. Geburtstag erscheinen kann.

Es war unser gemeinsames Ziel, ein Buch auf den Markt zu bringen, das Leadern und Verkäufern wirklich helfen kann. Denn es gibt viele Thesen, die sich sicher gut anhören, die aber in der Praxis nicht den gewünschten Erfolg bringen.

Bedanken möchte ich mich auch bei den vielen tausend Seminarteilnehmern, die an die Wirksamkeit meiner Übungen geglaubt haben und den Weg nach oben gegangen sind. Unser Maßstab ist ihr Erfolg. Dreißig Jahre Berufserfahrung haben mich gelehrt, wie wirksam unser Training sein kann.

Es dauert nicht mehr lange, und es beginnt ein neues Jahrtausend. Wenn wir wollen, daß die Erde – unser blauer Planet – überlebt, benötigen wir auf allen Gebieten erfolgreiche Menschen; mehr als jemals zuvor. Wir benötigen erstens Menschen mit Visionen, zweitens Menschen, die andere für diese Visionen begeistern können.

Ein Zeitalter des Lernens und des Überzeugens kommt auf uns zu. Abschied nehmen vom Alten, frei werden für das Neue – des Lernens wird kein Ende sein. Verkäufer und Leader müssen starke Persönlichkeiten sein, um sich im Strom der Zeit nicht verunsichern zu lassen. Denn wer Angst hat, macht Angst, wer Mut hat, macht Mut. Verkäufer benötigen ein starkes Selbstbewußtsein. Denn Verkaufen ist ein sozialer Akt, bei dem der eine etwas besitzt, was der andere benötigt. Ein Verkäufer muß das „Nein“ eines Kunden ertragen können, denn in einer Demokratie darf ein Kunde nein sagen.

Lesen Sie dieses Buch bitte nicht nur einmal oder fünfmal. Lesen Sie es mit einem Marker, lernen Sie vielleicht die Passagen auswendig, damit der Inhalt Ihr Eigentum wird und Sie unbewußt erfolgreich macht. Wer eine Stadt nur einmal besucht, lernt nie die Stadt kennen. Lesen Sie das

Buch zehnmal, oder lassen Sie dieses Buch zu Ihrem ständigen Begleiter werden. So wachsen Sie an sich und durch sich. Denn alles liegt in Ihnen, auch der große Leader, auch der Spitzenverkäufer.

Wer seine Persönlichkeit verändert, verändert seine Verkaufszahlen. Hochdotierte Stellen stehen Ihnen offen. Vielleicht sagen Sie mit Überzeugung: „Ich werde trainieren, bis ich meine Meisterschaft erreicht habe."

Königstein, im Januar 1996 NIKOLAUS B. ENKELMANN

Inhalt

Teil I

Der Weg zur erfolgreichen Persönlichkeit

1 Rhetorik, die Kunst der Erfolgreichen

1.1 Warum Rhetorik so wichtig ist

Wenn Sie diese Zeilen lesen, haben Sie bereits entschieden, sich mit Rhetorik zu beschäftigen. Ich weiß zwar nicht, aus welchem Grund Sie das tun, aber Sie haben sich nun mal dieses Thema ausgesucht. Zu dieser Entscheidung möchte ich Ihnen von ganzem Herzen gratulieren! Sie haben eine ausgezeichnete Wahl getroffen.

Heute ist es gar nicht mehr so selbstverständlich, sich mit den jahrtausendealten Regeln der Rhetorik auseinanderzusetzen. Denn die Grundsteine der Rhetorik wurden bereits in der Antike gelegt. Aber noch immer – und auch weiterhin – ist Rhetorik die Kunst der Erfolgreichen. Sie haben das vermutet und deshalb dieses Buch gekauft.

Warum Rhetorik die Kunst der Erfolgreichen ist, werde ich gleich darlegen. Zunächst aber möchte ich auf einige wichtige Gründe eingehen, die deutlich machen, daß Rhetorik und der überzeugende persönliche Auftritt heute in entscheidenden Situationen wichtiger sind als je zuvor.

Rhetorik im Zeitalter der Informationstechnologie

Standortbestimmung: Noch nie, seit es diese Welt gibt, haben auf ihr so viele Menschen gleichzeitig gelebt. Das Wachstum der Erdbevölkerung ist seit Beginn dieses Jahrhunderts nahezu expotential in die Höhe geschnellt. Ein – wenn das überhaupt denkbar ist – noch schnelleres Wachstum erlebt die Informationstechnologie: Die Menge der Daten und Informationen, die heute in jeder Sekunde über weitgehend selbständig arbeitende Satelliten, weltweit vernetzte Datenbänke mit eigener (künstlicher) Intelligenz, über elektronische Netzwerke, das altmodische Telefon und – last but not least – durch die persönlichen Kontakte von immer mehr Menschen in immer mehr Orten in einer immer mobileren

Welt ausgetauscht werden, übersteigt unser Vorstellungsvermögen. Das hat zwei Konsequenzen: zum einen weltweiten und unendlich schnellen Wettbewerb in allen Ausprägungen; zum anderen: die ständige Ansprechbarkeit und Verfügbarkeit des einzelnen, wenn er in diesem globalen Wettbewerb noch eine Rolle spielen will.

Nun werden Sie einwenden, gerade deshalb sei Rhetorik vernachlässigbar. Der vielzitierte Daten-Superhighway der Information läuft vornehmlich über Texte und Bilder, das eigene Wort am Telefon (sprich: Handy) hat demgegenüber eine untergeordnete Bedeutung.

Irrtum: Gerade weil so viele Informationen schon auf dem Wege von Texten und Bildern vorliegen, bildet das gesprochene Wort am Telefon Vertrauen, bestätigt oder korrigiert den vorab schon gebildeten Eindruck. Und: Je mehr Video-Konferenzen in Mode kommen, um so wichtiger ist es, Rhetorik als ganzheitlichen Ansatz auch körpersprachlich zu begreifen und zu beherrschen.

So gibt es die berühmte Geschichte aus der Pionierzeit der Video-Konferenzen, als in so einer Konferenz die einzige Frau in einer Männerrunde zwar durch Mimik und Haltung des Oberkörpers beherrscht ihre Standpunkte unterstützte, ihre hübschen Beine unter einem kurzen Rock jedoch das Gegenteil verrieten: Mal wippten sie nervös, ein andermal waren sie übergeschlagen, einmal ließ sie sogar – in äußerster Konzentration – einen ihrer hochhackigen Pumps vom Zeh gleiten. Ihre Kollegen, im Halbkreis um die Kamera geschart, bekamen das nicht mit. Wohl aber die anderen Konferenzteilnehmer, die Empfänger in einer viele hundert Kilometer entfernten Stadt. Sie können sich vorstellen, was passierte: Die einzige Frau in der Männerrunde zog natürlich die ganze Aufmerksamkeit auf sich. Und besonders ihre hübschen Beine. Die teure Video-Konferenz, anberaumt um wichtige Entscheidungen zu treffen, scheiterte: Auf die mit großer Entschlossenheit vorgetragenen Argumente der Gruppe mit der Dame mischten sich in die Antworten der Gegenseite immer mehr und immer weniger überhörbar amüsierte Untertöne, ein ernsthafter Dialog war nicht mehr möglich. Erst viel später gestand ein Teilnehmer der Empfängerseite: „Wir haben schließlich nur noch auf die Beine der Dame geguckt.“ – Sicher, das ist richtig: Damenbeine fallen mehr auf als Männerhosen. Aber sicherlich ist auch richtig: Rhetorik ist eine erlernbare und beherrschbare Kunst, die den Könner auch und gerade bei Video-Konferenzen als ganzheitlich überzeugende und vertrauengewinnende Persönlichkeit auszeichnet.

Am Anfang war das Wort

Dieses Sprichwort kennen Sie: „Ein Bild sagt mehr als tausend Worte." Natürlich: Sehen ist evolutionsgeschichtlich der wichtigste Sinn des Menschen, Gefahren zu erkennen und ihnen zu entgehen beziehungsweise sie abzuwehren. Und sicher ist auch richtig: Gegenüber nüchternen Texten können Bilder, besonders lebende Bilder im Werbefilm, weit mehr bewegen. Sie richten sich direkt an das Gefühl, suggerieren Wünsche und bleiben bildlich haften. Auch unser Gehirn „denkt" in Bildern.

Aber: „Am Anfang war das Wort", heißt es in der Bibel. Man kann auch darüber streiten, ob es nicht besser heißen müßte, am Anfang war die Idee (siehe Goethe, Faust). Sie mögen vielleicht die Bibel nicht als Beleg nehmen, dem Christentum eher kritisch gegenüberstehen und dem Ganzen nicht so recht vertrauen. Das akzeptiere ich. Dabei bitte ich Sie jedoch zu bedenken: Wenn eine Idee entsteht, erscheint sie zwar meist als Bild, sie wird aber zunächst einmal ausgesprochen. Und die Stimme und die Art der Worte verraten dem Hörer sehr viel darüber, ob denn bei dem Ideenfinder die Idee selbst als gut und richtig befunden wird. Der Hörende reagiert sofort auf das gesprochene Wort.

Und noch viel wichtiger: In den ersten neun Monaten unseres Erdendaseins, nämlich im Mutterleib, konnten Sie nichts sehen, wohl aber die Geräusche im Mutterleib und möglicherweise sogar die Stimme der Mutter hören. Das haben Forschungen ergeben. Der Sinn des Sehens entwickelt sich erst nach und nach. Viele Säugetiere können in den ersten Wochen nach ihrer Geburt noch gar nichts sehen. Nichts also prägt den Menschen so sehr wie das Hören. Hören dringt nach wie vor tief in unser Unterbewußtsein ein, wohingegen das Sehen zum schnellen Begreifen und Denken in der oberen Sphäre unseres Bewußtseins bleibt. Rhetorik ist die Lehre, seine Stimme und die Worte meisterhaft zu gebrauchen, bis in die Tiefe des Unterbewußtseins vorzudringen, um andere zu beeinflussen und zu überzeugen.

Der persönliche Auftritt entscheidet

Oben habe ich es schon angesprochen: Wir leben im Zeitalter der Informationstechnologie. Immer mehr läuft die weltweite Kommunikation über Mailboxen und Btx – darüber wird künftig sogar noch mehr verkauft werden als heute. Warum? Weil man nur dann erfolgreich verkaufen kann, wenn man den Kunden dort abholt, wo er sich gerade befindet. Und das wird zunehmend vor seinem häuslichen Terminal sein, seien es nun der Computer oder das Btx-Modem und/oder Mischformen davon. Also kann man sich die mühevolle Kunst der Rhetorik doch sparen, besonders im Verkauf, wo rhetorische Fähigkeiten viel direkter von Erfolg gekrönt sind, als beispielsweise bei Politikern oder Unternehmensführern. Mag sein. Zumindest für diese Art des Verkaufens.

Jedoch: Können Sie sich vorstellen, daß wirklich weitreichende und schwerwiegende Entscheidungen zwischen Geschäftspartnern ohne ein persönliches Kennenlernen, einen persönlichen Auftritt der beiden Geschäftspartner beziehungsweise Partner-Gruppen anberaumt wird? Können Sie sich vorstellen, als Verkäufer, Manager, Projektleiter, Bewerber um eine neue Stelle oder Aufgabe wirklich ohne persönlichen Auftritt zum Ziel zu gelangen? Wenn es um große Entscheidungen geht, ist es allemal der persönliche Auftritt, der den Ausschlag gibt. Sie als Person sind aufgerufen, Sie verkaufen sich über Ihr Auftreten, Ihre Kleidung, Ihre Mimik und Gestik, über Ihre Stimme, über die Wahl Ihrer Worte und Ihre Argumentation. Sie verkaufen sich mit brillanter Rhetorik.

Dies gilt besonders dann, wenn Entscheidungen nicht mehr zwischen einzelnen, sondern von Gruppen getroffen werden. Da stehen Sie nun vor einer Gruppe potentieller Kunden oder vor dem Führungsteam eines Unternehmens, vor Mitarbeitern oder Kunden. Je mehr Menschen Sie betrachten und Ihnen zuhören, desto besser müssen Sie diese gewinnen. Je mehr Menschen in einer Gruppe versammelt sind, desto mehr trachten sie danach, sich über alle möglichen Einwände, Nebenbemerkungen und Kritik innerhalb der eigenen Gruppe zu profilieren. Sie müssen damit fertigwerden, Sie müssen alle überzeugen, auch und gerade dann, wenn Einwände, Kritik oder abfällige Nebenbemerkungen nur oberflächlich Ihnen und Ihrem Ziel gelten, tatsächlich aber nur dem internen Image und Positionierungsgerangel dienen. Wenn Sie dem rhetorisch nicht gewachsen sind, gehen Sie gnadenlos unter. Auch wenn Sie vorher die perfekteste Informations-Show mit allen nur denkbaren technischen Hilfsmitteln inszeniert haben. Entscheidend ist immer noch – und wird es bleiben – der Mensch, der hinter den Produkten oder vor den zu lösenden Aufgaben steht, dem man vertrauen will, dem man die Beherrschung seiner Aufgabe zutraut.

- Rhetorik ist die Kunst – andere zu gewinnen und zu überzeugen.
- Rhetorik ist die Kunst – das **Nein** des anderen in ein zustimmendes **Ja** zu verwandeln.
- Rhetorik ist die Kunst – Mitarbeiter zu führen und erfolgreich zu machen.
- Rhetorik ist die Kunst – frei aufzutreten, mit richtigem Sprechtempo, guter Stimmlage und wirkungsvoller Körperhaltung.
- Rhetorik ist die Kunst – Gedanken richtig aufzubauen und zu übermitteln.
- Rhetorik ist die Lehre von der Wirkung des Menschen.
- Rhetorik zu beherrschen heißt Erfolg haben.
- Rhetorik erlernt man ausschließlich in Seminaren.

1.2 Wie Sie dieses Buch nutzen

Sie lesen ja immer noch! Ich danke Ihnen. Vor Ihnen liegt jetzt ein großes Stück Arbeit, wenn Sie erfolgreich werden und Rhetorik meisterhaft beherrschen wollen. Und wenn ein Mensch eine Arbeit beginnt, muß er vorher wissen, warum er sich anstrengen soll. Über das Warum haben Sie im ersten Abschnitt genügend gelesen, um Sie in Ihrer Entscheidung, sich mit Rhetorik zu beschäftigen, noch sicherer zu machen.

Damit Sie es ein wenig leichter haben, gebe ich Ihnen jetzt ein paar Tips, wie Sie effektiv mit diesem Buch umgehen.

Wie Sie bereits wissen, bedeutet Rhetorik nicht nur überzeugende Rede – das heißt, Sie müssen Ihre Stimme üben, die richtigen Worte wählen, mit Ihren Zuhörern einen Dialog aufbauen, der Sie am Ende zum Gewinner macht –, sondern Rhetorik hat auch sehr viel mit der

Entwicklung des Selbstbewußtseins und mit persönlicher, vertrauensvoller Ausstrahlung zu tun.

Deshalb ist der erste Teil des Buches der Ausformung Ihrer Persönlichkeit gewidmet, auf deren Basis dann die rhetorischen Instrumente präsentiert werden. Natürlich können Sie auch querlesen: Wenn Sie selbst das Gefühl haben, das eine oder andere – beispielsweise aus meinen Seminaren oder Büchern – schon zu können, lesen Sie quer und testen über die vielen Checklisten und Übungen, ob Sie fit sind. Einige Übungen sollten Sie allerdings täglich vornehmen, um zur wirklichen Meisterschaft zu gelangen. Und wenn Sie dann später noch einmal nachschlagen wollen: Am Ende des Buches finden Sie dafür ein ausführliches Stichwortverzeichnis.

Ein letztes, ein persönliches Wort an Sie, liebe Leser: Dieses Rhetorik-Buch stellt auch für mich einen Höhepunkt meiner Arbeit dar. Mein Wunsch ist es, Ihnen mit diesem Buch meine Erfahrungen und mein Können in der ganzen Breite und Tiefe weiterzugeben. Deshalb werde ich in kurzen Einschüben auch meinen Werdegang, die Hintergründe meiner Arbeit und meine Standpunkte darstellen.

1.3 Grundgesetze der Lebensentfaltung

Rhetorik ist die Kunst der Erfolgreichen. Bevor jedoch jemand erfolgreich wird, muß er erst die Grundgesetze der Lebensentfaltung kennen. Die Kunst der Rhetorik erlernen Sie nur, wenn Sie sich gezielt für die Idee Ihres Erfolges entschieden haben.

Gebrauchsanleitung: Lesen Sie die 14 Grundgesetze der Lebensentfaltung konzentriert. Lesen Sie sie laut vor, und lassen Sie den Inhalt auf sich wirken. Merken Sie sich die Seite, auf der diese stehen, denn wir werden immer wieder darauf zurückkommen.

Schon jetzt möchte ich Sie auf den Zusammenhang zwischen Rhetorik und Lebensentfaltung hinweisen:

- „Nur der Mensch hat die Kraft, bewußt zu denken, zu planen und zu gestalten. Nur er kann sich selbst und damit sein Schicksal und seine Zukunft gezielt beeinflussen." (1. Satz der Grundgesetze der Lebensentfaltung).

14 Grundgesetze der Lebensentfaltung

1. Nur der Mensch hat die Kraft, bewußt zu denken, zu planen und zu gestalten. Nur er kann sich selbst und damit sein Schicksal und seine Zukunft gezielt beeinflussen.
2. Am Anfang jeder Tat steht eine Idee. Nur was gedacht wurde, existiert.
3. Gedanken entwickeln sich im Unterbewußtsein. Aus dem Menschen selbst oder durch äußere Einflüsse.
4. Das Unterbewußtsein – die Baustelle des Lebens und der Arbeitsraum der Seele – hat die Tendenz, jeden Gedanken zu realisieren.
5. Aus dem kleinsten Gedankenfunken kann ein leuchtendes Feuer werden.
6. Was wachsen soll, braucht Nahrung. Die Nahrung der Gedanken ist die Konzentration.
7. Bewußte oder unbewußte Konzentration ist Verdichtung von Lebensenergie.
8. Im Streit zwischen Gefühl und Intellekt siegt immer das Gefühl.
9. Gefühle lenken und verstärken die Konzentration unbewußt, aber nachdrücklich.
10. Durch eine gezielte Entscheidung kann die Aufmerksamkeit auf jeden ausgewählten Punkt gelenkt werden.
11. Beachtung bringt Verstärkung. Nichtbeachtung bringt Befreiung.
12. Zustimmung aktiviert Kräfte – Ablehnung vernichtet Lebenskraft.
13. Die ständige Wiederholung einer Idee wird erst zum Glauben – dann zur Überzeugung (auch in negativer Hinsicht).
14. Glaube führt zur Tat. Konzentration führt zum Erfolg. Wiederholung führt zur Meisterschaft.

Was du denkst, das wirst du.

- „Am Anfang jeder Tat steht eine Idee. Nur was gedacht wurde, existiert.“ (2. Satz der Grundgesetze der Lebensentfaltung).
- „Durch eine gezielte Entscheidung kann die Aufmerksamkeit auf jeden ausgewählten Punkt gelenkt werden.“ (10. Satz der Grundgesetze der Lebensentfaltung).

Wenn Rhetorik die Kunst der Erfolgreichen ist, dann müssen Sie Ihren Erfolg auch bewußt denken, planen und gestalten. Dann müssen Sie eine Idee für Ihren Erfolg haben und mit einer gezielten Entscheidung Ihre ganze Aufmerksamkeit auf die Idee Ihres Erfolges, auf die Schritte dazu lenken. Rhetorik unterstützt Sie dabei, und Sie unterstützen damit Ihre rhetorischen Fähigkeiten.

2 Der Weg zum Erfolg

NIKOLAUS B. ENKELMANN: Vorbilder, Vater und Lehrer – ein Erfolgscharakter wird geprägt

Biographische Beobachtungen von Peter Sperling

Als Nikolaus B. Enkelmann am 13. Januar 1936 im westfälischen Lippstadt geboren wurde, hatte er alles andere als eine strahlende Zukunft vor Augen. Die düsterste Zeit Deutschlands, Nazi-Herrschaft und Krieg, Hunger und Nachkriegselend standen noch bevor. Er wurde in eine Zeit hineingeboren, die heute für das größte Verbrechen an der Menschheit steht.

Auch die Familie Enkelmann zählte zu den vielen, die von der Tragödie des Terrors und Krieges hautnah betroffen war. Nikolaus B. Enkelmanns Vater geriet in russische Kriegsgefangenschaft und gehörte zu den letzten Heimkehrern, die Bundeskanzler Konrad Adenauer Anfang der 50er Jahre nach zähen Verhandlungen zurückgeholt hatte. Kaum wieder im heimischen Lippstadt, begann der Schneidermeister mit dem Wiederaufbau seiner Schneiderei, die mehr als zehn Jahre geschlossen geblieben war, um seiner Familie eine neue Existenz, eine Zukunft zu geben. Dabei nutzte er seine Kontakte zu den besten Schneidern in Deutschland, ließ sich Ratschläge geben und scheute sich nicht, die Hilfe der Besten in Anspruch zu nehmen. „Kontakte“, pflegte Vater Enkelmann seinem Sohn zu sagen, „sind wichtig zur Inspiration.“

In wenigen Jahren gestaltete Enkelmann aus seinem Betrieb wieder ein florierendes Unternehmen, das sich weit über die Grenzen Lippstadts einen Namen machte. Von seinem Vater lernte Nikolaus B. Enkelmann in diesen prägenden Jahren eine Menge fundamentaler Weisheiten, die ihn sein ganzes Leben bis auf den heutigen Tag begleitet haben: „Es genügt nicht, nur gut zu sein“, bekam der Sohn zu hören, „man muß danach streben, auf seinem Gebiet der Beste zu werden.“

Doch einfach sah es damals für den jungen Nikolaus B. Enkelmann ganz und gar nicht aus. Er war ein sehr mittelmäßiger Schüler und mühte sich mehr schlecht als recht von Klasse zu Klasse. Schließlich entschloß sich Vater Enkelmann, den Lernschwierigkeiten des Söhnchens mit Nachhilfeunterricht entgegenzuwirken. Ein hochgebildeter Franziskaner-Abt, der aus Gründen, über die er niemals sprach, aus dem Orden ausgetreten war, hatte sich eine Existenz damit aufgebaut, Nachhilfe zu geben.

So kam es, daß der wenig lernbegeisterte Schüler Enkelmann in den Räumen seines neuen Lehrers Otto Pfeffer eine Welt kennenlernte, die den meisten Menschen dieser Zeit völlig unbekannt war: Es war die Welt der Weisheiten alter Kulturen und Völker. „In seiner Bibliothek", erinnert sich Nikolaus B. Enkelmann an das Zuhause des Abtes, „standen die tollsten Bücher." Bücher über seltsame Entspannungsmethoden wie Yoga, Bücher über Atemtechniken, über Riten der alten Ägypter, spannende Bücher, wie der Junge fand. Und er entdeckte die Faszination des Lernens, die ihm die Schule so wenig vermitteln konnte.

Der Abt gewährte ihm großzügig Einblicke in seine geheimnisvolle Welt, antwortete geduldig auf neugierige Fragen, erläuterte Hintergründe, half seinem Schüler, Rätsel zu lösen und viele Rätsel des Lebens als solche zu akzeptieren. Und er vermittelte dem wißbegierigen Jungen eine Fülle eigener Weisheiten, Ergebnisse eines Lebens, das geprägt war von tiefgreifenden Erfahrungen und vom Studium der Menschen. „Man spricht nur über das Schöne", lehrte Pfeffer den Zwölfjährigen, „nicht über das Negative." Und sprach zu dem erstaunten Schüler: „Was siehst du heute gut aus!"

Zum seinem zwölften Geburtstag schrieb der Abt für seinen Lieblingsschüler, den kleinen Klaus, ein Gedicht, das der große Nikolaus B. Enkelmann bis heute aufbewahrt hat:

„Vor zwölf Jahren, lieber Klaus,
Brachte dich der Storch ins Haus,
Und er klapperte geschwind:
‚Dieses ist ein prächtiges Kind,
Und es wird, man sieht's ihm an,
Einmal ein ganz tüchtiger Mann.'
Wie sich da die Eltern freuten!
Sie erzählten's allen Leuten.
Und sie gaben ihrem Sohn

Einen guten Schutzpatron,
Daß er ihm auf dieser Erden
Hülf', ein tüchtiger Mann zu werden.
Darum guckt Sankt Nikolaus
Stets zum Himmelsfenster raus,
Ob der Klaus in jeder Sache
Seinem Namen Ehre mache,
Wie der Storch es seinerzeit
Seinen Eltern prophezeit.
Und die Eltern hoffen sehr,
Daß der Klaus ganz tüchtig wär'.
Und so wünsch' ich, lieber Klaus,
Daß du flink wie eine Maus,
Aber auch mit Überlegen
Wandelst auf des Lebens Wegen,
Fleißig, freudig und gesund,
Mit Sankt Nikolaus im Bund,
Bis man einmal sagen kann:
‚Klaus ist ein ganz tüchtiger Mann.'"

Hinter den sanften Worten eines harmlos anmutenden Gedichts legte der kluge Abt seinem Schüler nahe, wie wichtig im Leben die Verantwortung für sich selbst ist, und daß jeder Mensch die Pflicht hat, erfolgreich zu werden.

Das wichtigste Leitmotiv, das Pfeffer dem kleinen Klaus vermittelte, waren die Worte, die sein eigenes Lebensmotto waren: „Mut haben und nie aufgeben." Als Junge, erinnert sich Nikolaus B. Enkelmann, konnte er mit diesen Gedanken nur wenig anfangen. Doch im Wissen, daß sein Lehrer stets Dinge mit einem tieferen Sinn zu sagen pflegte, behielt er die Worte in Erinnerung, bis er ihren Sinn verstand und anwenden konnte, bis sie in seine Entscheidungen einflossen, sich in seinem Denken weiterspannen und eine Eigendynamik entwickelten, die sich auf sein Handeln übertrug.

Als großen Verlust erlitt er den Tod seines prägenden Lehrmeisters. Gern, nur zu gern, hätte er dessen Schatz erworben, die Bücher, mit denen doch außer ihm kaum jemand etwas anzufangen wußte. Doch die Pietät hinderte ihn daran, schon kurz nach dem Tod um eine Chance anzufragen. Als er schließlich kam, war es zu spät: Die Kostbarkeiten waren dem Münsteraner Bibliotheksfundus geschenkt worden. Mit dem

Weisen verlor Nikolaus B. Enkelmann auch den Schatz der Weisheit. Er mußte sich nun sein weiteres Wissen selbst aneignen, sich die inhaltlichen Schwerpunkte selbst setzen. Doch sein Studium war bereits eingeleitet, die Grundsteine waren gelegt. Schon in sehr jungen Jahren wußte Nikolaus B. Enkelmann genau, was er wissen, was er lernen wollte. Er interessierte sich brennend für Psychologie und Philosophie, für die Grundlagen des Menschseins, die Ursachen für Denken und Handeln, die tiefen Geheimnisse der menschlichen Seele und des Geistes. Er las Freud und Adler, Jung und Nietzsche. Und je mehr er erfuhr, um so neugieriger wurde er auf mehr, um so wißbegieriger verschlang er das nächste Buch.

Mit 14 Jahren schließlich hatte er ein einschneidendes Erlebnis, das ihn nie mehr loslassen sollte und das der vorläufig letzte entscheidende Auslöser für einen außergewöhnlichen Werdegang sein sollte: Es war der Besuch der Kirmes in Lippstadt. Dort sah der begeisterungsfähige Gymnasiast indische Fakire, die mit merkwürdigen Kunststücken allseits bekannten Naturgesetzen trotzten, Menschen, die sich auf Nägel legen oder mit Dolchen die Haut durchbohren konnten, ohne Schmerz zu empfinden, die scheinbar unempfindlich waren gegen Feuer, deren Körper aus Gummi zu sein schienen, die mit einem Höchstmaß an Konzentration scheinbar spielerisch Gesetze, die Nikolaus B. Enkelmann bisher als naturgegebene Grenzen akzeptiert hatte, außer Kraft setzten.

Von da an ließ den Schüler die Faszination für Menschen, die die Kunst beherrschen, Grenzen zu überwinden, nicht mehr los. Sein Interesse für Hypnose war geweckt.

2.1 Das Treffen der Erfolgreichen

Wenn du eine Stunde lang glücklich sein willst:	schlafe.
Wenn du einen Tag lang glücklich sein willst:	geh fischen.
Wenn du eine Woche lang glücklich sein willst:	schlachte ein Schwein.
Wenn du einen Monat lang glücklich sein willst:	heirate.
Wenn du ein Jahr lang glücklich sein willst:	erbe ein Vermögen.
Wenn du dein Leben lang glücklich sein willst:	liebe deine Arbeit.

Die Philosophie der Erfolgreichen

Den erfolgreichen Menschen erkennt man
auf den ersten Blick.

Man sieht, daß etwas in ihm steckt,
und man spürt, daß er eine schöpferische Kraft
in sich trägt.

Er hat einen offenen Blick,
schon nach den ersten Worten bemerkt man,
daß man ihm gute Leistungen zutrauen kann.

Der erfolgreiche Mensch gehört
zu den Menschen, die früher oder später
mit beständiger Sicherheit an die Spitze kommen.

Ein bestimmter Geist zeichnet ihn aus.

Es ist der Geist der Initiative, des Mutes
und der Arbeitsfreude.

Der erfolgreiche Mensch hat eine nur ihm
zukommende Lebensanschauung.

Er glaubt nicht an Intrigen und Lügen.

Er glaubt nicht an den Zufall.
Er wartet nicht auf bessere Zeiten.

Er weiß, das alles sind nur Ausreden.

Dagegen glaubt der Tüchtige
an die Wirksamkeit seiner Leistung.

Er glaubt daran, daß er sich
selbst anstrengen muß.

Er vertraut seiner Fähigkeit, auch Durststrecken
durchstehen zu können.

Er glaubt vor allem an die treibende Kraft,
die von großen Zielen ausgeht.

Es gibt viele positive Worte, die mit E = Erfolg beginnen:

Einsatz	Ebenbild	Einmaligkeit
Echo	Erkenntnis	Ehe
Einsicht	Ehre	Entschlossenheit
Eigeninitiative	Einstellung	Ei
Einheit	Einatmung	Entwicklung
Einblick	Erweiterung	Einfluss
Ehrfurcht	Eingabe	Energie
Einrichtung	Erlebnis	Einladung
Erleuchtung	Elite	Erfindung
Empfindung	Echtheit	Einstellung
Elan	Enthusiasmus	Erhebung
Einfall	Einsicht	Erde
Erfahrung	Entscheidung	Entfaltung
Esprit	Eingebung	Etappe
Euphorie	Etat	Eigenständigkeit
Evolution	Ergänzung	Europa

Viele Menschen haben ein negatives Verhältnis zu dem Wort „Erfolg". Für sie ist Erfolg gleichbedeutend mit Geldmacherei und Herzinfarkt. Aber auch, ein Kind gut zu erziehen, ist Erfolg, ein Instrument spielen zu lernen, ist Erfolg, eine Fastenkur durchzustehen, ist Erfolg usw.

2.2 Erfolg ist eine Folge von ...

Bevor Sie hier weiterlesen, eine Gewissensfrage: Zu welcher Art von Lesern gehören Sie? Zu denen, die sich lediglich auf hervorgehobene Texte und Grafiken konzentrieren und den normalen Lesetext nur überfliegen? Wohl nicht, denn sonst würden Sie diese Sätze nicht lesen. Gehören Sie aber zur anderen Kategorie von Lesern, die von „Sprüchen" wenig hält und nur den laufenden Text, das Hintergründige, den Zusammenhang verstehen will? Dann habe ich eine Bitte an Sie: Lesen Sie bitte noch einmal ganz genau die in den vorhergehenden Abschnitten zusammengetragenen Erkenntnisse unter der Überschrift „Die Philosophie der Erfolgreichen", und studieren Sie nochmal ganz genau und Wort für Wort die vielen Worte mit „E = wie Erfolg". Und wenn Sie zu den Lesern der 3. Kategorie gehören, die sowohl das Groß- als auch das Kleingedruckte liest, auch dann sollten Sie die beiden vorhergehenden Abschnitte noch einmal in aller Ruhe betrachten und deren Botschaften in sich aufnehmen.

Haben Sie jetzt, nachdem Sie diese Übung vorgenommen haben, erfahren, wie unendlich vielschichtig Erfolg sein kann? Können Sie sich vorstellen, einmal an der Spitze zu stehen, einmal das Gefühl zu haben, alles erreichen zu können? Und wollen Sie das Äußerste anstreben, um das Mögliche zu erreichen?

Wenn Sie jetzt innerlich mit „Ja" antworten, bedenken Sie bitte, daß Sie sich damit auch entschlossen haben, „das Äußerste anzustreben". Und das bedeutet harte Arbeit. Wenn Sie aber auf die Frage oben mit einem innerlichen „Nein, ich weiß nicht recht" geantwortet haben, vielleicht gerade deswegen, weil „das Äußerste" von Ihnen verlangt wird, dann brauchen Sie sich nicht zu wundern, wenn Ihr Leben weiterhin eher lau und mittelmäßig verläuft. Sie bestimmen das. Nur Sie allein!

Erfolg ist nichts anderes als eine Folge von Lebensgrundsätzen, Zielformulierung und deren Umsetzung. Erfolg ist eine Folge von Denken und Tun. Wenn Sie der Meinung sind, hier auf Erden im Paradies leben zu wollen, verfallen Sie einer großen Illusion. Unser Schicksal als Menschen ist es, Probleme zu lösen. Und jedes gelöste Problem stellt einen Erfolg dar. Jedes. Und deswegen war es mir so wichtig, daß Sie die E-Worte wie „Erfolg" so aufmerksam durchgehen. Tun Sie es bitte gerne noch einmal. Jetzt!

Und wieder Fragen an Sie persönlich: Sind Sie ein Mensch, der Probleme macht, oder einer, der Probleme löst? Zu welcher Kategorie wollen Sie künftig gehören?

Auf welchem Gebiet (siehe E-Worte) wollen Sie erfolgreich sein? Auf welchem Gebiet wollen Sie Probleme lösen oder haben Sie Probleme bereits erfolgreich gelöst?

Übung

Schreiben Sie jetzt die Probleme auf, die Sie in Ihrem bisherigen Leben erfolgreich gelöst haben:

____

____

____

____

____

Schreiben Sie jetzt bitte die Probleme auf, die Sie persönlich in Zukunft lösen wollen:

____

____

____

____

____

2.3 Leistung oder Verweigerung?

Jahr für Jahr entscheiden sich junge, gut ausgebildete Menschen für den Ausstieg aus der Gesellschaft. Sie entscheiden sich für ein spartanisches Leben in Südfrankreich, auf Gomera oder an einem anderen jener Orte, wo sich Aussteiger aus allen Ländern zusammenfinden und ihren Traum vom einfachen, naturverbundenen Leben in die Tat umsetzen wollen. Viele sehen in ihrer Flucht vor den Anforderungen unserer Gesellschaft die Lösung ihrer Probleme und finden eine Vielzahl von mehr oder weniger überzeugenden Begründungen für ihr Tun – nur um nicht beim Namen zu nennen, was wirklich dahintersteckt: Verweigerung. Sicher – wir leben glücklicherweise in einer freien Gesellschaft, und jeder kann tun, was er für richtig hält, auch aussteigen. Aber ist Leistungsverweigerung die Lösung der Probleme von einzelnen, von der Umgebung, von der Welt?

Auf der Insel Kreta habe ich mit einigen dieser Aussteiger gesprochen. Sie pflegten das süße Nichtstun, lebten unter Palmen, liefen den ganzen Tag halbnackt herum und wirkten wie glückliche Kinder – im Sommer. Im Winter, wenn es auch auf der Sonneninsel empfindlich kalt wird, zogen sie in die Dörfer und Städte und sicherten sich ihren Lebensunterhalt mit Betteln, mit dem Verkauf von nutzlosen, kleinen Basteleien und mit dem Appell an die traditionelle griechische Gastfreundschaft. Mit anderen Worten: Sie waren Schmarotzer, die den Einheimischen gewaltig auf die Nerven und den Geldbeutel gingen. Darüber kann auch der ständige Drogenkonsum nicht hinwegtäuschen, der zwar den jungen Wilden, wie sie selbst schwärmen, ein ständiges „High-Gefühl" beschert und angeblich „so tierisch das Bewußtsein erweitert". Den hart arbeitenden Kretern ist das Bewußtsein dieser Aussteiger gleichgültig. Sie möchten die ungebetenen Eindringlinge lieber heute als morgen loswerden. Wer in seiner ursprünglichen Gesellschaft keinen Platz fand, wird auch an anderen Orten ein Störenfried sein, zu nichts nutze und für niemanden nützlich.

Auch in Südfrankreich tragen die Leute keine kratzenden und nach Stall riechenden Pullover aus unbehandelter Schafwolle mehr, die von sogenannten Aussteiger-Kooperativen massenhaft produziert werden. Und wer es doch tut, handelt oft aus Mitleid oder falsch verstandener Solidarität mit den „armen, hungrig aussehenden jungen Leuten". Die Probleme, die die Aussteiger einst wegtrieben, haben sie alle mitgenommen, vielleicht ein bißchen anders, manchmal kamen noch ein paar hinzu. Auch im Paradies müssen Kinder erzogen, der Lebensunterhalt bestritten, Ehe- und Beziehungskrisen gemeistert werden, und vieles mehr.

Es gibt auch Aussteiger, die gegangen sind, obwohl sie hier eine gute Position hatten, erfolgreich waren, die besten Zukunftsaussichten hatten.

Doch die sind auch an anderen Orten ihren Weg gegangen. Man findet sie überall als die erfolgreichen „Macher", die ein gutgehendes Hotel in Spanien führen, ein florierendes Yachtcharter-Unternehmen auf Mauritius aufgebaut haben, in Thailand mit großem Erfolg mit asiatischer Kunst handeln. Wer hier ein Erfolgscharakter war, wird es auch in anderen Ländern bleiben.

Wer hier etwas geleistet hat, wird auch an anderen Orten der Welt Leistung bringen. Sie sind nicht vor einer Aufgabe davongelaufen – sie haben sich eine neue herausfordernde Aufgabe gesucht. Und die Erfolgreichen finden immer und überall Aufgaben.

Ein großes Problem, gerade im östlichen Teil unseres Landes, ist die Arbeitslosigkeit. Im früheren Bundesgebiet waren im Jahr 1990 nach Angabe der Bundesanstalt für Arbeit 1 727 742 Menschen arbeitslos. Häufig stehen ganz sicher soziale, familiäre und persönliche Probleme hinter diesen nackten Zahlen. Aber im gleichen Zeitraum konnten über zwei Millionen Stellen vermittelt werden, und über 300 000 blieben unbesetzt. Von den Schlossern und Mechanikern waren knapp 95 000 Menschen ohne Beschäftigung. Dagegen aber standen knapp 30 000 offene Stellen. Also ein gutes Drittel hätte vermittelt werden können, die Menschen hätten eine Arbeit gefunden, wenn sie flexibler, leistungsbereiter, offener gewesen wären. Über 20 000 Stellen blieben im Ernährungsbereich unbesetzt, fast 30 000 im Verwaltungsbereich – und so fort. Unsere Gesellschaft braucht Menschen, die bereit sind, etwas zu leisten, doch in vielen Berufen finden sich nicht einmal ausbildungswillige Schulabgänger. Während man vor einigen Jahren noch von einem „Lehrlingsberg" sprach, ist heute schon von einem „Lehrstellenberg" die Rede. Wer sich gegen die Leistung entscheidet, entscheidet sich gegen seine Zukunft.

Immer mehr Menschen leben als Obdachlose auf der Straße oder in Barackenlagern an den Stadträndern. Es sind fast allesamt Menschen, die durch einen Schicksalsschlag aus der Bahn gerissen wurden. Der erfolgreiche Anwalt hat es nicht verkraftet, daß seine Frau ihn vor Jahren verließ, griff zur Flasche, landete im Abseits. Dem Arzt wurde die Approbation nach einer verpfuschten Operation entzogen, die Sekretärin wurde drogenabhängig, der Beamte konnte sein körperliches Gebrechen nach einem Unfall nicht mehr ertragen. Alle haben sie Gründe für ihren ungeplanten Ausstieg aus der Gesellschaft. Aber allen gemeinsam ist, daß sie nach einem tiefen Sturz nicht mehr aufgestanden sind. Und genau das ist der Punkt, worum es uns geht: Nicht das Hinfallen ist das Problem, sondern das Liegenbleiben. Wer genügend Kräfte auch für schlechte Zeiten, auch für Rückschläge und Mißerfolge gespeichert hat, findet auch nach einem tiefen Fall die Kraft zum Aufstehen.

Jeder kann sich frei entscheiden, ob er aussteigen, sich verweigern möchte. Aber es kostet sehr, sehr viel Kraft und Energie, diesen Prozeß wieder rückgängig zu machen. Es ist einfach zu sagen: „Ich melde mich mal für ein Jahr arbeitslos." Unser soziales Netz sorgt dafür, daß niemand verhungern muß. Aber nach einem Jahr eine neue, interessante Stelle zu finden ist äußerst schwierig. Wer erst mal im Abseits steht, kommt nicht so einfach wieder an den Ball.

Wenn wir sagen, daß unsere Gesellschaft, daß jede Gesellschaft die Erfolgreichen braucht, dann meinen wir damit die Starken, die Belastbaren, die sich nicht vom ersten Windstoß davonfegen lassen oder sich für die Verweigerung entscheiden, weil „ja sowieso alles keinen Sinn hat". Wer „No future" sagt, hat sich aufgegeben, wer nach dem Motto „Jetzt erst recht" verfährt, hat immer Grund zum Aufstehen. Tiere sorgen für den Winter vor, Eichhörnchen sammeln Nüsse, Schildkröten, Bären, Igel fressen sich „Winterspeck" für die futterarme Zeit an, um zu überleben. Nur der Mensch glaubt, ohne Reserven auskommen zu können. Wer aber keine Reserven hat, kann nicht mehr neu anfangen, wenn er wieder am Nullpunkt steht. Deshalb sind die Verweigerer die Energie- und Kraftlosen. Ein Mensch mit genügend Energien, mit Kraft auch für die Härtefälle des Lebens kann nie zum Verweigerer, zum Aussteiger werden. Aussteigen löst keine Probleme, sondern schafft nur neue, für sich und für andere, wie auf Kreta. Wir möchten, daß jeder die Chance begreift und Einsteiger wird, ein Aufsteiger. Unsere Gesellschaft verdient die Nutzbringer und nicht die Nutznießer. Die wird es zwar trotzdem geben, aber eine gesunde Gesellschaft von Nutzbringern wird dies immer verkraften können. Auch auf Kreta lebt man zähneknirschend mit den Hippies, aber man vergißt nicht, ihnen begreiflich zu machen, was man von ihnen erwartet. So wie der Bauer, der jedem Hippie, der zum ihm kommt, um zu betteln, sagt: „Ich gebe dir, was du willst, aber du mußt erst tun, was ich will", und sie dann für ihn arbeiten läßt. Man kann sich eben nie ganz der Verpflichtung entziehen. Berthold Brecht hat über die Verantwortung gegenüber der Gemeinschaft ein herrliches Gedicht geschrieben, mit dem wir das Thema kommentarlos beschließen möchten, in der Hoffnung, daß Sie sich für Ihre Zukunft nicht wie der Aussteiger und Verweigerer Fisch Fasch entscheiden mögen.

Ein Fisch mit Namen Fasch

Es war einmal ein Fisch mit Namen Fasch
Der hatte einen weißen Asch
Er hatte keine Hände zum Arbeiten nicht
Und er hatte keine Augen zum Sehen im Gesicht.

In seinem Kopf war gar nichts drin
Und er hatte auch für nichts einen Sinn
Er kannte nicht das Einmaleins
Und von allen Ländern kannte er keins
Er war nur der Fisch Fasch
Und hatte eben seinen weißen Asch.

Und wenn die Menschen ein Haus bauten
Und wenn die Menschen Holz hauten
Und wenn die Menschen einen dicken Berg durchlochten
Und wenn die Menschen Suppe kochten
Dann sah der Fisch Fasch ihnen stumpfsinnig zu
Und wenn sie fragten: Und was machst du?
Dann sagte er: Ich bin doch der Fisch Fasch
Und dies hier ist mein weißer Asch.

Gingen sie aber am Abend in die Häuser hinein
Dann ging der Fisch Fasch hinter ihnen drein
Und wenn sie sich setzten zum Ofen, nanu
Dann setzte sich der Fisch Fasch auch dazu
Und wenn die Suppe kam auf den Tisch
Dann saß da gleich auch mit einem großen Löffel ein Fisch
Und rief ganz laut: jetzt esset rasch
Dann zeige ich euch meinen weißen Asch.

Da lachten die Leute und ließen ihn mitessen
Und hätten wohl auch seine Faulheit vergessen
Wenn nicht eine Hungersnot gekommen wäre
Und zwar keine leichte, sondern eine schwere
Und jetzt mußte jeder etwas bringen für die Hungersnot
Der eine brachte ein Stück Käse, der andere Wurst,
der dritte ein Brot
Nur der Fisch Fasch brachte nichts als den Löffel mit
Das sahen einige Leute; sie waren grad zu dritt.

Und da fragten sie mal den Fisch Fasch: Na, und du
Was gibst uns eigentlich du dazu?
Und da sagte der Fisch Fasch
Ja, wenn ich vielleicht meinen weißen Asch ...
Aber da wurden die Leute zum erstenmal sehr bitter zu dem Fisch Fasch
Und redeten mit ihm plötzlich ganz basch
Und warfen ihn mal rasch
Durch die Eichentür und verhauten ihm draußen seinen weißen Asch.

2.4 Neun Schritte und zwölf Regeln zum Lebenserfolg

Haben Sie meine Betrachtungen über „Leistung oder Verweigerung?" nachdenklich gemacht – dann ist es gut. Ich erlaube mir, hier noch einmal zu wiederholen: Erfolg heißt das Lösen von Problemen. Nicht mehr – und nicht weniger! Und die Aussteiger, von denen ich vorhin berichtet habe, haben nicht weniger Probleme zu lösen, als der, der eine Management-Karriere macht oder im Verkauf an die Spitze kommen will. Nicht weniger, nur eben andere.

Denn: Probleme haben die Menschen heute nur noch

- mit sich selbst oder
- mit anderen.

Haben Sie das schon einmal bedacht? Denn zu Ende gedacht bedeutet dies, daß in Ihnen gleichzeitig die größten Fallstricke aber auch das stärkste Sprungbrett auf Ihrem Weg zum Erfolg bereits vorhanden ist. Auch, wie Sie auf andere wirken, welche Probleme oder welche Chancen Sie mit anderen haben, liegt ganz bei Ihnen. Das Mittel dazu, Probleme in Chancen zu verwandeln, liegt zum einen in Ihrer selbstbewußten und Vertrauen ausstrahlenden Persönlichkeit und zum anderen – und damit sind wir wieder genau beim Thema – in einer überlegenen und ausgereiften Rhetorik.

Bevor ich Ihnen jedoch „Neun Schritte und zwölf Regeln zum Lebenserfolg" anbiete, möchte ich Sie noch dazu ermuntern, ein wenig Selbstanalyse zu betreiben. Denn immer wieder erlebe ich in meinen Seminaren Menschen, die in vielen Bereichen eine hohe Begabung mitbringen, dennoch aber beim ersten Schritt zu ihrem eigenen Lebenserfolg scheitern. Warum? Ganz einfach deshalb, weil sie sich nicht entscheiden können, welche Lebensgrundsätze, an die sie sich strikt halten wollen, für sie selbst gelten sollen und welche ihrer vielfältigen Begabungen sie wirklich als die anerkennen, die sie auf ihrem Weg am weitesten nach vorne bringen. Denn die wirklich Erfolgreichen konzentrieren sich zumindest immer nur auf eine Sache. Die echte Meisterschaft hat der, der sich auf ganz bestimmte Problemlösungen spezialisiert hat, die seinen Fähigkeiten und seinen Zielen am meisten entsprechen und der darin seine Lebensaufgabe gefunden hat. Das heißt für die vielfach Begabten, auf viele andere Dinge, die sie auch können, sogar besser können als der Durchschnitt, zu verzichten. Das ist schmerzlich. Aber schließlich wollen Sie – wenn Sie viele unterschiedliche Begabungen haben – nicht in vielen Fällen nur etwas besser sein als der Durchschnitt, sondern in einem Gebiet wirklich die Nummer 1. Und dafür wollen Sie das Äußerste anstreben, um das Mögliche zu gewinnen.

Und noch ein Wort an die, die bislang ausschließlich mit ihrem Verstand, mit ihrem Intellekt gelesen haben: Wenn Sie nicht – spätestens jetzt – Ihrem Verstand befehlen können: „Jetzt laß' es mal gut sein" und auf Ihre innere Stimme, auf Ihr Gefühl, auf Ihr Unterbewußtsein hören und sich auch emotional voll und ganz auf Erfolg einstellen, ihn mit allen Ausprägungen Ihres Seins und Ihres Willens erreichen wollen, dann werden Sie ebenfalls auf dem Weg zum Erfolg möglicherweise kurz vor dem Ziel stecken bleiben. – Diese Möglichkeit sollte Sie jetzt allerdings nicht davon abhalten, dieses Buch weiterzulesen: Auf die Funktionsweise des Gehirns und des Unterbewußtseins kommen wir später noch zu sprechen.

Kenne ich meine Lebensaufgabe?

Vorhin habe ich geschildert, wie schwierig es sein kann, wenn jemand viele Begabungen hat, sich für eine davon zu entscheiden. Noch schwieriger ist es, die eigentliche Lebensaufgabe zu kennen. In meinem Seminar „Der erfolgreiche Weg" nehmen wir uns sehr viel Zeit, die Lebensaufgabe herauszufinden. Die Seminaraufgabe: Die Teilnehmer schreiben nach einem festen System alle Wünsche ihres Lebens auf. Ob sie nun am liebsten fotografieren, Briefmarken sammeln oder Lokomotivführer werden wollen, ob sie in kurzer Zeit eine berufliche Karriere machen oder lieber ein ausgefülltes Familienleben führen wollen, ob sie sich in ihrer Stammkneipe am wohlsten fühlen oder bei einem Marathonlauf ... Sehr sorgsam werden im Seminar dann die Dinge ausgefiltert, auf die man am leichtesten verzichten kann, um schließlich den Wunsch herauszufinden, an dem ihr Herz am meisten hängt. Daraus läßt sich dann die eigentliche Lebensaufgabe ableiten, das Motiv, für das man gewillt ist, sein Äußerstes zu geben. Die Lebensaufgabe, die in ihrer Realisierung den höchsten Erfolg und das größte persönliche Glück beinhaltet.

Nun haben Sie, liebe Leser, Ihre Lebensaufgabe möglicherweise schon gefunden. Meine Lebensaufgabe ist es beispielsweise, Menschen zu helfen, damit sie im Alter zwischen 60 und 70 Jahren nicht sagen: „Jetzt möchte ich noch einmal von vorne anfangen." Ich habe sehr lange gebraucht, diese Lebensaufgabe für mich zu finden, aber sie hat mir Erfolg gebracht, und sie füllt mein Leben mit hohem Glück aus. Suchen und finden Sie Ihre Lebensaufgabe. In aller Ruhe, in fairer Selbstkritik, aber auch mit Selbstvertrauen, Ihre Lebensaufgabe auch meistern zu wollen und zu können.

Wenn Sie bis jetzt wenigstens eine ungefähre Ahnung von Ihrer Lebensaufgabe haben, helfen Ihnen möglicherweise die „Neun Schritte zum Lebenserfolg", die ich Ihnen jetzt anbieten möchte, ein Stück weiter. Zu dieser Übung sollten Sie sich mindestens eine halbe Stunde Zeit nehmen und sich möglichst nicht stören lassen. Gehen Sie entspannt und gleichzeitig mit Konzentration vor, und nutzen Sie diese „Neun Schritte zum Lebenserfolg" auch als ein Stück mehr Selbsterkenntnis. Viel Spaß dabei!

Neun Schritte zum Lebenserfolg

1. Die Grundsätze meines Lebens:

____

____

____

____

2. Woran ich glaube:

3. Erfahrungen und Konsequenzen meiner Vergangenheit:

4. Kann ich meinem Schicksal dankbar sein; und warum?

5. Warum bin ich bedeutsam?

6. Meine Wünsche (erfüllbare, unerfüllbare):

7. Meine wichtigsten Ziele:

In den nächsten fünf Jahren:

In den nächsten zehn Jahren:

Ziele aus den Bereichen ...

Beruf:

Familie:

Gesundheit:

Kultur:

Erfolgreicher Weg:

____

____

____

8. Meine Fähigkeiten, die mir bei der Verwirklichung helfen können:

____

____

____

____

9.

Mein nächstes Ziel ist ...

Wer seine Ziele klar formulieren kann, der wird sie auch erreichen!

Was will ich bis zum ________ erreichen?

____

____

Wie muß ich vorgehen?

a) ____

____

b) ____

____

Was will ich nicht erreichen?

____

____

____

____

Welche Verhandlungserfolge muß ich jetzt vorbereiten?
Wann ist der günstigste Zeitpunkt, um Initiative zu ergreifen?

____

____

____

____

Was muß ich als erstes tun?

____

____

____

____

Ich fasse noch einmal zusammen: Erfolgreich sein heißt Probleme lösen. Erfolgreich sein heißt,

- die Probleme seiner Zeit zu erkennen,
- den Sinn des Lebens zu suchen,
- bereit zu sein für neue Aufgaben,
- die Entfaltung seiner Persönlichkeit voranzutreiben,
- wertvolle Ziele zu haben und die Initiative zu ergreifen,
- richtig mit seiner Zeit umgehen zu können,
- Strategien für Problemlösungen zu entwickeln,
- Menschen zu motivieren,
- mit positiver Ausstrahlung durchs Leben zu gehen,
- eine vitale Gesundheit zu besitzen und zu erhalten,
- Freunde zu finden und das Leben zu genießen,
- eine positive Einstellung zum Leben schlechthin zu haben,
- soziales Engagement zu zeigen.

Erfolgreich sein heißt Probleme lösen; erfolgreich ist der, der anderen Nutzen bringt.

Zwölf Erfolgsregeln

1. Meine persönliche Einstellung zu Beginn einer Arbeit bestimmt deren Erfolg.

2. Meine Einstellung zum Leben bestimmt meine Lebensweise.

3. Wir sind alle voneinander abhängig. Es ist unmöglich, ohne andere Menschen auszukommen. Die Einstellung, die ich dem anderen gegenüber einnehme, wird er mir entgegenbringen.

4. Was immer ich werden will, ich kann es. Deshalb gebe ich mich jetzt bereits so, wie ich sein will, und die Zeit und die Arbeit an mir wird mich so machen.

5. Je höher ich in einer Organisation steige, um so positiver wird die Einstellung der anderen Menschen zu mir und um so mehr muß ich ihnen geben.

6. Ich kann nur einen Gedanken zur selben Zeit haben. Er ist entweder positiv oder negativ. Da der negative keinen Nutzen bringt, denke ich den positiven.

7. Das größte Verlangen eines Menschen ist es, beliebt zu sein und anerkannt zu werden. Wenn ich andere anerkenne, erhalte ich es zurück.

8. Ein Teil meiner Einstellung sollte es sein, in allem das Beste zu suchen.

9. Ich verschwende keine Zeit damit, meine persönlichen Probleme zu veröffentlichen. Es hilft weder mir noch den anderen.

10. Ich rede nicht über meine Gesundheit, es sei denn, sie ist sehr gut oder ich spreche mit meinem Arzt.

11. Da ich mein Ziel kenne, zeige ich Selbstvertrauen. Das ist ein typisches Zeichen einer Person, die weiß, wohin sie geht. Es ist die beste Voraussetzung, damit mir andere folgen.

In den nächsten 30 Tagen werde ich jeden Menschen so behandeln, als sei er der wichtigste Mensch der Welt.

3 Die Gnade der Begeisterung

3.1 Wann haben Sie das letzte Mal …?

Seit wann hat sich in Ihrem Leben nichts mehr geändert? Und warum? Wann haben Sie zum letzten Mal aktiv eine Änderung in Ihrem Leben bewirkt und eventuelle Änderungen nicht etwa dem Zufall überlassen? Sicher, Sie müssen sich nicht ändern – aber: Sie können sich ändern! Und das ist die Freiheit, die nur der Mensch hat. Erinnern Sie sich an Punkt 1 der Grundgesetze der Lebensentfaltung: „Nur der Mensch hat die Kraft, bewußt zu denken, zu planen und zu gestalten. Nur er kann sich selbst und damit sein Schicksal und seine Zukunft gezielt beeinflussen."

Meist ändert sich der Mensch – glaubt er – in seinen inneren Einstellungen und Werten, behält aber seine eingefahrenen Gewohnheiten bei. Schließlich hat er lange gebraucht, diese Gewohnheiten zu erwerben, er „wohnt" gewissermaßen darin, warum sollte er sie ändern …? Möglicherweise geht es Ihnen, dem seine Gewohnheiten lieb sind, genauso wie dem jungen Nachbarn, der bis zu seinem 37. Lebensjahr mit schlechten Zähnen herumlief und sich sein Spiegelbild gar nicht anders vorstellen konnte. Warum sollte er sie richten lassen: Er war gut im Beruf vorangekommen, hatte eine wunderbare Frau geheiratet, zwei Kinder und ein ganz passables Haus mit Garten. Irgendwann aber ließ sich dieser Mensch seine Zähne in Ordnung bringen, und jetzt lacht er plötzlich noch einmal so herzlich; – ja er lacht sogar viel öfter. Plötzlich, wo dieser junge Nachbar sich schon am Gipfel seines Erfolges wähnte, öffnen sich auf einmal ein paar neue Türen: einige interessantere Aufgaben im Beruf, neue Freundschaften und – so flüstert man in der Nachbarschaft – die Beziehung des jungen Nachbarn zu seiner Frau wäre doch auch nach außen sichtbar deutlich inniger geworden …

Das alles kann passieren, wenn man aktiv Dinge in seinem Leben ändert. Und das gilt auch – und ganz besonders – für liebgewordene (aber schlechte) Gewohnheiten. Nur: Wann ändern Menschen Ihre Gewohnheiten? Doch meist erst dann, wenn sie durch äußere Einflüsse oder massive seelische Probleme gezwungen werden, ihre Gewohnheiten zu ändern. Doch dann ist die Freiheit, diese Gewohnheiten zu ändern, meist nur noch begrenzt gegeben, das Ändern von Gewohnheiten wird dann zu einem schmerzlichen Prozeß des (unfreiwilligen) Verzichts. Das wünsche ich keinem.

Wann ändern Menschen sonst ihre Gewohnheiten? – Dann, wenn sie für etwas Neues in ihrem Leben Feuer und Flamme sind. Buchstäblich passiert dies bei Jungverliebten: Auf was verzichten Verliebte in den ersten Wochen oder Monaten ihres Verliebtseins nicht alles, um sich dann doch wieder neue/alte Gewohnheiten zuzulegen. Oder auf was verzichtet man nicht alles freiwillig, wenn es eine neue Aufgabe zu meistern, ein neues Hobby zu erleben gilt – mit dieser Begeisterung fällt es leicht, alte Gewohnheiten abzulegen, sich in seinem ganzen Verhalten neu zu programmieren.

Wann haben Sie sich zum letzten Mal für etwas begeistert? Wann haben Sie andere begeistert? So richtig von Herzen! Liegt das ein Jahr zurück – oder gar fünf? Können Sie sich daran gar nicht mehr erinnern? Das wäre schlimm. Aber nicht zu schlimm, als daß es nicht zu ändern wäre.

Begeisterung ist eine Gnade. Als Kinder haben wir uns schnell von vielem begeistern lassen. Schauen Sie doch heute hin, über welche Kleinigkeiten im Leben sich Kinder so richtig freuen, richtig begeistern lassen. Diese Begeisterung ist uns – je erwachsener wir wurden – leider immer mehr abhanden gekommen. Dabei ist Begeisterung so gesund. Buchstäblich! Menschen, die sich begeistern lassen, können auch andere begeistern, sie sind weniger krank, gehen ihrem Leben positiver entgegen und bekommen auch viel Positives vom Leben zurück. Ich wiederhole: Begeisterung ist eine Gnade.

Sie können dieser Gnade wieder teilhaftig werden. Sie müssen sich zunächst nur zu Ihrer Begeisterung bekennen. War da nicht neulich ein phantastisches Tor in einem Bundesligaspiel, das Sie begeistert hat? Oder ein wunderschöner Sonnenuntergang? Oder mal ein Stück Autobahn, das Sie endlich mal wieder frei und entspannt fahren ließ? Oder ein guter Film, ein gutes Buch, ein faszinierendes Theaterstück? – Ich frage ja gar nicht, was Sie an Ihrer Partnerin/an Ihrem Partner begeistert – denn sonst wären Sie nicht unter denen, die sich nicht mehr so recht erinnern können, wann sie das letztes Mal begeistert waren. Aber achten Sie darauf: Die Kleinigkeiten sind es, die winzigen Details und Freundlichkeiten oder gelungenen Erlebnisse, die Begeisterung wieder wecken können. Na, fällt Ihnen jetzt das eine oder andere bereits wieder ein?

Trainieren Sie die Beachtung der kleinen, glücklichmachenden Dinge, und entdecken Sie erneut die Gnade der Begeisterung. Es lohnt!

3.2 Begeisterungsfähigkeit

Wenn du begeisterungsfähig bist,
kannst du alles schaffen.

Begeisterung ist die Hefe,
die deine Hoffnungen himmelwärts treibt.

Begeisterung ist das Blitzen in deinen Augen,
der Schwung deines Schrittes, der Griff deiner
Hand, die unwiderstehliche Willenskraft und
Energie zur Aufführung deiner Ideen.

Begeisterte sind Kämpfer. Sie haben Seelenkräfte.
Sie besitzen Standfestigkeit.

Begeisterung ist die Grundlage allen Fortschritts.
Mit ihr gelingen Leistungen, ohne sie
höchstens Ausreden.

Henry Ford

Leben Sie von nun an noch stärker nach dem Prinzip der Begeisterung. Begeisterung, das werden Sie sofort erkennen, wirkt nicht nur nach außen. Die Wirkung nach innen ist erstaunlich. Begeisterung lindert nervöse Spannungen, verbessert den Stoffwechsel – regt den Blutkreislauf an – steigert die endokrine Sekretion – gibt Kraft und Energie – hilft der Verdauung – schafft Reserven und erweckt Wohlbefinden.

19 Punkte über die Macht der Begeisterung

1. Begeisterung gibt Glauben und Überzeugung zu erkennen.
2. Begeisterung regt die Menschen zum Handeln an.
3. Begeisterung hilft Ihnen, Ihre Ziele zu erreichen.
4. Begeisterung verwandelt das Negative.
5. Begeisterung macht Sie anziehend.
6. Hören Sie mit Begeisterung zu.
7. Begeisterung nimmt einem Befehl die Härte.
8. Begeisterung ist der Schlüssel, der Ihnen Tür und Tor öffnet.
9. Begeisterung heißt, Menschen beeinflussen, ohne zu dominieren.
10. Begeisterung zeigt, daß Sie Farbe bekennen.
11. Begeisterungsfähigkeit ist der Laserstrahl, der positive Argumente zum Leuchten bringt.
12. Durch Begeisterung können Sie die Gedanken und Gefühle anderer in die Richtung lenken, die Ihnen angenehm ist.
13. Begeisterung erweckt Begeisterung und Zuversicht.
14. Begeisterung zieht die Menschen an.
15. Begeisterung läßt keine Langeweile aufkommen.
16. Begeisterung ist ein Mittel, andere soweit zu bringen, daß sie Ihnen helfen wollen.
17. Ein begeisterter Mensch zieht keine Vergleiche.
18. Begeisterung verleiht Ihnen Glanz.
19. Begeisterung ist ein Zeichen, daß Sie kein Schattendasein führen.

Wer Menschen begeistern kann, kann auf Zwang verzichten.

3.3 Die Kraft, die alles möglich macht

Begeisterung ist das Lebenswasser, das uns vorantreibt. Begeisterung entwickelt im Menschen ungeahnte Fähigkeiten und Kräfte und bedeutet deshalb, einer Sache, einem Ziel oder einer Idee Geist und Leben einzuhauchen. Etwas Unbeseeltes wird durch Begeisterung beseelt, und die kleinste Idee wird zum lodernden Feuer, das erst durch die Begeisterung am Brennen gehalten wird.

Begeisterung ist so wenig greifbar und künstlich zu erzeugen, wie Freude, Harmonie und Liebe. Aber wenn sie nicht da ist, wird alles schwer und mühsam und kommt nicht recht voran. Es zündet einfach nichts im anderen. Statt Feuer bleibt es bei kühler Distanz, Sachlichkeit, Ratio. Keine Kerze und kein Kamin kommt durchs bloße Ansehen und durchs Diskutieren zum Brennen, sondern indem man erst einmal ein Streichholz entzündet. So braucht auch die Begeisterung einen Zündfunken und zündendes Brennmaterial.

Eine der wichtigsten Begeisterungen ist, ein großes Ziel zu erreichen zu wollen und auf andere den gleichen Wunsch zu übertragen. Würde diese Kettenreaktion nicht ständig in Gang gesetzt, hätte es bisher keinerlei Entwicklung in der Menschheit gegeben. Deshalb heißt Begeisterung immer, sich eindeutig zu etwas zu bekennen. Zu einem Menschen, einer Leistung, einem Ziel oder einer Idee.

Denken Sie einmal, wie begeistert Kinder sein können, wenn sie etwas völlig Neues kennengelernt haben oder etwas wünschen. Die Stimme überschlägt sich, die Augen funkeln, der Körper ist in höchster Anspannung, und nichts anderes könnte jetzt interessieren. – Wann haben Sie das letzte Mal diese Gemüts- und Körperreaktionen gehabt?

Es ist eher ein Zeichen unserer Zeit, begeisterungslos und distanziert zu sein. Für Fußball-Weltmeisterschaft oder Tennis-World-Cup, da kann man sich vielleicht noch begeistern, vergißt aber, daß dies dann die Leistung von anderen ist, nicht die eigene. Deshalb hält diese Begeisterung auch nur ein paar Stunden an. Dann ist die Luft raus, und man sucht nach einem neuen Nervenkitzel.

Wer es jedoch schafft, sich zu einem begeisterungsfähigen Menschen zu entwickeln – und diese Begeisterung ein Leben lang zu behalten und auf andere zu übertragen – der ist ein wirklich weiser Mensch und vor allem ein Meister im Umgang mit anderen.

Begeisterung können Sie üben, wie Klavierspielen oder Tennis. Kein Sportler, kein Künstler, Sänger, Schauspieler oder Artist würde Sie überzeugen, wenn neben der außergewöhnlichen Qualifikation nicht seine Begeisterung zu Ihnen herüberschwingen würde.

Wenn Sie Ihre Lebensaufgabe und Ihren Lebensinhalt noch nicht gefunden haben, für den Sie sich begeistern können, oder den Partner, für den Sie es tun, dann beginnen Sie doch sich für die Schönheit einer Blume, die Anmut eines Mädchens, die Farbvollkommenheit eines Bildes, die Klangharmonie eines Klavierstücks wirklich zu begeistern. Zeigen Sie Ihre Begeisterung gerade in den Alltäglichkeiten, erheben Sie jedes Wesen, jede Sache oder Erlebnis zu einem Stück Vollkommenheit. Mit diesem Vollkommenheits-Anspruch sollten Sie sich auch bemühen, möglichst jeder Tätigkeit nachzugehen und ihr den Odem der Besonderheit einzuhauchen. Dabei ist es völlig unerheblich, welche Tätigkeit Sie ausüben und auch welchen Beruf. Wer Tun wie Nichtstun und Nichtstun wie Tun betreibt, der ist ein wahrer Lebenskünstler.

Sie kommen in ein Geschäft mit herrlichen Auslagen und verlockenden Angeboten. Die Verkäuferin ist ebenso hübsch wie cool und desinteressiert. Zwei Straßen weiter betreten Sie ein kleines, unscheinbares Geschäft, und aus dem Hintergrund kommt eine etwas unaufgeräumt aussehende ältere Frau. Aber in dem Moment, wo sie Sie erblickt, beginnt sie zu strahlen und berichtet voller Begeisterung – und auf Sie eingehend – über ihr Verkaufsangebot. Wo werden Sie wohl kaufen?

Es gibt überall Menschen, die andere anziehen, und andere, die Menschen abstoßen. Unser ganzer Kosmos wird regiert von anziehenden und abstoßenden Kräften. Begeisterung ist wie ein Magnet, der anzieht, ebenso wie Charme, eine faszinierende Stimme oder Leidenschaft. Ein Pessimist kann keine Begeisterung erzeugen. Begeisterung ist ansteckender als ein Grippevirus. Gehen Sie auf andere begeistert oder überzeugt zu, werden Sie selten Ablehnung finden – und wenn, sollten Sie entweder weiter trainieren, oder der andere ist ein überzeugter Pessimist, und Sie brauchen ihn nicht.

Schneiden Sie sich das Trainings-Programm für Ihre Begeisterungsfähigkeit aus. Hängen Sie es an Ihren Badezimmerspiegel, oder legen Sie es in Ihren Kalender. Trainieren Sie sich, Begeisterung zu entfachen. Für sich allein – und für den Umgang mit anderen. Ihr Leben und Ihre Ziele werden dadurch reicher. Viel Erfolg!

Begeisterung

1. Begeisterung ist der Glaube an die Überzeugung
   Ein Mensch, der begeistert ist, glaubt vorbehaltlos und spricht damit auch in anderen die Gefühle und nicht nur den Verstand an.
2. Begeisterung ist eine Leidenschaft
   Alles kann zur Begeisterung werden, wenn man es voller Hingabe tut, betrachtet oder dazu steht.
3. Begeisterung gibt Kraft zum Handeln
   Durch Begeisterung tut man Dinge, die niemand für möglich halten würde. Ohne Begeisterung würden wir nur dahinvegetieren, und es gäbe keinerlei Kunst und große Leistungen.
4. Begeisterung hilft Ihnen, Ihre Ziele zu erreichen
   Begeisterung ist ansteckend. Führungskräfte, Erzieher oder Freunde können nichts besseres tun, als andere durch die Kraft ihrer eigenen Begeisterung zum freiwilligen Handeln anzuregen, um Ziele zu erreichen.

3.4 Wer begeistern kann, kann Wunder vollbringen

Denken wir hier noch einmal an den Beginn dieses Kapitels: Wenn Sie Verkäufer sind und Spitzenverkäufer werden wollen, was müssen Sie ändern – Ihre Kunden oder sich selbst? Natürlich beides. Denn Spitzenverkäufer werden Sie nur, wenn Sie die besten Kunden haben. Aber um bessere Kunden zu bekommen, als die, die Sie heute bereits haben, müssen zunächst Sie sich ändern. Sie müssen nicht nur lernen, Ihre Strategie zu verbessern, sondern – und vor allem – sich bessere Gewohnheiten zulegen. Sie müssen Ihre alten Gewohnheiten ablegen. Und zwar aktiv!

„Der Mensch ist ein Gewohnheitstier" – heißt es oft in leicht abfälligen Betrachtungen und Kommentaren. Das stimmt nicht. Der Mensch hat die Freiheit, zu planen und über sich und sein Verhalten zu entscheiden.

Eine Verhaltensänderung, die in voller Freiheit entschieden wird, gelingt am leichtesten über Begeisterung. Lernen Sie, sich selbst wieder zu begeistern, dann werden Sie auch andere begeistern.

Zum Wiedererlernen der Begeisterung sollten Sie sich zunächst auch über nebensächliche Dinge freuen können. Erinnern Sie sich dazu noch einmal der Grundgesetze der Lebensentfaltung. Das 10. Grundgesetz der Lebensentfaltung heißt: „Durch eine gezielte Entscheidung kann die Aufmerksamkeit auf jeden ausgewählten Punkt gelenkt werden." Lenken Sie Ihre Aufmerksamkeit auf Dinge, die Sie begeistern.

Bedenken Sie auch das 11. Grundgesetz der Lebensentfaltung: „Beachtung bringt Verstärkung. Nichtbeachtung bringt Befreiung." – Beachten Sie die Dinge im Leben, die bei Ihnen erneut Begeisterung entfachen, und lassen Sie sich nicht von Dingen anrühren, die Ihnen nichts geben.

Und schließlich möchte ich Ihre Aufmerksamkeit auch noch auf das 12. Grundgesetz der Lebensentfaltung lenken: „Zustimmung aktiviert Kräfte – Ablehnung vernichtet Lebenskraft."

Stimmen Sie zu, lassen Sie sich begeistern, lassen Sie sich nicht von Ihrem Verstand irritieren, schaffen Sie freie Fahrt für Ihr begeisterndes Gefühl. Überlegen Sie: Wann haben Sie zum letzten Mal in Ihrer Verkaufstechnik oder in anderen beruflichen Fähigkeiten etwas verändert? Vergleichen Sie Ihr Handeln heute mit dem Verhalten von vor zwei Jahren. Und überlegen Sie jetzt, wie erfolgreich Sie in zwei Jahren sein könnten – wenn Sie sich nur den Ruck gäben, sich und Ihr Verhalten deutlich zu verändern.

4 Die Ausstrahlung der Persönlichkeit

Nikolaus B. Enkelmann: Der Kern der Persönlichkeit. Yoga, Hypnose, Rhetorik – erste Erfahrungen

Biographische Beobachtungen von Peter Sperling

Yoga und Hypnose faszinierten den jugendlichen Gymnasiasten immer mehr. Nikolaus B. Enkelmann vermißte schmerzlich die Bücher Otto Pfeffers, wußte nicht, wie er sein Wissen vertiefen konnte. Aus der Erinnerung experimentierte er mit Yoga, konnte aber mangels Anleitung keine großen Fortschritte erzielen. In den Buchhandlungen und Bibliotheken, die er durchstöberte, fand er keine Literatur zu diesem damals äußerst exotischen Thema. Bei jeder Gelegenheit fragte er nach, bohrte und hörte sich um bei Bekannten, Bekannten von Bekannten, bei allen möglichen Leuten, die irgendwo irgend etwas gehört haben könnten von Meistern, Fakiren und Weisheiten. Er ignorierte mißtrauisches Befremden ebenso wie fassungsloses Kopfschütteln oder Schmunzeln, sobald er das Thema ansprach, sondern suchte weiter.

Schließlich hörte der hartnäckige 17jährige von einem Verlag in Dekkendorf, der unter dem Titel „Der Wille zur Macht" einen Fernkurs über Yoga und Hypnose anbot. Nikolaus B. Enkelmann war sofort Feuer und Flamme, und nichts hielt ihn davon ab, sich die Gebühr für den Kurs mühsam zusammenzusparen und schließlich die Seminarunterlagen zu erwerben. Von da an gab es für ihn nur noch eines: studieren, studieren, studieren. Nun bekamen seine Yoga-Experimente ein sicheres Fundament. Er lernte die hohe Kunst der Entspannung und der Beherrschung des Körpers durch den Geist. Erstmals erfuhr er an sich selbst, was es bedeutet, Grenzen zu überschreiten.

Der Gedanke, nach den ersten Erfolgen mit Yoga, nun auch die Kunst der Hypnose zu erlernen, fesselte ihn immer mehr. Mit seinen Freunden wettete er: „In einem Jahr kann ich das!" Doch die Zweifler schüttelten nur die Köpfe und wollten ihn von der Hypnose, die ihrer Meinung nach nichts als Humbug war, abhalten: „Sowas gibt es nicht."

Doch der Schüler ließ sich nicht irritieren. Wieder stieß er an Grenzen, wieder gab es keine Schriften; die Ärzte, die er ansprach, hatten von Hypnose-Therapie noch nie etwas gehört. Mit dem spärlichen Wissen aus seinem Fernstudium und seiner Erinnerung an die Bücher des Abtes wagte Nikolaus B. Enkelmann im Alter von 18 Jahren sein erstes Hypnose-Experiment: Er wollte einen Sänger hypnotisieren, den er kannte und der bereit war, sich auf den Versuch einzulassen. Das Experiment ging schief, der Mann sprach nicht auf die Hypnose an. Doch dessen Bruder, der als ebenso kritischer wie neugieriger Beobachter hinter dem Sänger saß, fiel in tiefe Trance, aus der er partout nicht mehr erwachen wollte. Nikolaus B. Enkelmann, damals noch nicht wissend, daß die hypnotische Wirkung nach einiger Zeit von selbst nachläßt, fiel in Panik und war von dieser Erfahrung so geschockt, daß er beschloß, nie wieder ein solch gefährliches Experiment mit Menschen zu machen.

Seine Neugier an der Thematik war damit jedoch längst nicht erloschen. „Ich befand mich in tausend Nöten", erinnert er sich. Er wollte seine Fortschritte überprüfen, seine Kenntnisse anwenden, doch an Experimente mit Menschen traute er sich nicht mehr heran. In seiner Not griff er zu einem außergewöhnlichen Mittel, um seine Versuche fortsetzen zu können: Er holte sich von einem benachbarten Bauernhof ein paar Hühner und hypnotisierte kurzerhand das Federvieh.

So erfuhr er, daß ein Huhn, das im gleichmäßigen Rhythmus hin- und hergeschwenkt, das man anschließend auf den Rücken legt und dem man dann einen Strohhalm auf den Schnabel legt, nicht in der Lage ist, sich zu bewegen oder aufzurichten. Er schwenkte Hühner, legte sie hin und zeichnete einen Kreis um die Tiere, die aus rätselhaften Gründen die Linie nicht überschreiten konnten, sondern im Kreis blieben.

Über Tierhypnoseversuche hatte Nikolaus B. Enkelmann bereits gelesen, in alten Schriften des Orients, im Talmud oder in den Dichtungen von Homer, sind Experimente vor allem mit Hühnern ebenso beschrieben wie in der Geschichte der berühmten Ärzte des Mittelalters. Doch für den hypnoseinteressierten Schüler war Tierhypnose bis dahin immer ein Tabu – es wurde in der damaligen Zeit als Okkultismus abgelehnt. Wohl darin ist der Grund dafür zu suchen, daß Nikolaus B. Enkelmann nie über seine ersten und äußerst ungewöhnlichen Hypnoseexperimente gesprochen hat und erst jetzt, seit die Hypnose zu wissenschaftlicher Anerkennung gelangt ist, seine Früherfahrungen preisgibt.

Immer noch auf der Suche nach Intensivierung seines Wissens und seiner Fähigkeiten ging Nikolaus B. Enkelmann im Alter von 19 Jahren nach England. In London studierte er ein Jahr lang in der Yogaschule des indischen Yogis Shiri Nandi, einem Weggefährten des legendären Yoga Nanda, der in den USA die erste Yogaschule aufgebaut hatte und dessen Werdegang in dem Buch *Autobiographie eines Yogi* eindrucksvoll beschrieben wurde. In der Yogaschule lernte Nikolaus B. Enkelmann vieles über Atemtechnik, Körperhaltung und Entspannung. Schließlich beherrschte er als einer der ganz wenigen Europäer den Kopfstand mit verschränkten Beinen. In dieser Zeit erfuhr er eine Menge über verschiedene Meditationstechniken – und davon, daß auch Gutes gut verkauft werden muß. So sorgte die BBC mit einem Film, der über die Yogaschule gedreht wurde, dafür, daß die Engländer wesentlich offener und toleranter mit den fernöstlichen Weisheiten umgingen als die Deutschen, die nur wenig darüber wußten.

Shiri Nandi konnte allein mit seiner Ausstrahlung Menschen sehr schnell in Trance versetzen, wie Nikolaus B. Enkelmann sich erinnert. Er beherrschte das Geheimnis der Ruhe und wußte um die Macht des Unterbewußtseins. „Über zehn Minuten war er in der Lage, den Atem anzuhalten", erzählt Nikolaus B. Enkelmann. Wenn er von der Bedeutung der Atmung, der Körpereinstellung als Wege der Befreiung von negativen Einflüssen sprach, habe er ein Höchstmaß an Ruhe, Sicherheit und Angstfreiheit ausgestrahlt. Er stand mit seiner Person und seiner Ausstrahlung für die Glaubwürdigkeit einer seiner zentralen Aussagen: „Ich ziehe alles an, was ich brauche." Ein wesentliches Element der Mantra-Yoga-Übungen, die Nikolaus B. Enkelmann in London trainierte, war die ständige Wiederholung bestimmter Silben, um durch Töne und Schwingungen in Trance zu fallen. Noch heute wendet er die Übungen in abgewandelter Form in seinen Seminaren zur Stimmbildung an. Auch die Bedeutung der Atemtechnik lernte er bei Shiri Nandi, dessen Übungen des rhythmischen Atmens daraus bestanden, vier Sekunden lang einzuatmen. Die Vier, die Acht und die Zwölf gelten als die drei heiligen Zahlen der Atemtechnik. Mit dieser Übung sollte erreicht werden, daß man sich von alten, gewohnten Rhythmen befreit, um zu einem neuen Lebensrhythmus zu gelangen. In der Meditation konnte der Yogi seine Kräfte und Energien auf seine Schüler übertragen. „Er war ein leuchtendes Vorbild an Weisheit und Erkenntnis", meint Nikolaus B. Enkelmann über seinen Yoga-Lehrer.

Während seiner Londoner Zeit lernte er eines Tages Harry Edwards kennen, einen der berühmtesten Heiler der Welt. In der Royal Albert Hall sprach er vor Tausenden von Menschen über Trance und Ekstase, und Nikolaus B. Enkelmann war Zeuge, wie Edwards an diesem Abend viele Kranke heilte. Ihm wurde schlagartig klar, daß man mit der Kunst der positiven Beeinflussung wirklich etwas bewirken kann, daß man dem anderen Nutzen bringen kann, wenn man Einfluß auf ihn ausübt. Der Mensch stand nicht mehr als Wesen vor ihm, das dem Schicksal hilflos ausgeliefert ist. „Man kann das Schicksal und die Krankheit überwinden", wußte er nach diesem tiefgreifenden Jahr in England.

4.1 Werden Sie eine Persönlichkeit, der man die Wünsche von den Augen abliest

Drei „Päpste" auf diesem Gebiet der persönlichen Weiterentwicklung gab es in Deutschland:

1. *Heinrich Hemel:* Er fand und lehrte den körperlichen Weg auch zur geistigen Überlegenheit. Heinrich Hemel erkannte die Möglichkeiten des indischen Yogas, aber er entwickelte ein Konzept für das schnellerlebige Abendland. Leider kennen nur noch wenige Menschen die Bedeutung seiner Arbeit. Die moderne Fitneßbewegung, wie gut sie auch sein mag, ist nur ein billiger Abklatsch seines Systems.

2. *Oskar Schellbach:* Er gründete 1922 in Hamburg die Schule des Erfolges. Er erkannte – deutlicher noch als Sigmund Freud – die Macht des Unterbewußtseins und entwickelte Übungen, diese Macht privat und beruflich zu nutzen.

3. *Gustav Grossmann:* Er überkompensierte seine eigenen Niederlagen und Mißerfolge, entwarf damit das System der Planung und entwickelte ganz pragmatisch die Kunst des Vorausdenkens.

Vielleicht können Sie sich vorstellen, meine lieben Leserinnen und Leser, wie stark mich diese drei Persönlichkeiten geprägt haben. Dr. Gustav Grossmann wäre am 2. Januar 1993 100 Jahre alt geworden. Grossmann war auf seinem Gebiet ein Genie, über das Manfred Helfrecht sagt: „Er war ein Rebell." Genie und Rebell mußte er wohl auch sein in seiner Zeit. Alle Menschen, die ihn persönlich kennengelernt und erlebt haben, kennen seinen Eigensinn, er war alles, nur kein Softie. Und doch produzierte sein Gehirn einen Gedanken, von dem ich allerdings nicht weiß, ob er ihn jemals selbst angewandt hat.

Die Welt braucht positive „Leader"

Vielleicht ist heute die Zeit reif für einen neuen Quantensprung. Denn so kann es ja nicht weitergehen auf dieser Welt. Sie alle erleben es: Die Weiter- und Neuentwicklungen auf allen Gebieten vollziehen sich so rasant, daß man kaum folgen kann. Die Zeit wird immer schneller, trotz Zeitplanung. So ist es kein Wunder, daß die Erfolgreichen immer mehr schaffen und immer fleißiger werden. Schon oft habe ich das Märchen von Alice im Wunderland erzählt, die Geschichte von der schwarzen Königin.

Alice im Wunderland oder die Geschichte von der schwarzen Königin

Als Alice später zurückdachte, wußte sie eigentlich gar nicht genau, wie es sich zugetragen hatte, nur an eines konnte sie sich noch erinnern, daß die Königin sie plötzlich an die Hand nahm und anfing, mit ihr zu laufen und immer schneller lief und immer schneller lief.

Alice konnte gar nicht so schnell laufen, aber es fehlte ihr der Atem, es auch zu sagen. Doch die Königin wollte immer noch schneller laufen, so daß aus dem Laufen fast ein Flug wurde. Alice konnte nicht mehr, sie stolperte und fiel hin. Daraufhin schaute sie sich ganz bewußt um und sagte dann zur schwarzen Königin gewandt: „Wenn ich mich recht umblicke, so habe ich den Eindruck, als seien wir gar nicht vorangekommen." „Ja", sagte die schwarze Königin, „in dieser Welt muß man so schnell laufen, wie man kann, um da zu bleiben, wo man ist. Um voranzukommen muß man noch einmal so schnell laufen."

Ich glaube, liebe Leser, Sie erkennen: Das ist die Situation, in der wir leben. Und darum mögen diese Übungen für Sie mit dazu beitragen, daß es Ihnen gelingt, den Wettlauf zu gewinnen. Besinnung tut not. Vielleicht lesen Sie noch einmal in meinem Buch *Mit Freude leben*, Seite 71, „Das Teufelsrad".

Zwei Kräfte haben den intensivsten Einfluß auf die Veränderung des Geschehens: die Liebe und der Haß. Die Kräfte des Hasses und der Rache können wir gerade in Jugoslawien und anderen Orten der Welt live erleben. Woran Generationen gebaut haben, kann der Haß in wenigen Tagen zerstören. So ist es kein Wunder, daß in vielen Menschen die Angst – das große Gespenst – wächst. Nie zuvor benötigte die Welt so viele positive „Leader" wie in unserer Zeit. „Positive Leadership" ist gefragt, um die Menschen aus einer Welt der Angst in eine Zukunft der Hoffnung zu führen.

Überall, wirklich überall, wird „positive Leadership" benötigt. In den Familien, in den Schulen, in den Krankenhäusern, in den Universitäten und in den Unternehmen. Überall dort, wo Menschen an und für die Zukunft arbeiten.

Führungsstile hat es in der Geschichte viele gegeben. Dabei war Führung durch Befehl und Gehorsam noch das Einfachste.

Fast alle Menschen beklagen, das Leben werde immer schwerer. Die Kindererziehung, die Partnerschaft, die Arbeit. Überall fühlt man sich überfordert. Die Krankenzahlen sind ein beredter Beweis dafür. Und noch mehr anstrengen oder gar überfordern, noch fleißiger werden, geht daher kaum noch. Gibt es überhaupt einen Ausweg?

Angst vor sympathischem Verhalten

Nicht härter, weicher werden, ist die Lösung. Nicht Gewalt, sondern Liebe, heißt der Weg der Hoffnung. Ist das wirklich machbar in unserer Industriegesellschaft – sich in einen Menschen zu verwandeln, dem man die Wünsche von den Augen abliest? Bestimmt kennen Sie den Gedanken von Goethe, der genau in dieselbe Richtung weist: „Man lernt nur von einem Menschen, den man liebt."

Untersuchen wir also dieses Phänomen einmal genauer. Bei Menschen, die man nicht mag, geht man auf Distanz, läßt sich verleugnen, ist man überkritisch, sucht nach Fehlern und schaltet das Gefühl aus. Bei Menschen aber, die man liebt, die man mag oder sympathisch findet, verhält man sich ganz anders. Man findet Zeit für sie, geht ihnen entgegen, hört ihnen zu, übernimmt ihre Argumente, öffnet sein Herz, ist bereit zu verzeihen, schaltet das Gefühl ein, empfiehlt sie weiter, folgt ihnen unbewußt. – Folgt ihnen unbewußt: das ist hier der springende Punkt. Viele der großen Führungspersönlichkeiten wußten, hier liegt ihr persönliches Kapital. Hier entstand und entspringt ihr Vorsprung.

Günter Butter, zum Beispiel, ein Meister der Motivation und des Verkaufs, erreicht alles, weil er sich „weich" durchsetzt – ein typischer Alpha-Manager. Oder denken Sie an den amerikanischen Wahlkampf. Bush war der Erfahrenere, der Qualifiziertere. Clinton kannte zwei Jahre zuvor kaum ein Mensch, doch Clinton war sympathisch, spielte Saxophon und aktivierte mit seinem Charme zuerst die Presse, dann die Bevölkerung. Man wollte ihm zu gern glauben! Glaubt man auch an Sie, oder müssen Sie erst alles ausdiskutieren und beweisen?

Wo nun liegen die Ursachen, warum so viele qualifizierte Menschen Angst haben, sich sympathisch zu verhalten? Viele tüchtige Menschen möchten gern qualifiziert sein, darum haben sie viele Jahre studiert. Sie verachten Kriecher und Schleimer. Wir sollten aber ganz deutlich erkennen, daß zwischen einem Kriecher und einer sympathischen, positiven Persönlichkeit Welten liegen.

Zunächst einmal sind wir alle „Menschen", und erst viel später wird man ein Fachmann oder eine Fachfrau. Wer keinen sympathischen Charakter besitzt, kann auch kein sympathischer Fachmann werden.

Jahrelang hat man uns eingeredet, alles Schwere sei gut. Erfolgreich zu sein sei schwer, eine Partnerschaft zu gestalten sei schwer. Auch im autogenen Training sollen sich die Menschen einreden, die Arme und Beine werden schwer. Kein Wunder, wenn dadurch die Menschen immer depressiver werden. Die Psychologie des erfolgreichen Weges kann Ihnen helfen, daß alles leichter wird, wenn Sie es wollen. Ein Genie kann uns überzeugen: Alles wird leicht, alles wird leichter. Mit welch einer Leichtigkeit vollbringt ein Genie seine Spitzenleistungen!

Vielleicht ist es ein Traum, sich den Weg in die Zukunft zu erleichtern, doch eine Illusion ist es nicht. Überall begegnen wir den Kräften von Yin und Yang. Diese Kräfte, die unsere Reaktionen bestimmen, gibt es auch im täglichen Leben. Es sind Kräfte der Anziehung und des Abstoßens.

„Glück ist ein Talent für das Schicksal“

Vielleicht haben Sie es selbst einmal ganz deutlich erlebt, als Sie mit zwei Magneten spielten. Entweder zogen sich die Pole unwiderstehlich an, oder sie stießen sich ab. Sicher haben Sie schon einmal gespürt: Wenn zwischen zwei Menschen die Chemie nicht stimmt, kann nichts laufen. Es läuft alles quer.

Da der Erfolg eine Frage des Charakters ist, sollten wir einmal prüfen, welche Charaktereigenschaften zu einem abstoßenden Menschen gehören, die ihn vielleicht sogar zu einem Versager machen. Bitte ergänzen Sie doch einmal unsere kleine Sammlung: Neid – Gier – Mißgunst – Eifersucht – Aggression – Jähzorn – Überheblichkeit – Unfreundlichkeit – Nörgelsucht – Besserwisserei – Pessimismus – Minderwertigkeitskomplexe. Wer alle diese Eigenschaften besitzt, wird ein Unglücksrabe, er zieht das Unglück und andere Unglücksraben an.

Wir wissen: Zum Erfolg gehören 35 Prozent Fachwissen, und 65 Prozent beruhen auf der Fähigkeit, zu anderen Menschen ein positives Verhältnis aufzubauen. Es gibt amerikanische Kommunikationsforscher, die das Verhältnis noch krasser sehen. Sie sprechen von einem Verhältnis 15:85. Das ist keine Aussage gegen das Fachwissen, gegen fachliche Qualifikation, doch erschlagen sollte man seine Mitmenschen damit nicht. Eine Tendenz wird deutlich: Je mehr der Computer seinen Einzug hält, desto wichtiger wird die Persönlichkeit des Menschen.

Eine Erkenntnis von Novalis sollte Sie in Zukunft beflügeln: „Glück ist ein Talent für das Schicksal.“ Dieses Talent sollten wir so weit wie möglich entfalten. Kontaktschwache Personen glauben, das sei unmöglich. Wir hingegen wissen, daß es nicht nur notwendig, sondern auch möglich ist!

Sicher bemerken Sie, liebe Leserinnen und Leser, daß ich hierbei das 11. Grundgesetz der Lebensentfaltung angewandt habe: Beachtung bringt Verstärkung!

Übung

Nehmen Sie sich die Zeit, und schreiben Sie Ihre drei größten Erfolge auf:

1. ____________________

2. ____________________

3. ____________________

Wenn Sie jetzt über diese Erfolge philosophieren, fragen Sie sich, ob es trotz der Unterschiede auch Gemeinsamkeiten gibt. Worin liegen diese Gemeinsamkeiten? Kam es zum Erfolg, weil Sie der billigster Anbieter waren? Kam es zum Erfolg, weil Ihr Qualitätsvorsprung so groß war – oder kam es zum Erfolg, weil die emotionalen Komponenten stimmten?

Bei Verkaufsschulungen stelle ich folgende Frage: „Was ist wichtiger: Der Kunde liebt Sie – oder Sie lieben den Kunden?“ Als Reaktion erhalte ich oft eine kurze Irritation. Doch eindeutig sind die Antworten nie. Der Verkäufer, der seine Kunden liebt, tut alles, ist zu jedem Einsatz bereit, wird versuchen, jedes Problem zu lösen. Das spürt der Kunde und reagiert seinerseits auch positiv.

Egoismus ist eine seelische Krankheit

Es gibt Menschen, die sich über die Erfolge anderer genauso freuen können wie über die eigenen. Sie können zudem ihre Freude ausdrükken. In der Nähe solcher Menschen kann man sich wohl fühlen, denn geteilte Freude ist doppelte Freude. Ist es nicht schade, daß viele Menschen so stumm sind wie Fische, daß sie scheinbar keine Antennen für andere haben? Stellen Sie sich doch einmal in diesem Monat die Frage.

Übung

Wie könnte ich die wertvollsten Menschen meiner Umwelt, meines Kreises erfreuen? Notieren Sie:

1. ______

2. ______

3. ______

4. ______

5. ______

Immer deutlicher erkennen Sie, daß Egoismus eine seelische Krankheit ist. Ein richtiges Leben soll und muß Freude bereiten. Sie sollten üben, Sympathie und Freude auszustrahlen.

Ihnen, meine lieben Leserinnen und Leser, das Leben zu erleichtern, ist mein Ziel, und Sie können „sich in eine Persönlichkeit verwandeln, der man die Wünsche von den Augen abliest". Sie spüren, daß es noch viele wunderbare Wege in die Zukunft gibt, die wir gemeinsam gehen können.

4.2 Werden Sie ein Mensch mit charismatischer Ausstrahlung

Ein erfolgreicher Mensch strahlt Kraft, Zuversicht und Charisma aus! Es ist die Ausstrahlung, die jemanden anziehend und sympathisch macht. Deshalb ist sie für das persönliche Weiterkommen, für die Kontakte, die man benötigt, äußerst wichtig. Kraft und Zuversicht, die man ausstrahlt, wirken auf die tieferen Schichten der menschlichen Seele, in der Zuneigung oder Abneigung entsteht. Anziehende und abstoßende Kräfte bestimmen das Verhalten jedes Menschen in jeder Situation. Faszination ist die stärkste Form der Anziehungskraft, und sie ist abhängig von der Vitalkraft des Menschen. Läßt seine Vitalität nach, so erlischt auch seine Ausstrahlung.

Wer sich zweimal am Tag selbst suggeriert, daß er fest entschlossen ist, eine einflußreiche Person zu werden, wird ein Meister in der Kunst der Menschenbehandlung. In jeder Situation wird er sich dieser Suggestion und Aufgabe bewußt und entsprechend reagieren.

Richtige Menschenführung heißt, Mitmenschen und sich selbst erfolgreich zu machen

„Autorität, die im Sein gründet, basiert nicht auf der Fähigkeit, bestimmte gesellschaftliche Funktionen zu erfüllen, sondern gleichermaßen auf der Persönlichkeit eines Menschen, der ein hohes Maß an Selbstverwirklichung und Integration erreicht hat", schreibt der Psychologe Erich Fromm in seinem Buch *Haben oder Sein*. Ein solcher Mensch strahlt Autorität aus, ohne zu drohen, bestechen oder Befehle erteilen zu müssen. Die großen Menschen des Lebens waren solche Autoritäten, und in geringerer Vollkommenheit sind sie unter Menschen aller Bildungsschichten und der verschiedensten Kulturen zu finden.

Je mehr wir uns gegenseitig respektieren und unterstützen, desto weniger wir uns gegenseitig behindern, desto größer ist nicht nur unsere Lebensfreude, sondern auch unsere Lebenschance.

Die wichtigste Voraussetzung für eine Führungskraft ist deshalb die Fähigkeit, andere Menschen zu beeinflussen. Das ist die Fähigkeit, zu lenken, zu leiten, zu führen und zu motivieren. Wirkliche Menschenführung, wirkliche Mitarbeiterführung sollte heute heißen: seine Mitarbeiter erfolgreicher zu machen, nicht seine Mitarbeiter zu dominieren oder noch schlimmer, seine Mitarbeiter auszunutzen.

Steigern Sie Ihre Suggestivkraft

Wenn Sie Ihr Leben erfolgreich meistern wollen, müssen Sie andere Menschen für sich gewinnen und erfolgreich beeinflussen können. Je besser Ihre Einstellung zu anderen Menschen ist, um so stärker ist auch das Echo, welches Sie damit erzeugen. Gute Gedanken erwecken auch beim anderen gute Gedanken. Schlechte Gedanken senden negative Wellen und rufen wiederum schlechte Gedanken hervor.

Gedanken sind Kräfte: „Was Sie über andere denken, das werden Sie." Wie ein Bumerang kommt alles auf Sie zurück, das Positive und das Negative. Die Erfolge von großen Persönlichkeiten, Filmstars, Sängern, Politikern oder Menschen des öffentlichen Lebens sind immer darauf zurückzuführen, daß sie es verstanden haben, ihr Verhältnis zu allen Menschen so positiv wie möglich zu gestalten. Es gibt Gesetze, die dies bewirken. Lernen Sie diese Gesetze auswendig, Sie finden sie auf den folgenden Seiten, und trainieren Sie diese täglich. Immer wieder, immer wieder, bis sie Ihnen in Fleisch und Blut übergegangen sind und zu Ihren Gewohnheiten geworden sind.

4.3 Die Kunst zu überzeugen – eine lebenswichtige Fähigkeit

Wir alle mußten oft erfahren, wie schmerzliche es ist, wenn man die Wahrheit sagt: Man vertraute uns nicht, wir hatten recht, doch man glaubte uns nicht; wir hatten eine großartige Idee, aber wir konnten andere nicht davon überzeugen; wir machten gute Erfahrungen mit einem Produkt, einer Dienstleistung, einem Buch, einer Methode, einem Lehrgang, einer Reise, aber andere blieben skeptisch. Eine wohlmeinende Absicht, eine gute Idee allein genügt nicht, wie Sie sehen, um andere zu gewinnen. Was uns fehlt, ist eine lebenswichtige Fähigkeit: die Kunst des Überzeugens.

Die Kunst des Überzeugens

Zur Entfaltung dieser Kunst schlage ich Ihnen ein kleines Entwicklungsprogramm vor. Lesen Sie bitte immer wieder die beiden vorhergehenden Seiten durch, um die „14 Grundgesetze der Lebensentfaltung" (auf Seite 19, der Seite, die Sie sich merken sollten) zu verstehen. Beginnen Sie mit dem 1. und 2. Grundgesetz:

▶ **1. Grundgesetz:**
Nur der Mensch hat die Kraft, bewußt zu denken, zu planen und zu gestalten. Nur er kann sich selbst und damit sein Schicksal und seine Zukunft beeinflussen.

▶ **2. Grundgesetz:**
Am Anfang jeder Tat steht eine Idee. Nur was gedacht wurde, existiert.

Machen Sie sich hierzu bitte bewußt, wie wichtig die Fähigkeit ist, andere zu überzeugen. Aber bitte schriftlich!

Übung

Suchen Sie zehn Gründe, warum die Kunst zu überzeugen gerade für Sie so wesentlich ist.

1. ______________________
2. ______________________
3. ______________________
4. ______________________
5. ______________________
6. ______________________
7. ______________________
8. ______________________
9. ______________________
10. ______________________

Nach dieser Übung fahren Sie fort mit dem:

11. Grundgesetz:
Beachtung bringt Verstärkung. Nichtbeachtung bringt Befreiung.

Lassen Sie sich einige Tage Zeit. Ihr Unterbewußtsein hat jetzt einen klaren Arbeitsauftrag und wird sich intensiv mit der Suche nach Gründen beschäftigen. Lesen Sie Ihre Liste ab und zu durch, und erweitern Sie sie immer mehr. Eine Flut von kleinen und großen Gründen wird Ihnen einfallen und so langsam die Erkenntnis und damit den Entschluß reifen lassen: „Die Kunst, andere zu überzeugen, ist eine meiner allerwichtigsten Fähigkeiten." Erst dann beginnen Sie mit der zweiten Aufgabe.

Übung

Schreiben Sie die Namen von mindestens zehn Personen auf, die Ihrer Meinung nach Meister sind in der Kunst des Überzeugens. Das können Persönlichkeiten aus Politik, Wirtschaft, Kunst, Geschichte, Theater oder Wissenschaft und aus Ihrem persönlichen Bekanntenkreis sein. Notieren Sie, warum jemand erfolgreich ist. Das läßt Ihre Erkenntnisfähigkeit enorm wachsen.

1. ______________________________
2. ______________________________
3. ______________________________
4. ______________________________
5. ______________________________
6. ______________________________
7. ______________________________
8. ______________________________
9. ______________________________
10. ______________________________

- **3. Grundgesetz:**
Gedanken entwickeln sich im Unterbewußtsein. Aus dem Menschen selbst oder durch äußere Einflüsse.

Haben Sie immer Notizpapier bei sich. Eine Fülle von Ideen und Begründungen werden Ihnen klar werden. Es ist aber wichtig, diese sofort zu notieren, da der Alltag sonst Ihre Gedanken verschluckt. Also nicht immer warten – sofort beginnen!

Es ist absolut zu wenig, die Gesetze des Denkens nur zu studieren. Machen Sie sich die kleine Mühe, sie auswendig zu lernen. Denn nur so stehen Sie Ihnen immer bewußt und vor allem unbewußt, das heißt gefühlsmäßig, zur Verfügung. Die Denkgesetze werden somit zu Bausteinen, mit denen Ihr Unterbewußtsein die Kunst des Überzeugens für Sie aufbaut.

Praxis ist alles!

Nur durch das Praktizieren gelangt der Mensch vom theoretischen Wissen zur Erkenntnis und zur lebendigen Erfahrung. Die Denkgesetze zeigen uns den Weg, aus unserem Leben das Beste zu machen. Darum also üben und trainieren! Der Alltag ist unser Trainingsfeld. Doch weiter in unserem Entfaltungsprogramm: Durch die zwei ersten Übungen wurde Ihnen bewußt:

- wie wichtig die Kunst des Überzeugens ist und
- wer ein Meister darin ist.

Bewußtsein bewirkt Schöpfung!

Bevor wir nun einen Schritt weitergehen, lesen Sie sich bitte die Ergebnisse der ersten und zweiten Aufgabe noch einmal durch. Wenn Ihnen dazu noch etwas Neues einfällt, sollten Sie das auch sofort notieren. Diese Übungen haben einen tiefenpsychologischen Hintergrund. Dazu eine kleine Geschichte: Als junger Mann hielt Goethe eine Ansprache anläßlich des Geburtstages von Shakespeare, in der er unter anderem sagte: „Eigenschaften und Fähigkeiten, die wir an anderen Menschen erkennen, davon tragen wir den Stempel in uns selbst.“ Lesen Sie laut die folgenden Gesetze vor:

▶ **6. Grundgesetz:**
Was wachsen soll, braucht Nahrung. Die Nahrung der Gedanken ist die Konzentration.

▶ **7. Grundgesetz:**
Bewußte oder unbewußte Konzentration ist Verdichtung von Lebensenergie.

▶ **9. Grundgesetz:**
Gefühle lenken und verstärken die Konzentration unbewußt, aber nachdrücklich.

▶ **10. Grundgesetz:**
Durch eine gezielte Entscheidung kann die Aufmerksamkeit auf jeden ausgewählten Punkt gelenkt werden.

Überzeugen heißt beeinflussen!

Beeinflussen kann man aber nur jemanden, der bereit ist, etwas in sich „einfließen“ zu lassen, der sich öffnet, der zuhört, der aufmerksam ist. Deshalb ist die Aggression der größte Feind der Überzeugungskunst. Aggression verschließt und verhärtet. Jede Aggressivität ist daher unbedingt auszuschalten. Kein Erfolg ist möglich, ohne die Hilfe der anderen. Dazu aber brauchen wir Achtung, Vertrauen, oft auch Zuneigung. Wenn Sie überzeugen wollen, muß man Sie als sympathischen und liebenswürdigen Menschen schätzen.

Es ist nur möglich, Menschen zu führen, wenn man weiß, was in Menschen vorgeht, und wenn man weiß, wie notwendig es ist, ganz bestimmte Inhalte zu verändern. Immer wieder spricht man von der modernen Menschenführung, von Suggestivtechnik. Suggestion ist „Eingebung“, willkürliche geistige Beeinflussung der Gefühle, Vorstellungen und Willensabläufe eines anderen. Jeder Mensch ist suggestibel, das heißt der Suggestion zugänglich. Eine Suggestion ist eine zweifelsfreie Behauptung. Also nicht ein entschiedenes „Vielleicht" oder „Wahrscheinlich", sondern ein „Sich-fest-legen". Nach Rhetorikkursen für Fortgeschrittene berichten Teilnehmer oft, daß sie, seitdem sie sich bemühen, präziser und suggestiver zu sprechen, weniger Rückfragen haben als je zuvor. Denn immer wieder, wenn etwas schiefgegangen ist, hören Sie den Satz: „Ich habe mir gedacht ...". Dann wissen Sie schon, daß es wieder etwas geradezubiegen gibt. Wenn es nun aber gelingt, zweifelsfrei ganz bestimmte Informationen in das Unterbewußtsein unserer Mitarbeiter zu lenken, kann der Mitarbeiter gar nicht anders, als unter dem Zwang dieses suggestiven Einflusses auch den Befehl folgerichtig durchzuführen.

Es kommt darauf an, daß Ihre Anweisungen sich möglichst tief und eindeutig im Unterbewußtsein Ihrer Mitarbeiter einnisten. Tiefe Engrammkomplexe bilden. Wenn Sie ein Tonband schwach besprechen, dann kommt das Echo selbstverständlich schwach zurück. Wenn Sie ein Tonband unsicher besprechen, wie kann nur das Echo sein? Unsicher! Sie sehen also, welche vielfältigen Möglichkeiten wir in der Hand haben, durch unser eigenes Verhalten das Echo und die Reaktion unserer Mitarbeiter selbst zu bestimmen.

Wovon hängen Tiefenwirkung und Prägefähigkeit Ihrer Beeinflussungsfähigkeit ab? Die einzige Voraussetzung, um die Kraft Ihrer Suggestionsfähigkeit zu steigern, ist Ihre Konzentrationsfähigkeit. Je konzentrierter und eindeutiger Sie selbst Ihre Anordnungen suggestiv in das Gehirn Ihrer Mitarbeiter hineinspeichern, um so fester Sie sie verankern, desto mehr werden Sie erkennen, daß Nervosität die negativste Eigenschaft ist. Je nervöser, je abgehetzter Sie sind, um so geringer ist der Einfluß, der von Ihnen ausgeht. Darum setzt die Fähigkeit, Mitarbeiter zu führen, nicht nur den Mitarbeiter voraus, der willens ist, sich führen zu lassen, sondern verlangt vom Motivator noch viel mehr. Durch welche Kanäle ist nun das Unterbewußtsein des Menschen am stärksten beeinflußbar? Durch die Sinne natürlich, vor allem durch Augen und Ohren. Dabei ist es interessant zu bedenken, daß der Mensch die Augen schließt, den optischen Sinn also während des Schlafes abschalten kann, daß unsere Ohren aber ständig geöffnet sind. Das heißt, daß auch jemand, der nicht zusieht, trotzdem durch akustische Informationen ständig beeinflußt wird. Der stärkste suggestive Einfluß entsteht, wenn Optik und Akustik sich verbinden.

Vorbild zu sein ist die stärkste Macht!

Wir wissen heute, daß der Mensch zu 15 Prozent von seinen Erbanlagen und circa zu 85 Prozent von seiner Umwelt beeinflußt wird. Zum allergrößten Teil also ist der Mensch Produkt seiner Umwelt. Sie sind für Ihre Mitarbeiter Umwelt. Sie bestimmen, wie Ihre Mitarbeiter reagieren. Wie stark ist Ihre Fähigkeit, in Ihren Mitarbeitern ein positives Echo wachzurufen?

Durch Presse und Fernsehen haben Sie sicher erfahren, daß Österreichs Skispringer bei der Olympiade 1976 in Innsbruck Gold- und Silbermedaillen gewonnen haben. Einige Jahre zuvor hatte Baldur Preiml in Grenoble eine Bronzemedaille im Skispringen gewonnen. Danach hörte man vom österreichischen Skisprung lange nichts mehr. Trotz bester Voraussetzungen war die Nationalmannschaft eine der schlechtesten der Welt. Der größte Teil österreichischen Exports aber besteht aus Skiern und Skiartikeln. Die Motivation, österreichische Skier zu kaufen, war gering. So kam die Industrie auf die Idee, wieder sportliche Siege zu fördern. Auf der Suche nach einer dafür geeigneten Persönlichkeit kam man auf Professor Baldur Preiml, dem es auch tatsächlich gelang, mit Hilfe von psychologischer Menschenführung innerhalb von zwei Jahren die österreichischen „Adler" zu Weltelite zu bringen. Hier zeigt sich, daß es möglich ist, das Leistungsniveau des Menschen bis ans Wunderbare zu heben, wenn von einer Persönlichkeit die Kraft ausgeht, die Mitarbeiter anzuspornen.

Wir selbst also sind die nächste Umwelt unserer Mitarbeiter. Wir selbst bestimmen weitestgehend, wie andere reagieren. Die 14 Grundgesetze enthalten alle diese psychologischen Naturgesetze, zum Beispiel das 2. Gesetz.

▶ **2. Grundgesetz:**
Am Anfang jeder Tat steht eine Idee. Nur was gedacht wurde, existiert.

Ein Mitarbeiter kann noch so bereit sein, Ihre Anordnungen durchzuführen, wenn sie ihm aber nicht klar sind, nützt der beste Wille nichts. Hier müssen wir uns selbst einmal an die Brust schlagen. Gehen wir nicht oft von der falschen Voraussetzung aus, unsere Mitmenschen müßten Gedankenleser sein? Müßten sie nicht merken, was wir wollen? Nein! Wir setzen beim anderen viel zuviel voraus. Wir machen uns nicht die Mühe, den anderen zu informieren und in unsere Gedankengänge einzuweihen. Das ist eine große Unterlassungssünde.

5. Grundgesetz:
Aus dem kleinsten Gedankenfunken kann ein leuchtendes Feuer werden.

Es sind seine Gedanken, seine Bewußtseinsinhalte, die einen Mitarbeiter zu seiner höchsten Leistungsfähigkeit antreiben können; aber es sind auch seine Gedanken und Gefühle, die einen Mitarbeiter dazu veranlassen können, daß er aufgibt und resigniert. Ein neurotischer Chef kann einen ganzen Betrieb verrückt machen; ein harmonischer, dynamischer führungsfähiger Chef aber kann seinen ganzen Betrieb mitreißen, er kann in den Köpfen seiner Mitarbeiter zukunftsfrohe Ideen aktivieren. Vergegenwärtigen wir uns nochmals:

11. Grundgesetz:
Beachtung bringt Verstärkung. Nichtbeachtung bringt Befreiung.

12. Grundgesetz:
Zustimmung aktiviert Kräfte – Ablehnung vernichtet Lebenskraft.

Wir beschäftigen uns viel zu oft mit dem, was wir nicht wollen, und viel zu selten mit dem, was oder wie wir etwas wollen. Nicht die Fehler der Mitarbeiter dürfen im Vordergrund stehen, sondern ihre positiven Anlagen. Wir sollten nicht immer wieder das betonen, was wir nicht mögen. Häufiges Kritisieren verärgert nur. Wir sollten uns darum bemühen, genau zu formulieren, worum es geht. Das ist nicht leicht, schon in der Schule galt dieses Gesetz. Manche Lehrer erwecken deshalb in uns Fähigkeiten, die andere für unmöglich hielten.

Eine der wichtigsten Aufgaben also, die ein Unternehmer sich heute stellen muß, ist tatsächlich die Fähigkeit, das aus einem Menschen herauszuholen, was aufgrund seiner Anlagen möglich ist. Nicht in der Ablehnung – im Kritisieren, Schimpfen, Nörgeln oder (noch schlimmer) im Ironisieren – liegt Ihre Beeinflussungskraft, sondern in der Bejahung, in der Anerkennung, in der richtigen, positiven, suggestiven Führung gewinnen Sie. Lesen Sie nochmals das 13. Denkgesetz:

> **13. Grundgesetz:**
> **Die ständige Wiederholung einer Idee wird erst zum Glauben – dann zur Überzeugung (auch in negativer Hinsicht).**

Felsenfeste Überzeugung also, der sichere Glaube, von dem man sagt, daß er Berge versetzen könne, macht erst die Kräfte bereit, um die Behauptung zu realisieren. Die Werbung praktiziert dieses Denkgesetz jeden Tag, um Millionen von Menschen zu manipulieren. Warum verzichten Sie bei Ihrer schwierigen Aufgabe der Menschenführung auf diese Erkenntnisse? Schon Pestalozzi erkannte vor Jahren, daß mancher etwas Gutes tue, weil man ihm etwas Gutes zutraue. Ein altes Gesetz, also.

Der große französische Politiker Mendès France hat gesagt: Wir haben nur zwei Möglichkeiten: entweder einzugestehen, daß wir uns geirrt haben, oder etwas so oft zu wiederholen, bis es sich realisiert hat. Sie haben sich mit einer Idee, einem Plan, wochenlang auseinandergesetzt. Dann aber glauben Sie, daß es genüge, es Ihren Mitarbeitern nur einmal sagen zu müssen. Sie sind vielleicht sogar noch erstaunt, daß der Betrieb nicht sofort reagiert, wenn Sie eine Anordnung einmal geben. Das kann nicht gutgehen! Denn Ihre Ideen sind für andere Fremdkörper. Durch die fortdauernde Wiederholung aber, durch Erklärung, Beschreibung, Vorwegnehmen der Wirkungen und Zustände, durch Hervorheben und Unterstreichen der zu erwartenden Vorteile und Besserungen allein wird Ihr Plan auch zum geistigen Eigentum Ihres Mitarbeiters. Denn:

Einmal sagen ist keinmal sagen!

Erinnern Sie sich, wie oft Ihre Mutter Ihnen etwas sagen mußte? Auch aus der Werbepsychologie wissen Sie, daß eine Anzeige allein nichts nützt. Entweder lassen Sie eine ganze Serie von Annoncen los, oder Sie lassen es ganz sein. Ein einsamer Impuls wird durch andere überdeckt. Erinnern wir uns an das 11. Denkgesetz.

11. Grundgesetz:
Beachtung bringt Verstärkung. Nichtbeachtung bringt Befreiung.

Wenn Sie bei Ihren Mitarbeitern Fehler beachten, werden die Fehler von Tag zu Tag zunehmen. Wenn Sie bei Ihren Mitarbeitern die positiven Eigenschaften beachten, werden diese positiven Eigenschaften von Tag zu Tag zunehmen.

Ein Direktor bei der Dresdner Bank bewahrte auf seinem Schreibtisch – ich sah es bei einem Besuch – ein Tageskärtchen auf mit dem Text:

„Ein Chef, der an seinen Mitarbeitern nichts Gutes findet, ist nur zu faul, danach zu suchen."

Solch ein Chef ist in der Lage, ein gutes Betriebsklima zu erreichen. Alle Antriebe in uns existieren aus der Beachtung. Warum haben wir die starke Neigung, immer nur auf die Fehler zu achten? Wenn wir das Positive zu wenig anerkennen, bekommt der Mitarbeiter zu wenig Erfolgserlebnisse. Haben Sie schon je in Ihrem Leben das Gefühl gehabt, zu stark anerkannt, zu viel gelobt, zu heftig geliebt worden zu sein? Wie Sie erkennen, ist es mit den „Streicheleinheiten" wie mit dem Geld. Man kann nie genug davon bekommen. Sehen Sie jetzt, welche positive Chance Sie mit dem 13. und 14. Denkgesetz erhalten haben:

Alle Antriebe existieren nur aus der Beachtung!

Es ist ein straffer Selbsterziehungsprozeß, uns dahin zu bringen, am anderen die positiven Seiten zu bemerken. Kein Mensch ist ein Engel. Jeder hat – wie eine Münze – zwei Seiten, aber wer zwingt uns denn dazu, immer nur die negative Seite zu betrachten? Da alles vom Menschen ausgeht, so hängt doch auch Ihr Erfolg von dem Leistungsvermögen und – noch wichtiger – von der Leistungsbereitschaft Ihrer Mitarbeiter ab. Wenn Sie also immer auf deren Schwächen achten, dann werden Sie das Letzte, das Beste, das Höchste niemals aus ihnen herausholen. Ich kenne viele Chefs, für die ihre Mitarbeiter „durchs Feuer" gehen. Welche Art Führungspersönlichkeiten waren das, die das erreichten? Es waren stets Menschen, die immer wieder auf das Gute achteten. Man kann es hier zu einer wirklichen Meisterschaft bringen, immer das zu bemerken und anzuerkennen, was wir im anderen aktivieren wollen.

14. Grundgesetz:
Glaube führt zur Tat. Konzentration führt zum Erfolg. Wiederholung führt zur Meisterschaft.

Wiederholung zwingt also den Menschen später dazu, automatisch nach einer Zigarette oder Seife zu greifen. Wenn die großen Markenfirmen nur ein Vierteljahr lang darauf verzichteten, ihre Thesen zu wiederholen, wie würden dann wohl die Bilanzen aussehen? Keine große Firma kann sich dieses Risiko erlauben.

Worauf es ankommt, ist die Kunst, ganz bestimmte Vorstellungen, Anordnungen und Ziele solange zu wiederholen, bis sie sich im Unterbewußtsein unserer Mitarbeiter festgesetzt haben und somit zu einer automatischen Reiz-Reaktions-Kette geworden sind. Alles hängt also ab von der Person, die den Ton angibt, die Motivator ist. Welche Voraussetzungen sollte so ein Motivator haben? Auch hier gilt, daß noch kein Meister vom Himmel gefallen ist. Doch jedes Talent entfaltet sich durch Betätigung. Wir haben doch täglich die Möglichkeit, unsere Talente in der Menschenführung zu üben, um so nicht nur unser Können und unsere Fähigkeiten, sondern auch unseren Einfluß und unsere Macht zu erweitern. Ziel wäre dabei, was Dwight D. Eisenhower einmal so formulierte: „Führen ist die Fähigkeit, einen Menschen dazu zu bringen, das zu tun, was man will, wann man will und wie man will – weil er selbst es so will.“

Für Sie ist also die wichtigste Frage: Will ich überhaupt führen, oder möchte ich lieber geführt werden?

Wenn wir uns aber nun dazu bekennen, aktive Menschenführung zu betreiben, dann sollten wir dies nicht mehr unbewußt, sondern ganz gezielt tun. Daraus erwächst das notwendige und starke Selbstbewußtsein, das jede Führungskraft unbedingt auszeichnen muß.

Die zweite Frage, die viel zu selten gestellt wird, ist die: Wozu oder wohin will ich meine Mitarbeiter bringen? Führen ist die Fähigkeit, ein Ziel zu haben und dieses Ziel plastisch vorstellbar beschreiben zu können. Bei vielen Unternehmerseminaren muß man feststellen, wie schwer es fällt, Unternehmensziele zu definieren. Darum sollten Sie sich die konkrete Frage stellen: „Was will ich erreichen?“ Bevor Sie mit Ihren Mitarbeitern reden! Zielklarheit ist auch das erste und wichtigste Anliegen. Zielklarheit ist das Geheimnis der Konzentrationsfähigkeit. Menschen, die sich nicht konzentrieren können, wissen nicht, was sie wollen. Sie sind zerstreut und flatterhaft, haben tausend Gedanken und Ideen im Kopf, aber können keinen einzigen Gedanken stark und mächtig machen und durchführen.

Die Frage nach dem Ziel ist vorrangig. Dann kommt die Frage nach dem Weg, dem rationellsten. Was dient, was schadet dem Unternehmen? Je eindeutiger Sie wissen, was Sie wollen, desto leichter machen Sie es Ihren Mitarbeitern, Ihnen zu folgen. Sie können aber nicht von Ihren Mitarbeitern verlangen, daß sie bereit sind, Ihnen zu folgen, wenn Sie selbst nicht wissen, wohin die Reise geht. Jedem Autofahrer können Sie es anmerken, ob er den Weg kennt oder nicht. Niemand fährt unsicherer und gefährlicher als der, der nicht genau weiß, wohin er soll. Manche Unternehmer machen den Fehler, zu hektisch zu führen. Bei jedem Sechstagerennen können Sie beobachten, daß die Fahrer immer möglichst am Hinterrad des Vordermannes fahren, um so durch den Sogwind mitgezogen zu werden. Ist der Abstand, den Sie zu Ihren Mitarbeitern haben, so eng, daß durch Ihre Führung noch eine Sogwirkung entsteht? Dann wird man Ihnen bereitwillig folgen. Ist aber Ihr Abstand zu groß, entfällt der Sogwind, und es entstehen zwei völlig getrennte Bereiche. Darum ist jede Hektik und Übertreibung des Tempos ein echter Führungsfehler! Vorangehen ja – aber so vorangehen, daß man Ihnen folgen kann ...

Dynamik also braucht die Welt, in der wir leben. Sie lebt von dem, was Führungskräfte bereit sind zu erarbeiten. Darum auch ist gerade in einer Demokratie Führung notwendiger denn je. Denn Demokratie heißt nicht, daß nicht geführt werden soll, sondern gerade in der Demokratie wird von einer Führungspersönlichkeit weit mehr verlangt als in der Diktatur.

Führungslosigkeit – das wissen wir alle – führt zum Chaos. Wie viele Firmen haben in den letzten Jahren im Konkurs geendet! Natürlich waren da verschiedene Faktoren auslösend, aber Führungsfehler vergrößerten das Chaos noch. Deshalb können Sie sich gar nicht intensiv genug mit der Führungspsychologie beschäftigen. Im Mittelpunkt – davon gingen wir aus – steht der Mensch. Im Mittelpunkt sollten Sie stehen mit Ihrer Kraft, Ihrer Fähigkeit, Ihren Mitarbeitern voranzugehen. Von Ihrem Verhalten und Ihrer Wirkung hängen Erfolg und Glück, aber auch das Unglück der von Ihnen geführten Menschen ab.

Es zählt allein, was man tut – nicht, was man anderen zu tun empfiehlt!

Führung ist Vorbild, denn geistige Kräfte im Mitarbeiter werden durch Nachahmung geweckt. Nur die Taten zählen! Im Zeitalter der Computer und Massenmedien kommt der schöpferischen Persönlichkeit besondere Bedeutung zu. Oft sind es Hemmungen, die uns hindern, unsere Persönlichkeit zu entfalten und das zu tun, was wir möchten und was notwendig ist.

Eine einflußreiche Persönlichkeit muß im täglichen Leben bei vielen Gelegenheiten sprechen. Sie muß frei und sicher auftreten und sich durchsetzen können. Es gibt daher kaum eine Fähigkeit, die so wichtig und universell anwendbar ist, wie die Kunst der freien Rede. Auf der Wertungsliste für Führungskräfte rangiert die Fähigkeit, Ideen mitzuteilen und neue Ideen zu erwecken, an erster Stelle. Je höher eine Führungskraft steht, um so mehr wird ihre Welt zu einer Welt der Worte.

4.4 Werden Sie eine Persönlichkeit, die mit Vertrauen führt

Sie haben am Anfang dieses Kapitels vieles über Sympathie und Antipathie und über eine charismatische Ausstrahlung gelesen. Dabei ist es wichtig festzuhalten: Der „geborene Verkäufer“ ist genauso eine Lebenslüge wie die Behauptung: „Führen kann man nicht lernen, das muß man können, dazu muß man geboren sein.“

Das Schwierigste und Wertvollste im Führungs- und Verkaufsgeschäft ist es, das Vertrauen der Partner zu gewinnen.

Es geht hier nicht um Eitelkeit oder um Geltungssucht. Es geht um Vertrauen, um Prestige, wenn man Menschen führen will. Es ist das Vertrauen, das einem Verkäufer die großen Chancen gibt. Erst das Vertrauen gibt einem Arzt die Möglichkeit der Heilung. Der beste Arzt kann nicht wirksam werden, wenn er das Vertrauen des Patienten nicht besitzt. Das gleiche Gesetz gilt auch in der Wirtschaft. Alles, was man mißbrauchen kann, das kann man auch gebrauchen. Aus der Geschichte wissen wir, wie oft massenpsychologische Gesetze mißbraucht wurden. Der Mißbrauch aber gibt keiner Führungskraft das Recht, psychologische Möglichkeiten ganz außer acht zu lassen.

Ich möchte die Leader in den Unternehmen, in den Vereinen, in den Verbänden, in den Hilfsorganisationen bitten, diese Möglichkeiten zu nutzen. So wie zum Beispiel Justus Frantz oder Nelson Mandela. Oder so wie vor Jahrzehnten Mahatma Ghandi. Aus diesem Grunde werde ich aus einem der wichtigsten Bücher von Gustav Le Bon, *Psychologie der Massen*, ein Kapitel übernehmen. 1895 erschien dieses Buch zum ersten Mal in Druck, und es ist heute noch genauso wichtig wie damals.

„§ 3. Der Nimbus (Le prestige)

Eine große Macht verleiht den Ideen, die durch Behauptung, Wiederholung und Übertragung verbreitet wurden, zuletzt jene geheimnisvolle Gewalt, die Nimbus heißt. Alles, was in der Welt geherrscht hat, Ideen oder Menschen, hat sich hauptsächlich durch die unwiderstehliche Kraft, die sich Nimbus nennt, durchgesetzt. Wohl erfassen wir alle die Bedeutung des Ausdrucks Nimbus (prestige), aber man wendet ihn in so mannigfacher Weise an, daß er nicht ganz leicht zu umschreiben wäre. Der Nimbus verträgt sich mit gewissen Gefühlen wie Bewunderung oder Furcht, er beruht sogar auf ihnen, kann aber sehr wohl ohne sie bestehen. Am meisten Nimbus haben die Toten, also Wesen, die wir nicht fürchten, wie Alexander, Cäsar, Mohammed, Buddha. Andererseits erscheinen Wesen oder Gebilde, die wir nicht bewundern, zum Beispiel die scheußlichen Gottheiten der unterirdischen Tempel Indiens, mit starkem Nimbus bekleidet.

Der Nimbus ist in Wahrheit eine Art Zauber, den eine Persönlichkeit, ein Werk oder eine Idee auf uns ausübt. Diese Bezauberung lähmt alle unsere kritischen Fähigkeiten und erfüllt unsere Seelen mit Staunen und Ehrfurcht.

Die Gefühle, die so hervorgerufen werden, sind unerklärlich wie alle Gefühle, aber wahrscheinlich von derselben Art wie die Suggestion, der ein Hypnotisierter unterliegt. Der Nimbus ist der mächtige Quell aller Herrschaft. Götter, Könige und Frauen hätten ohne ihn niemals herrschen können.

Man kann die verschiedenen Arten des Nimbus auf zwei Grundformen zurückführen: Auf den erworbenen und den persönlichen Nimbus. Als erworbenen Nimbus bezeichnet man den durch Namen, Reichtum und Ansehen entstandenen Nimbus. Er kann vom persönlichen Nimbus unabhängig sein. Der persönliche Nimbus ist dagegen etwas Individuelles und kann mit Ansehen, Ruhm und Reichtum zusammen bestehen oder durch sie verstärkt werden, aber auch sehr wohl unabhängig davon vorhanden sein.

Der *erworbene* oder künstliche Nimbus ist am weitesten verbreitet. Die bloße Tatsache, daß jemand eine gewisse Stellung einnimmt, ein gewisses Vermögen besitzt, gewisse Titel hat, bildet einen Glorienschein des Einflusses, so gering auch sein persönlicher Wert sein mag. Ein Soldat in Uniform, ein Beamter in der roten Robe haben immer reinen Nimbus. Pascal hat die Notwendigkeit von Talar und Perücke für die Richter treffend erklärt: Ohne sie würden sie einen großen Teil ihrer Macht einbüßen. Der grimmigste Sozialist wird durch den Anblick eines Fürsten oder Grafen bewegt, und um einen Kaufmann nach Belieben zu beschwindeln, genügt es, einen solchen Titel anzunehmen.

Der Nimbus, von dem ich eben sprach, geht von Personen aus; man kann ihm den Nimbus zur Seite stellen, den Anschauungen, Werke der Literatur oder Kunst usw. ausüben. Er beruht nur auf angehäufter Wiederholung. Da die Geschichte, die Literatur- und Kunstgeschichte nur die Wiederholung derselben Urteile ist, die niemand nachzuprüfen versucht, so wiederholt schließlich jeder das, was er in der Schule gelernt hat. Es gibt gewisse Namen und Dinge, an die niemand zu rühren wagt. In einem modernen Leser erzeugen die Homerischen Epen unstreitig eine unermeßliche Langeweile, aber wer wagt es, das zu sagen? Das Parthenon ist in seinem gegenwärtigen Zustande eine ziemlich uninteressante Ruine, aber es hat solchen Nimbus, daß man es nur noch mit seinem ganzen Anhang historischer Erinnerungen betrachten kann. Es ist die Eigentümlichkeit des Nimbus, daß er verhindert, die Dinge so zu sehen, wie sie sind, und daß er alle unsere Urteile lähmt. Die Massen verlangen stets, die einzelnen meist nach fertigen Anschauungen. Der Erfolg dieser Anschauungen ist unabhängig von der Wahrheit oder dem Irrtum, den sie enthalten, er beruht einzig und allein auf ihrem Nimbus.

Ich komme nun zum *persönlichen* Nimbus. Er ist von ganz anderer Beschaffenheit als der künstliche oder erworbene. Er ist unabhängig von allen Titeln, allem Ansehen. Die wenigen Menschen, die ihn besitzen, üben einen wahrhaft magnetischen Zauber auf ihre Umgebung aus, auch auf sozial Gleichgestellte, und man gehorcht ihnen, wie die wilde Bestie dem Bändiger gehorcht, den sie so leicht verschlingen könnte.

Die großen Führer der Massen wie Buddha, Jesus, Mohammed, Jeanne d'Arc, Napoleon, besaßen diese Art des Einflusses in hohem Maße und haben sich besonders durch ihn Geltung verschafft. Götter, Helden und Glaubenslehren setzen sie durch, ohne Erörterung zu dulden; sobald sie darauf eingehen, untergraben sie sich selbst.

Die großen Persönlichkeiten, die ich anführte, besaßen ihre bezaubernde Macht schon, ehe sie berühmt waren, und wären ohne sie nicht berühmt geworden. Es ist zum Beispiel klar, daß Napoleon auf dem Gipfel seines Ruhms allein durch seine Macht einen ungeheuren Einfluß hatte, aber er besaß ihn zum Teil schon in der Anfangszeit seiner Laufbahn, als er noch keine Macht hatte und völlig unbekannt war. Als er, noch ein unbekannter General, durch Fürsprache zum Befehlshaber des italienischen Heeres ernannt worden war, trat er unter rauhe Generale, die dem jungen, vom Direktorium ihnen aufgezwungenen Eindringling einen abschreckenden Empfang bereiten wollten. Aber von der ersten Minute, vom ersten Zusammentreffen an, ohne Redensarten, Gesten, Drohungen, beim ersten Anblick des künftigen großen Mannes waren sie zahm. Taine gibt uns nach zeitgenössischen Erinnerungen einen interessanten Bericht über diese Zusammenkunft:

‚Die Divisionsgeneräle, unter anderen Augereau, ein tapferer, grober Haudegen, der stolz war auf seine große Figur und seine Tapferkeit, kommen, voreingenommen gegen den kleinen Emporkömmling, den man ihnen aus Paris sendet, ins Hauptlager. Durch die Beschreibung, die man ihnen von ihm gegeben hat, ist Augereau in feindseliger Stimmung, von vornherein widerspenstig: Ein Günstling von Barras, ein General des Vendemiaire, ein Straßengeneral, den man für einen eingesponnenen Brummbären hält, weil er immer nur nachdenkt, er soll ein kleines Gesicht haben und steht in dem Ruf, ein Mathematiker und Träumer zu sein. Sie werden empfangen, und Bonaparte läßt auf sich warten. Endlich erscheint er, den Degen umgeschnallt, bedeckt sich, setzt seine Pläne auseinander, gibt ihnen seine Befehle und verabschiedet sie. Augereau ist stumm geblieben, erst draußen faßt er sich und findet seine gewöhnlichen Flüche wieder, er und Massena sind sich darüber einig, dieser kleine Teufelskerl von General hat ihm Furcht eingeflößt: Er kann sich den Einfluß nicht erklären, von dem er sich durch den ersten Blick überwältigt fühlte.'

Als Napoleon ein großer Mann geworden war, wuchs sein Einfluß mit seinem Ruhm und glich dem Einfluß, den eine Gottheit auf ihre Anbeter hat. General Vandamme, ein revolutionärer Haudegen, noch brutaler und energischer als Augereau, sagte eines Tages 1815, als sie zusammen die Tuilerientreppe hinaufstiegen, zu Marschall d'Ornano: ,Mein Lieber, dieser Teufelskerl übt auf mich einen Zauber aus, den ich nicht begreife. Das geht so weit, daß ich, der weder Gott noch Teufel fürchtet, in seiner Nähe fast wie ein Kind zu zittern beginne, und er könnte mich dazu bringen, durch ein Nadelöhr ins Feuer zu gehen.'

Den gleichen Zauber übte Napoleon auf alle aus, die sich ihm näherten. Davoust sagte, als er von Marets und seiner Ergebenheit sprach: ,Wenn der Kaiser uns beiden sagte: Die Interessen meiner Politik erfordern die Zerstörung von Paris, ohne daß es jemand erfährt und die Stadt verläßt, so würde Maret, dessen bin ich sicher, das Geheimnis wahren; er würde sich aber nicht enthalten können, es so weit zu verletzen, daß er seine Familie veranlaßte, die Stadt zu verlassen. Ich aber würde aus Furcht, etwas zu verraten, mein Weib und meine Kinder darin lassen.'

An diese erstaunliche Macht der Bezauberung muß man denken, will man die wunderbare Rückkehr von der Insel Elba begreifen, die schnelle Eroberung Frankreichs durch einen alleinstehenden Mann, der gegen alle organisierten Kräfte eines großen Landes zu kämpfen hatte, von dem man annehmen mußte, daß es seiner Tyrannei müde war. Er brauchte die ausgesandten Generale, die geschworen hatten, ihn gefangenzunehmen, nur anzublicken. Alle unterwarfen sich ihm ohne Widerstand."

5 Die Kraft der Autosuggestion

NIKOLAUS B. ENKELMANN: Die Macht der Stimme – die Kraft der Autosuggestion

Biographische Beobachtungen von Peter Sperling

Im Jahre 1963 fuhr Nikolaus B. Enkelmann mit seiner jungen Frau Edith zur Hochzeitsreise nach Bad Harzburg, wo er Heinrich Helmel kennenlernte, der Yoga in die europäische Kultur transferierte, in Bad Harzburg eine Atem- und Lebensschule führte und mit dem Buch, *Der bejahende Mensch*, Yoga in Deutschland bekanntmachte. Yoga, so teilte Helmel Nikolaus B. Enkelmann mit, sei ein sehr wirkungsvolles System zur Beeinflussung des Menschen. Doch für Europäer sei die Methode zu weich und langwierig. Für die Inder, die an Reinkarnation glauben, stellte das lebenslange Lernen kein Problem dar, doch die Europäer wollten schnelle Erfolge. Sie suchten eine Methode, die ihnen hier und jetzt hilft und nicht erst im nächsten oder übernächsten Leben. Deshalb hat Helmel das System mit der aktivierenden Wirkung von Stimm- und Sprechübungen dynamisiert.

Elf Jahre lang fuhr Nikolaus B. Enkelmann jeden Sommer für zwei Wochen nach Bad Harzburg, um aus der reinen indischen Lehre von Shiri Nandi und der europäisierten, dynamischen von Heinrich Helmel einen Konsens, einen eigenen Weg zu finden. Der Grundstein für das Mentale Training wurde in dieser Zeit gelegt.

Helmel war in vielerlei Hinsicht das Gegenteil von Shiri Nandi. Für Nandi waren die Übungen zur Stimmbildung ein Mittel, um in Trance zu fallen und zur inneren Harmonisierung zu gelangen. Helmel setzte dagegen die Stimmübungen ein, um die Persönlichkeit dynamisch nach außen wirken zu lassen. Stimmbildung sollte seiner Überzeugung nach die Persönlichkeit kräftigen und stärken, den extrovertierten und nicht den introvertierten Menschen zum Ziel haben.

Der Tagesablauf in Helmels Yogaschule war streng reglementiert und lief nach klaren Ritualen ab. Von 7 Uhr bis 8 Uhr in der Frühe wurde Medizinball gespielt. Der psychologische Hintergrund: So wie man wirft, kann der andere fangen. Diese Komponente gibt Hinweise auf den sozialen Charakter. Auf den Grundcharakter, auf die Persönlichkeit läßt sich schließen, wenn man beobachtet, wie jemand fängt, ob er dem Ball ausweicht, erschrocken erstarrt oder dem Wurf weich abfedernd entgegentritt. Dieses Verhalten kann Aufschluß darüber geben, wie man Problemen im Leben begegnet: ausweichend, hilflos oder offensiv und mutig. Werfen wertete Helmel als Kraftäußerung. Man kann so werfen, daß man dem anderen das Fangen erleichtert, oder so, daß man ihn versucht auszutricksen und zu besiegen. Je nachdem, wie man wirft, zeigt sich, ob man ein kooperativer, sozialer Mensch ist, oder ob es nur um die eigene Macht und die Niederlage für den anderen geht.

Anschließend stand eine Stunde Rückengymnastik auf dem Programm, ähnlich dem Yoga, jedoch in einer dynamischeren Weise. Im Anschluß daran gab es Müsli und einen Vortrag über gesundes Leben und Lebensführung. Dem Vortrag folgten die Stimm- und Sprechübungen, die mit Unterstützung von Hanteln ausgeführt wurden. Die Hanteln dienten dazu, die Kräfte durch die Muskelanspannung zu entwickeln und in die Stimme fließen zu lassen. Die Stimme wird dadurch kräftiger, der Körper setzt die Befehle der Stimme um. So haben Suggestion mit Hantelunterstützung die Kraft verstärkt und wurden mit kräftigerer Stimme vorgetragen. Bei der Suggestivformel „Ich werde kräftiger" drückte die Hand automatisch kraftvoller zu. Nikolaus B. Enkelmann zu diesem Effekt: „Man konnte spüren, daß man immer kräftiger wurde und daß der Körper mehr Kraft produzierte, als man glaubte zu haben."

Zum ersten Mal spürte Nikolaus B. Enkelmann an sich selbst die Wirkung der Autosuggestion. Er war sich durch diese Erfahrung schnell darüber im klaren, daß mit der Macht des Willens, mit dem Wunsch, seinem Unterbewußtsein Befehle zu erteilen, die dieses auch scheinbar automatisch auszuführen scheint, der Mensch zu enormen Leistungen in der Lage war. Wenn man sich befehlen konnte, stärker zu werden und wirklich die Kraft in sich fließen spürt – wie viele Möglichkeiten liegen noch in den verborgensten Tiefen der menschlichen Psyche, ohne je zum Vorschein zu kommen, wenn sie nicht geweckt werden? Nikolaus B. Enkelmann war von den ungeheuren Möglichkeiten des Unterbewußtseins und von der Macht, seinem eigenen Unterbewußtsein zu befehlen, was es tun soll, fasziniert.

Die Schlüsselworte, die Helmel vermittelte und die Nikolaus B. Enkelmann noch heute in seinen Seminaren begleiten, lauteten: „Atem ist Leben." Helmel lehrte, daß man lernen müsse, den Atem zu lenken. Nikolaus B. Enkelmann hat erlebt, daß mit dieser Methode vielen Kranken geholfen werden konnte, viele Menschen gesund wurden, und das, obwohl bei Helmel niemand geschont wurde. „Schonung ist der sicherste Weg zum Friedhof", sagte der Yoga-Lehrer seinen Schülern. Und Nikolaus B. Enkelmann, der diese Botschaft bis zum heutigen Tag in all seinen Seminaren weitergibt, weiß seitdem, daß der Mensch aktiviert und nicht geschont werden muß, wenn er gesund und vital werden und bleiben will. Und daß es möglich ist, alles zu aktivieren, was in uns ist.

Nikolaus B. Enkelmann war fest entschlossen, Erklärungen für das Phänomen zu bekommen, wie es möglich ist, daß der Geist die Materie beherrschen kann und wie der Mensch die Kunst der positiven Selbstbeeinflussung zielgerecht einsetzen kann. Er wollte wissen, wie und wieso Autosuggestion funktioniert und wie die Kraft der Autosuggestion auf die menschliche Psyche wirkt. Er war entschlossen, sich noch mehr Wissen anzueignen, und alles, was er bisher erfahren und erlebt hatte, sich selbst und anderen erklären zu können. Er wollte die Geheimnisse des Unterbewußtseins genauer kennenlernen und entschloß sich zum Studium der Psychologie.

5.1 Was Sie mit Suggestion erreichen können

Suggestion und Manipulation

Wenn Sie die volle Power der Verkaufsrhetorik nutzen wollen, dann müssen Sie zunächst einmal bei sich selbst anfangen. Deswegen habe ich in diesem Buch zunächst die wichtigen Schritte auf dem Weg zum Erfolg, die Gnade der Begeisterung und die Ausstrahlung Ihrer Persönlichkeit beschrieben. Ausführlich darüber habe ich bereits in meinem Buch, *Mit Freude erfolgreich sein – Motivieren, Begeistern, Überzeugen, Arbeitsbuch zur Persönlichkeitsbildung*, geschrieben. Auch im folgenden werde ich immer wieder auf dieses Buch Bezug nehmen und einige Passagen daraus zitieren.

Unendlich wichtig für eine positive Ausstrahlung und Beeinflussung anderer Menschen ist die Suggestion. Bevor Sie jedoch andere Menschen positiv beeinflussen, müssen Sie das mit sich selbst tun. Denn nur der – aber das wissen Sie schon –, nur der, der mit sich selbst im reinen ist, der sich selbst begeistern und positiv programmieren kann, hat die Fähigkeit, dies auch mit anderen zu tun.

Das Wort Suggestion hat für viele einen negativen Beigeschmack. Es klingt nach Manipulation. Und unter Manipulation steht im renommierten *Gabler Wirtschafts-Lexikon* (13. Auflage 1992):

> „Steuerung des Verhaltens durch äußere Beeinflussung. Häufiger Vorwurf gegen die Wirtschaftswerbung, daß diese manipulativ, das heißt, vom Individuum nicht bewußt zu kontrollieren und darum zwanghaft sei; oft auch als Vorwand für Kritik am System dem Marktwirtschaft benutzt, die ohne Werbung nicht existieren kann. Steuerung des Verhaltens durch Werbung, die eindeutig gegen gesellschaftliche Ziele und Normvorstellungen verstößt."

Nein: Manipulieren will ich hier nicht. Weder hier noch in meinen Seminaren noch mit meinen Kassetten noch in meinem persönlichen Umgang.

Suggestion dagegen ist etwas anderes. Und wieder greife ich hier zu einem Lexikon. Diesmal zu einem sehr alten, nämlich *Meyers Konversations-Lexikon*, Leipzig und Wien, 1897. Ja, Sie haben richtig gelesen: 1897. Dort kann man nachlesen, daß das Wort Suggestion schon „seit 1818 im heutigen (also 1897) Sinne" gebraucht wurde. Dann geht es wie folgt weiter:

> „Unter Suggestion versteht man einen Vorgang, bei welchem ein Erfolg dadurch eintritt, daß man die Überzeugung von dem Eintritt des Erfolges einer Person einpflanzt. Wenn man einem jungen Mädchen recht lebhaft versichert, daß es erröte, so errötet es sehr leicht; wenn man jemand versichert, daß er bald eine Schluckbewegung machen werde, so tritt diese ein. Viele Heilungen, auch solche an wunderthätigen Quellen, wie in Lourdes, kommen dadurch zustande, daß der Betreffende die Überzeugung von dem Eintritt der Heilung hat. Die systematische Anwendung dieses psychischen Heilmittels heißt Suggestionsbehandlung. Sie hat in neuerer Zeit wesentliche Fortschritte gemacht, und man ist zu der Überzeugung gekommen, daß auch viele Heilungen, die man früher auf chemische

und physikalische Mittel zurückführte, in Wirklichkeit nur der Suggestion ihre Entstehung verdanken. Die Theorie der Suggestion hat in neuerer Zeit manche Klärung gefunden. Man darf annehmen, daß, wenn man bei jemand eine Vorstellung erweckt, diese Vorstellung an sich eine gewisse Neigung hat, sich zu verwirklichen. Wenn man jemandem zum Beispiel versichert, daß er lachen werde, so hat er die Neigung zum Lachen, wenn man jemand versichert, daß er irgendwo ein Jucken empfinde, so besteht die Neigung, dieses Jucken zu empfinden. Aber Hemmungsvorstellungen verhindern häufig die Verwirklichung dieser Suggestion. Trotzdem reichen mitunter die Hemmungen nicht hin, den Eintritt zu verhindern, und am wenigsten genügen die Hemmungen hier zu dem Zustande der Hypnose. Die Empfänglichkeit für Suggestionen, die Suggestibilität, die auch während des normalen Lebens besteht, ist besonders in der Hypnose gesteigert, aber auch bei gewissen Geisteskrankheiten. So kann man bei Leuten, die an Säuferwahnsinn leiden, durch die Versicherung, daß sie eine Maus sähen oder dergleichen, sehr leicht die entsprechenden Sinnestäuschungen erzeugen, doch bleibt das Hauptfeld für die Suggestion der hypnotische Zustand."

Soweit die Definition von 1897. Ich bin selbst immer wieder überrascht, wie alt, bewährt und bekannt doch die Methoden sind, für die es erst in neuerer Zeit wissenschaftliche Herleitungen gibt. Und sicherlich mutet es heute drollig an, jemand im „Säuferwahnsinn" einzureden, er sähe eine Maus. Aber – und das Fernsehen hat es aufgezeigt – ich selbst habe schon Tausende Menschen vom Rauchen befreit. Unter Hypnose. Und nur dann, wenn sie es wollten.

Und das ist mir wichtig: Natürlich ist Suggestion Beeinflussung. Und natürlich will ich beeinflussen. Aber wollen Sie das nicht auch? Und haben nicht alle großen Männer und Frauen der Geschichte es vermocht, andere zu beeinflussen, für ihre Ziele einzuspannen? Sicher, werden Sie jetzt einwenden, das hat auch ein Hitler vermocht und ein so brillanter Rhetoriker wie Goebbels.

Auch ich beklage das. Auch ich beklage, daß jedes gute Werkzeug des Menschen zum Guten wie zum Bösen angewendet werden kann. Das fängt beim Messer an und hört bei der Nuklear-Energie auf. Oder noch besser: Es fängt bei der persönlichen Ausstrahlung eines einzelnen Menschen an: Nutzt er sie zum Guten, um seinen Mitmenschen zu helfen, sie auf ihrem Wege weiterzubefördern, oder nutzt er sie destruktiv, zur persönlichen Machtausübung und um andere zu zerstören. Die Entscheidung darüber liegt bei Ihnen. Bei Ihnen ganz allein! Ich kann nur dazubeitragen, daß Sie sich in Ihrer Persönlichkeit und in Ihren Instrumenten weiter ausbilden und verbessern.

Autosuggestion und Unterbewußtsein

Die wichtigste Kunst im Leben ist die Selbstbeeinflussung, die Autosuggestion. Wie geht das? Ich habe an anderer Stelle schon viel über die Macht des Unterbewußtseins gesprochen und veröffentlicht. Deswegen will ich das hier nur noch einmal kurz wiederholen: Das ganze Leben eines Menschen ist ein Prozeß gegenseitiger Beeinflussung von Körper und Seele. Solange der Mensch lebt, sind Körper und Seele eine Einheit, erst beim Tode trennen sich Seele und Körper. Wie ist nun die Entscheidungszentrale des Menschen programmiert? Aus wie vielen Schichten besteht unser Bewußtsein?

Das Bewußtsein der Menschen besteht, soviel uns heute bekannt ist, im wesentlichen aus drei Schichten:

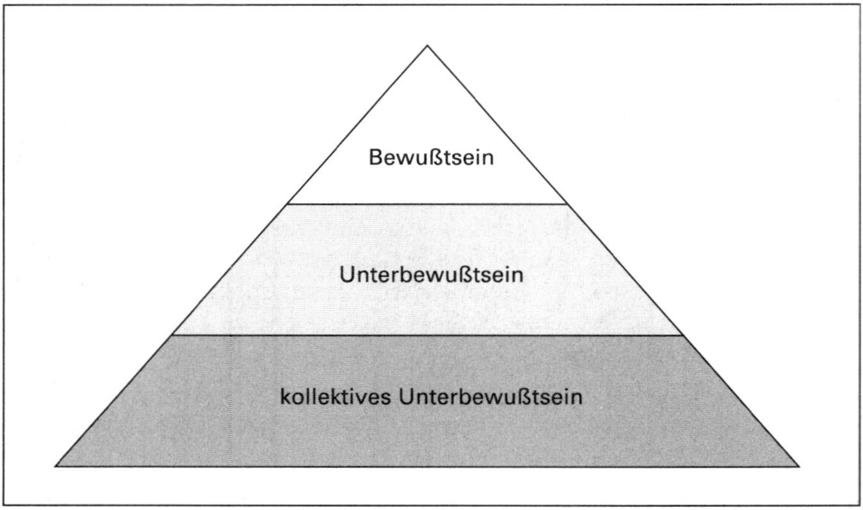

Die drei Schichten des menschlichen Bewußtseins

1. Das Bewußtsein, das Ich. Es speichert die Erfahrungen im Gehirn. Und alle Gehirne funktionieren gleich; sie sind ein reines Überlebens-Instrument.

2. Darunter liegt das Unterbewußtsein. Das Unterbewußtsein ist die Baustelle des Lebens. Das Unterbewußtsein ist kein Gewissen, es ist ein Ausführungsorgan. Es führt alle Befehle aus, die es empfängt – positive wie negative. Denn das Unterbewußtsein hilft, die Wünsche des Menschen zu realisieren. Das Unterbewußtsein ist der Zentralspeicher für unsere Maschine.

3. Das kollektive Unterbewußtsein, das Urwissen: Hier sind alle Erfahrungen gespeichert, seit es Menschen gibt.

Wichtig für den Erfolg des Menschen ist es nun, aus seinem Bewußtsein jederzeit seine Schatzkammer, das Unterbewußtsein, anzapfen zu können. Am besten geschieht dies in der Phase der Entspannung, im sogenannten Alpha-Zustand. Bisher war Ihnen vielleicht gar nicht bewußt, welche Informationen Ihr Unterbewußtsein aufgenommen hat: negative Botschaften, schlechte Erfahrungen, persönlichkeitszerstörende Angriffe von Menschen, die – aus welchem Grunde auch immer – Ihnen nicht gut wollten. Ab sofort können Sie das ändern!

Denken Sie doch einmal nach: Wenn Sie in einem Restaurant eine verdorbene Speise serviert bekommen, lehnen Sie ab, diese zu essen. Andererseits: Wie viele Negativbotschaften lassen Sie täglich an sich heran und nehmen sie auf! An wen haben Sie zu Recht delegiert, Ihr Unterbewußtsein zu beeinflussen?!

Hier sollten Sie energisch das Ruder selbst in die Hand nehmen: Wer sich nicht selbst beeinflussen kann, gibt das Steuer für sein Leben aus der Hand. Und die Selbstbeeinflussung, die Autosuggestion erreichen Sie, wenn Sie Ihr Unterbewußtsein besprechen. Ja, Sie haben richtig gehört: Nicht bedenken, sondern besprechen. Erinnern Sie sich, was ich am Anfang dieses Buches über die Macht der Stimme gesagt habe ...! Geben Sie Ihrem Unterbewußtsein im Zustand der Entspannung mit dem gesprochenen Wort Befehle – und Sie werden staunen, wie Ihnen das Unterbewußtsein dabei hilft, Ihre Wünsche (Befehle) auszuführen. Blocken Sie alle Negativ-Einwirkungen ab, lassen Sie nur noch zu, daß Ihr Unterbewußtsein mit positiven Informationen gefüttert wird.

Jetzt höre ich schon wieder die ewig kritischen Zeitgenossen, die sagen, man kann doch nicht die Augen und Ohren vor allem Schlechten dieser

Welt verschließen. Nein, soll man ja auch nicht. Ich wiederhole: Erfolg heißt Probleme lösen, und dazu muß ich ein Problem als solches schon erkennen. Davor kann ich nicht Augen und Ohren verschließen. Aber es ist sehr wohl ein Unterschied, ob ich ein Problem als eine zu lösende, mich erfolgreich machende Aufgabe ansehe oder als ein unlösbares schweres Schicksal, dem ich hilflos ausgeliefert bin, an dem ich scheitern werde, das mich zerstört. Ja, positiv programmieren heißt, Probleme als solche erkennen, Probleme als Mittel zum Erfolg begreifen!

Die Programmierung befreit uns von den Ängsten des Lebens, senkt den zu hohen Blutdruck, verwandelt Unsicherheit in Sicherheit, Nervosität in Konzentration.

Die Programmierung erzeugt in unserer Tiefe ein starkes Echo. Eine Programmierung ist mehr als ein positiver Spruch. Es ist eine dynamische Kraft. Zuerst wirkt sie nur an der Oberfläche unseres Bewußtseins. Aber wenn wir sie regelmäßig mit nie nachlassender Begeisterung wiederholen, dringt die Programmierung bis zu den Quellen unserer magischen Kräfte vor.

Es wird eine gewisse Zeit dauern, bis die Programmierung greift. Wir sind also nicht enttäuscht, wenn wir nach der ersten Übung nicht gleich in einen Taumel der Freude geraten. Wir lassen uns nicht entmutigen, denn es kommt der Augenblick, in dem wir die Veränderung unseres Lebens erfahren. Tief in uns haben wir alle ungeheure Reserven an Willenskraft: Intelligenz und Gesundheit. Wir lernen durch unsere Übungen, diese Quellen zu erschließen.

Sehr viel Lebenskraft vergeuden wir durch Unschlüssigkeit und Wankelmut, weil unser Denken ständig hin- und herschwankt. Unsere besten Kräfte können nicht wirksam werden. Die Programmierung ist eine dynamische Konzentrationsübung. Wir überwinden unsere Ruhelosigkeit, die uns häufig in gefährliche Abenteuer treibt. Wir setzen Wachstumsreize, überwinden negative Gewohnheiten, unsere Persönlichkeit erblüht, wir erlangen seelische Freiheit.

Was im Alpha-Zustand möglich ist

Das ist bestimmt nicht neu für Sie: Neue Programmierungen gelingen am leichtesten im entspannten Zustand. In der Entspannungsphase, also im Alpha-Zustand, öffnet sich das Gehirn und nimmt in der ganzen

Breite neue Informationen auf. Anders im Beta-Zustand: In dieser Situation empfinden Sie Anspannung bis Angst, das Gehirn ist ganz auf „Angriff" oder „Flucht" eingestellt, der Mensch wirkt hektisch und nervös; er ist nicht in der Lage, neue Informationen am Rand seines eingeengten Denkens aufzunehmen.

Die Wirkung des Gehirns ist wissenschaftlich erforscht worden: Es produziert Frequenzen bis zu 35 Hertz, dann nämlich, wenn es sich in höchster Aufregung befindet. In der Alpha-Phase werden zwischen sieben und 14 Hertz erreicht, in der ersten Kurztraumphase – also in der REM-Phase – produziert es zwischen 15 und 35 Hertz. Die Alpha-Phase wird also kurz vor dem Einschlafen erreicht.

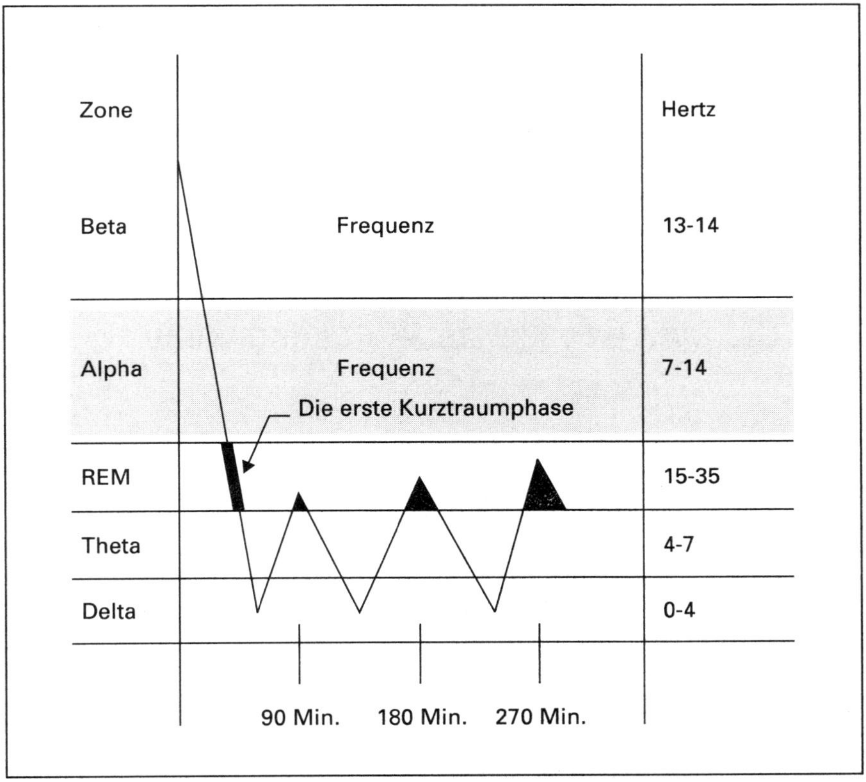

Die Stufen unseres Bewußtseins: Wann sind wir hellwach – wann nehmen wir etwas auf – wann verarbeiten wir – wann lernen wir am besten?

Die geheimnisvolle Wirkung von Alpha

1. In Alpha ist das Gehirn am lernfähigsten.
2. In Alpha ist der Mensch am reaktionsfähigsten.
3. In Alpha kann man sich am leichtesten von seinen falschen Programmen lösen und am besten neue Programme einprägen.
4. In Alpha lernt der Mensch sein volles Potential zu nutzen.
5. In Alpha überwindet der Mensch seine Begrenzungen.
6. Alpha befreit Energien zu neuem Handeln.
7. In Alpha schwindet die Angst, es wächst der Glaube, der Berge versetzen kann.

So werden Spitzenleistungen möglich.

5.2 Die acht Gesetze der Autosuggestion

1. Gesetz der Autosuggestion:
Ein König muß aussehen wie ein König.

Vielleicht erkennen Sie die Bedeutung dieses Gedanken erst, wenn ich ihn umformuliere: „Ein Bettler muß aussehen wie ein Bettler." Wenn Sie also wie ein König wirken und auftreten wollen, so sollten Sie auch so aussehen, so auftreten und sich so benehmen. Es ist die Ausstrahlung, die jemanden sympathisch und anziehend macht. Befehlen Sie Ihrem Unterbewußtsein: „Ich bin ein charismatischer Mensch, ich fasziniere und ziehe Menschen an, ich bin selbstbewußt und vital."

> **2. Gesetz der Autosuggestion:**
> **Wenn Sie in einem Glockenstuhl eine Glocke anschlagen und sie damit zum Schwingen bringen, schwingen die anderen Glocken im gleichen Ton mit.**

Ich kann nur das in anderen wachrufen, was tief in meinem eigenen Inneren schwingt. Wenn Sie innerlich verärgert oder gestreßt sind, dann können Sie das nicht verbergen. Streß und Ärger drücken sich in Ihrer Stimme, in Ihrem Minenspiel, in Ihrer Gestik aus. Da hilft auch eiserne Disziplin nichts. Da hilft es nur, sich entspannen zu können, im Alpha-Zustand Ihrem Unterbewußtsein zu befehlen: „Ich bin gelassen und entspannt und in Liebe und Harmonie zu meinen Mitmenschen – meine Stimme klingt dunkel und kommt aus der Tiefe, deshalb kann sie auch tief in andere Menschen eindringen." (Mehr zur Bedeutung der Stimme siehe Seite 114 ff.)

> **3. Gesetz der Autosuggestion:**
> **Je reiner der Ton, desto reiner das Echo.**

Wir können uns nur in einer positiven Umwelt positiv entfalten. Wir können nicht durch Abwarten von einmaligen Gelegenheiten zu Erfolg gelangen, sondern wir müssen uns selbst günstige Bedingungen dazu schaffen. Man kann seine Mitmenschen in drei Gruppen aufteilen:

- die Gegner, die es immer geben wird,
- die Neutralen,
- die überzeugten Freunde.

Die ersten beiden Gruppen sollten Sie sofort wieder vergessen, sie gar nicht erst weiter beachten. Aber den überzeugten Freunden, der dritten Gruppe, sollten Sie sich zuwenden. Hier beginnt nicht nur eine, sondern mehrere Glocken im gleichen Ton zu schwingen. Wenn Sie allerdings das Gesetz der Resonanz anwenden, sollten Sie bedenken, daß Sie als Sender stets über sehr viel mehr Kraft und Energie verfügen müssen. Programmieren Sie also Ihr Unterbewußtsein: „Ich schaffe mir ein günstiges Umfeld von überzeugten Freunden, verfüge über eine harmonische Ausstrahlung, bringe dort meine Ideen und Konzepte zum Klingen und Weiterschwingen."

4. Gesetz der Autosuggestion:
Der Name ist Suggestion.

Der Name ist der Schlüssel zum Bewußtsein des Menschen. Ihr Name ist das wichtigste Wort in Ihrem ganzen Leben. Je leiser ein Mensch seinen Namen spricht, desto größer ist sein Minderwertigkeitsgefühl. (Ausführlich zum Namen: siehe Seite 142 ff.) Programmieren Sie Ihr Unterbewußtsein: „Ich trage einen guten Namen. Ich spreche meinen Namen deutlich aus, ich mache mir einen Namen."

5. Gesetz der Autosuggestion:
Der isolierte Mensch gelangt niemals zum Erfolg.

Vielleicht haben Sie das – bislang möglicherweise voller Neid – selbst beobachtet: Kontaktfreudige Menschen sind erfolgreiche Menschen! Stärken auch Sie Ihre Kontaktfähigkeit. Der erste Schritt dazu ist meistens der schwierigste. Wenn Sie einen neuen Kontakt schließen wollen, gehen Sie dem anderen doch einfach entgegen. Warten Sie nicht ab, bis er es tut. Damit gewinnen Sie zugleich mehr Selbstbewußtsein, und das hilft sowohl Ihnen selbst, wie auch Ihrem neuen Partner. Üben Sie sich deshalb als Schrittmacher: Nehmen Sie sich ab heute vor, jeden Monat zehn Menschen kennenzulernen im Bus, im Betrieb, in Ihrer Nachbarschaft. Bereiten Sie sich gründlich darauf vor, und lernen Sie aus jedem neuen Kontakt, wie Sie es noch besser machen können.

Dazu diese Kontakt-Tips:

- ernsthaft gute Freunde suchen
- offen Interesse zeigen
- anderen entgegenkommen
- melodiös, verständlich sprechen
- lächeln, bevor Sie sprechen
- andere nach Interessen fragen
- Interessen der anderen erwidern
- sich selbst zuerst vorstellen
- Herzlichkeit zeigen
- den anderen Fragen stellen
- selbst wenig reden
- besonders selbstkritisch sein
- Hemmungen anderer überwinden
- Ansichten äußerst rücksichtsvoll vertreten
- ruhig und gelassen sein
- tolerant und optimistisch sein
- andere interessiert ansehen
- Vorschläge machen
- Verständnis zeigen
- gut zuhören
- behalten, was Sie erfahren
- aufrichtig und offen sein
- sicher und entspannt auftreten
- jede Frage beantworten
- sich in die Lage anderer versetzen

6. Gesetz der Autosuggestion:
Je größer die Konzentrationskraft, desto faszinierender ist Ihre Anziehungskraft. Sie müssen Ihre Mitmenschen faszinieren, Sie müssen ihre Aufmerksamkeit erzielen und erhalten.

Aufmerksamkeit erhalten Sie nicht durch schnelleres und lauteres Sprechen oder durch mehr Informationen. Im Gegenteil: Dadurch entlassen Sie noch mehr Zuhörer aus Ihrem Bann. Das langsame Sprechen – das Sprechen mit wirkungsvollen Pausen – zieht die Aufmerksamkeit wieder auf Sie. Das können Sie jedoch nur, wenn Sie aus einer inneren Gelassenheit heraus zu voller Konzentration fähig sind.

Programmieren Sie Ihr Unterbewußtsein

„Ich bin gelassen und entspannt und deshalb fähig zur Konzentration."

Je ruhiger eine Person ist, desto mehr richtet sie ihre Energie auf das, was sie sagt. Denken ist ein bioelektrischer Prozeß. Mit dieser wissenschaftlich abgesicherten Erkenntnis verstehen wir heute leichter als früher den Satz: „Gedanken sind Kräfte." Durch die Kraft der Konzentration können wir unsere Gedanken sehen. Wir können sie mit Kraft aufladen und so ihre volle Wirkung erzeugen.

Ich programmiere mein Unterbewußtsein

„Ich bin ganz ruhig und richte meine ganze Energie auf das, was ich sage."

7. Gesetz der Autosuggestion:
Durch den bewußten Einsatz unserer Augen steigert sich die Suggestivkraft unserer Worte um 25 Prozent.

Unruhige Augen weisen auf einen unruhigen Sinn. Ein ruhiger Mensch hält die Dinge fest – mit seinen Augen. Ein ruhiger Blick deutet auf ruhige und feste Gedanken, die sich dem Gegenüber sofort mitteilen. (Näheres auf Seite 130.)

Ich programmiere mein Unterbewußtsein:

„Meine Augen steigern meine Suggestivkraft. Je größer meine Konzentration, desto ruhiger ist mein Blick."

8. Gesetz der Autosuggestion:
Zu seinem Vorteil läßt sich jeder gern beeinflussen.

Dies ist eines der wichtigsten Gesetze der Suggestion. Und dies ist das allerwichtigste Gesetz der Autosuggestion! Sie wollen doch ein erfolgreicher Mensch werden, Sie wollen die Power der Verkaufs-Rhetorik beherrschen. Also sollten Sie sich immer die Frage in einem Gespräch, bei Verhandlungen oder auch bei Projekten stellen: Habe ich den Vorteil des anderen noch im Sinn, berücksichtige ich seine Wünsche, und mache ich ihm deutlich, daß ich nur zu seinem Vorteil handele? Wenn Sie dies befolgen, werden Sie feststellen, daß sich gemeinsame Ziele auf diese Weise mühelos und reibungslos erreichen lassen. Viele Verkäufer scheitern deshalb, weil sie bei Verkaufsgesprächen in erster Linie an ihre eigene Provision, statt an den Vorteil für den Kunden denken.

5.3 Wie Sie sich selbst programmieren: Lernen lernen!

Entdecken Sie Ihr eigenes Ich – lernen Sie, sich selbst auf Erfolg zu programmieren –, und staunen Sie dann über Ihre eigenen Kräfte und Fähigkeiten, die Ihnen bei diesem Abenteuer begegnen ...

Nur Wiederholung führt zur Meisterschaft

Jedes Talent entfaltet sich nur durch Betätigung. Entfaltung ohne Betätigung ist nicht möglich. Nicht bei uns selbst, nicht bei unseren Kindern, auch nicht bei unseren Mitarbeitern. Um auf einem Gebiet gut, besser, am besten zu werden, müssen wir das, was wir können, auch ausüben und praktizieren. Immer und immer wieder. Je besser wir werden, desto mehr Anerkennung erhalten wir. Der Mensch kann sich nur entfalten, wenn er ein positives Feedback auf seine Leistungen bekommt. Selbst eine Pflanze verkümmert, wenn sie nicht gehegt und gepflegt wird, wenn sie nicht genügend Luft, Sonnenlicht und Wasser erhält, wenn sie nicht regelmäßig gedüngt und geschnitten wird. Wenn der Mensch auf seine erbrachten Leistungen keine Resonanz erhält, wenn das Leistungspotential nicht immer wieder gehegt und gepflegt wird, verkümmert die Leistung.

Vielleicht erkennen Sie jetzt die Bedeutung des Themas „Die Macht der Wiederholung". Niemand käme auf den Gedanken, eine Pflanze nur ein einziges Mal zu gießen und dann zu erwarten, daß sie immer weiterwächst. Jeder Mensch, der Pflanzen liebt, weiß, daß er sie regelmäßig gießen muß. Aber wie viele glauben, daß ein Mensch auch ohne Anerkennung automatisch sämtliche Potentiale in sich mobilisieren kann.

Der Mensch ist ein Teil der Natur, auch für ihn gelten die Gesetze der Natur. Deshalb ist es so wichtig, diese Gesetze zu erkennen und sich nach ihnen zu richten. Alles, was lebt, untersteht dem Gesetz des Wachstums. Wir sprechen von der Wachstumsenergie oder von der Evolutionskraft, die im Universum wirkt. Nur dumme Menschen glauben, daß durch Wiederholung eine Sache langweilig wird. Shakespeare schrieb in Hamlet: „Übung kann fast das Gepräge der Natur verändern; sie zähmt den Teufel oder stößt ihn aus mit wunderbarer Macht." Und schon Demokrit wußte: „Es werden mehr Menschen durch Übung tüchtig als durch Naturanlage." Die Wiederholung ist es, die uns zum Meister macht. Regelmäßige Betätigung ist Selbstbestätigung, ist das Düngemittel für unsere Leistungsreserven. Wir wachsen nur durch die Regelmäßigkeit, mit der wir das, was in uns ist, immer wieder aufs neue aktivieren.

Sicher haben Sie schon die Erfahrung gemacht, daß Arbeiten, die Ihnen anfangs fast undurchführbar erschienen und Ihnen schwerfielen, durch häufiges Wiederholen immer leichter wurden. Erinnern Sie sich noch daran, wie mühsam Ihnen das Autofahren während Ihrer Fahrschulzeit erschien, wie kompliziert die Schrittfolge beim Tango in der Tanzschule war? Und heute fahren Sie täglich Auto, ohne darüber nachzudenken, zählen Sie die Tanzschritte längst nicht mehr mit, nein, Sie können inzwischen sogar unbefangen mit Ihrem Partner/Ihrer Partnerin tanzen, während Sie leicht und locker übers Parkett schweben. Und das nur, weil Sie es immer und immer wieder geübt haben, bis es in Fleisch und Blut überging. Wiederholung führt nicht zu Langeweile, sondern im Gegenteil: zu Perfektion, zur Meisterschaft.

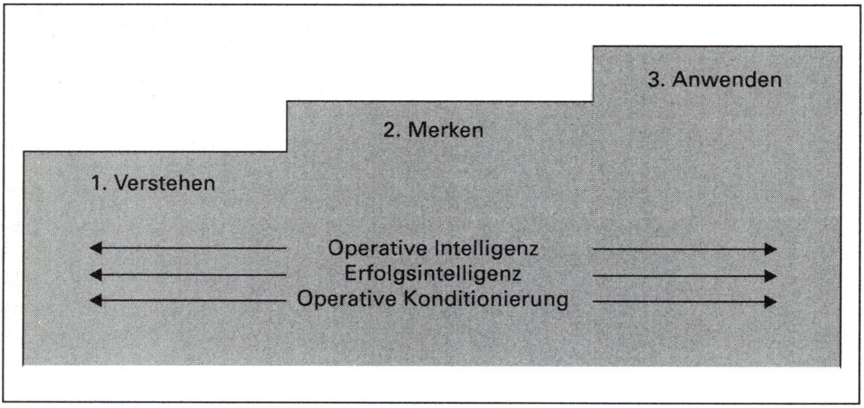

Lernen vollzieht sich immer in drei Stufen

Durch die Wiederholung verdichten sich Vorgänge, Überlegungen und Handlungen. Es entwickelt sich im Unterbewußtsein das schöpferische Neudenken. Viele glauben, daß mangelnde Kreativität eine Charakterveranlagung sei. Dabei ist sie im Grunde nur Verzettelung und Oberflächlichkeit. Was auf sportlichem oder künstlerischem Gebiet möglich ist, ist auch auf den privaten und beruflichen Bereich zu übertragen. Wenn wir unser Alltagsleben überdenken, bemerken wir, daß wir viel wissen, aber nur selten oder nie danach handeln. Wir wissen heute alle, daß Rauchen ungesund ist – und zünden uns die nächste Zigarette an. Wir wissen, daß wir Vitamine und Mineralstoffe brauchen, um gesund zu bleiben – und essen dennoch täglich in der Kantine.

Ähnlich verhält es sich auch mit dem Wissen, das viele aus unseren Seminaren mitnehmen. Viele äußern sich nach einem Seminar begeistert und schwärmen davon, daß es nun endlich „Klick" gemacht hätte und sie nun genau wüßten, was sie in ihrem Leben ändern müssen. Sie gehen nach Hause – und sind enttäuscht, daß nichts passiert. Schließlich haben sie doch genau zugehört, sogar mitgeschrieben – warum also geschieht nichts, warum kommt das positive Denken und Handeln nicht wie eine Offenbarung über sie? Auch für unsere Methode gilt: Wissen ist wenig, erst das Können macht den König! Wer einmal etwas Kluges gehört hat, wird deshalb noch lange nicht klug.

Das neu erworbene Wissen muß sich zu Ihrem Unterbewußtsein verdichten, erst dadurch werden wir unbewußt positiv gesteuert. Genauso verhält es sich mit Übungen. Es ist nicht nur wichtig, daß Sie die Programmierungs- und Meditationstechniken kennen, Sie sollten sie auch regelmäßig praktizieren, genau so, wie das tägliche Zähneputzen und das Autofahren. Casson sagte über die menschliche Natur: „Die Gewohnheit ist wahrlich eine kluge Einrichtung der Natur, um Arbeit, Nachdenken, Willensanstrengung und Zeit zu sparen. Sie spart Arbeit, indem sie das Tun rhythmisch und automatisch gestaltet. Sie spart Nachdenken, indem sie die Kontrolle des Tuns von den willkürlichen Hirnpartien auf die unwillkürlichen überträgt. Sie spart Zeit, indem sie die Verzögerung verhindert, die Studium und Entscheidung mit sich bringen." Denken Sie doch nur ans Autofahren, wenn Sie zweifeln sollten.

Die positive Wirkung der Wiederholung läßt sich in sieben Punkten zusammenfassen:

Die positive Wirkung der Wiederholung

1. Erst durch Wiederholung wird Wissen verdaut und damit zum praktischen Handeln.
2. Das persönliche Können nimmt zu. Mit der gleichen Energie werden immer größere Mengen der gleichen Arbeit bewältigt.
3. Die einzelnen Abläufe werden immer besser synchronisiert.
4. Das Niveau unserer Leistung verbessert sich qualitativ. Wir werden sicherer und zuverlässiger.
5. Jede Wiederholung setzt Energien frei, die sich als Gedankenblitze äußern. Es entwickelt sich Kreativität.
6. Das Fingerspitzengefühl entwickelt sich. Das Unterbewußtsein arbeitet immer präziser. Das Anpassungsvermögen wächst.
7. Der Mensch entwickelt eine hohe Beherrschung seiner Fähigkeiten. Sicherheit und Überzeugungskraft wachsen.

Nur wer ständig positive Gedanken wiederholt, löscht negative Prägungen im Unterbewußtsein aus, nur wer ständig wiederholt, lernt Probleme zu lösen. Er wird automatisch leicht seine großen Ziele erreichen und über sich selbst hinauswachsen. Wer nur die Speisekarte liest, wird davon nicht satt. Aus diesem Grunde sollten Sie ständig und regelmäßig positive Wachstumsreize setzen. Düngen Sie Ihre Gedanken, wie Sie Ihre Pflanzen düngen. Und vor allem: Gewöhnen Sie sich an die Wiederholung. Erst dann können Sie ganz und gar dem Gesetz der Natur vertrauen, das für Sie arbeitet.

Die große Lenkerin des Lebens

Es war ein großer Fehler vieler westlicher Wissenschaftler, den Verstand überzubewerten – mit der Folge, daß das Unterbewußtsein „unterbewertet" wurde. Viele Erziehungswissenschaftler glauben noch heute, daß der Mensch durch Drill, durch Automationstraining und durch Wiederholung gehemmt und engstirnig wird. Genau das Gegenteil ist richtig: Erst durch automatische Beherrschung der Grundvorgänge wird Energie frei, um über sich hinauszuwachsen. Sie können sich die Frage selbst beantworten, ob ein Autofahrer, der gerade erst fahren lernt, oder ein routinierter Fahrer mit 20 Jahren Praxis gehemmter hinter dem Steuer sitzt. Wiederholung macht nicht engstirnig und gehemmt, sie befreit davon. Durch ständige Wiederholung werden Widerstände abgebaut, wird vorher Unvorstellbares vorstellbar, Unmögliches möglich, Unglaubliches selbstverständlich, Unlösbares souverän machbar.

Zu einer ständigen Wiederholung sollte auch das Lesen der „Grundgesetze der Lebensentfaltung" werden (siehe Seite 19). In nur 14 Punkten sind alle Gesetze zusammengefaßt, die ein erfülltes Leben ausmachen. Sie bestimmen – richtig erkannt – den Ablauf des Tages, die Erkennung der richtigen Lebensaufgabe und die Erreichung Ihrer Ziele. Punkt für Punkt wird in Ihrem Unterbewußtsein verankert, bis die Gewohnheit zu Ihrer „zweiten Natur" (Cicero), „König über den Verstand" (Sprichwort), „der Fingerabdruck des Charakters" (Polgar) und „die große Lenkerin des Lebens" (Francis Bacon) geworden ist.

Nutzen Sie die Übung der Wiederholung nicht nur für die Autosuggestion, sondern auch in der Rhetorik zum Überzeugen anderer.

Ich wiederhole das Gesagte

Über die Wirkung des Wiederholens gibt es genaue statistische Unterlagen, die bei Versuchen an amerikanischen Universitäten ermittelt wurden. Man versuchte, einen sogenannten „Erinnerungswert" eines gesprochenen Wortes herauszufinden und in Zahlen auszudrücken. Hier das Ergebnis:

Erinnerungswerte	**in Prozent**
Etwas einmal mit normaler Lautstärke sagen:	100
Etwas zweimal sagen:	120
Etwas zweimal sagen, wobei aber zwischen dem ersten und zweiten Mal eine Pause liegt, während der von etwas anderem gesprochen wurde:	170
Etwas dreimal sagen:	210
Etwas viermal sagen:	235
Etwas fünfmal sagen:	245

Wer sich also die Mühe nimmt, das Gute, das er über sein Angebot zu sagen hat, drei- bis viermal zu wiederholen, der hat die Chance, einen zweieinhalbmal tieferen Eindruck zu hinterlassen als der Konkurrenzverkäufer, der alles „einfachheitshalber" nur einmal sagt. In diesen Zusammenhang gehört noch eine erschreckende und zugleich beherzigenswerte Tatsache:

Ihr Kunde wird morgen 30 Prozent der Merkmale Ihres Angebots, auf die Sie ihn heute nachdrücklich aufmerksam machten, wieder vergessen haben. Bis in einer Woche wird er gar 50 Prozent und bis in einem Monat 70 Prozent Ihres wunderbaren Verkaufsvortrages vergessen haben!

Wer das weiß, ist sich über die Erfolgsursachen der fleißigen Verkäufer nicht im unklaren!

5.4 Suggestivkraft – Suggestivrezepte

1. Programmierung für Anfänger der Redekunst

- Ich weiß, daß ich sehr gut sprechen kann.
- Ich muß nur immer ruhig und langsam sprechen.
- Vor dem Reden werde ich erst überlegen, was ich sagen will.
- Leicht und fließend verbinde ich alle Wörter eines Satzes so miteinander, als ob der ganze Satz ein einziges Wort wäre.
- Ich bleibe ganz ruhig und selbstsicher und denke nur an meine Aufgabe. Nur an meine Aufgabe. Nur die Aufgabe ist wichtig.

2. Programm für schon fortgeschrittene Rhetoriker

- Ich bin fest entschlossen, ein guter Redner zu werden.
- Ich sehe mein schönes, großes Ziel ganz deutlich vor mir und bin bereit, es durch konsequente Planarbeit zu erreichen.
- Ich werde nicht wankelmütig sein, denn ich kenne die großen Vorteile, die sich aus meiner zielbewußten Entwicklung ergeben.
- Deshalb bin ich fest entschlossen, ein guter Redner zu werden.

3. Wirkungsvolle Programmierung

- Auch ich habe große Ziele!
- Alles, was vor uns entstehen soll, findet seine Ursache in unserem Denken. Ein Gedanke, eine Idee, deren Verwirklichung wir ausdauernd verfolgen, muß schließlich sichtbar in Erscheinung treten.
- Auch ich habe große Ziele!
- Alle Kräfte, die ich zur Verfügung meiner Wünsche benötige, schlummern in mir. Durch die Macht der Gedanken werden die Kräfte zu treuen Helfern bei meinem Werk.
- Warum soll ich nicht mehr erreichen, als andere mir zutrauen?

- Ich wachse mit allen Aufgaben, die ich mir selber stelle. Ich werde meine Ziele erreichen – ganz bestimmt!
- Ich fühle, wie meine Kräfte und Fähigkeiten wachsen.
- Ich glaube an mich und meine Ziele, so wie alle an sich glaubten, die Großes vollbrachten.
- Ich werde mein Ziel erreichen – ganz bestimmt!

4. Programmierung zur Auswahl

- Ein erfolgreicher Redner spricht ein gutes Deutsch! Ich werde ein einflußreicher Redner, darum muß ich ein sehr gutes Deutsch sprechen. Das macht mir viel Freude, und ich werde täglich üben und Fortschritte machen.
- Für einen guten, eindrucksvollen Redner ist es selbstverständlich, daß er die Endsilben klar und deutlich ausspricht. Durch das bewußte Artikulieren der Wortendungen wird meine Aussprache täglich besser, klangvoller und schöner.
- Durch meine klare Aussprache habe ich die Möglichkeit, meine guten Ideen und wertvollen Gedanken erfolgreich und wirkungsvoll auszudrücken. So werde ich mich täglich etwas verbessern, indem ich treffsicheres Deutsch mit klarer Ausdrucksweise der Endsilben spreche. Dadurch stärkt sich auch mein Selbstbewußtsein, und größte Erfolge werden mir möglich.

5. Programmierung – Redekunst ist Geisteskunst!

- Ich kann sprechen – also lerne ich auch wirkungsvoll reden.
- Selbstvertrauen ist das Wichtigste.
- Wenn ich keine Angst habe, dann ist das Haupthindernis weg, das mich am Reden hindert. Wer im Gespräch gute Gedanken entwikkeln kann, der kann das auch vor einer großen Zuhörerschaft.
- Ich muß ganz klar sehen und erfassen, Vor- und Nachteile genau abwägen und durch Arbeit an mir selbst Nachteile unwirksam machen. Das ist leichter, als es scheint.

- Meine klare, kräftige Stimme, meine deutliche Aussprache, mein gefälliges Auftreten und gewinnendes Lächeln, meine ruhigen und sicheren Augen, meine harmonischen Gesten, mein witziger Anfang, mein klares geistiges Konzept, meine genau treffenden Worte und zündenden Formulierungen ergeben zusammen mit einem überraschenden Redeschluß eine Wechselwirkung zwischen mir als Redner und meiner Zuhörerschaft, die all mein Wissen, meinen Charme und Mut und meine Schlagfertigkeit voll entfalten.
- Mein Publikum wird von Darbietung und Inhalt meiner Reden begeistert sein.
- Reden können ist ein Hochgenuß!

6. Programmierung

- Ich werde ein gern gehörter und überzeugender Redner. Mein Auftreten ist frei und sicher – und weckt bei meinen Zuhörern eine sympathische Stimmung.
- Meine Stimme wird immer einflußreicher. Mein Schwung und meine Begeisterung reißt alle Zuhörer mit. Der Macht und dem Einfluß meiner Stimme kann sich keiner entziehen.
- Ich bin ein Meister in der Kunst der Menschenbehandlung. Es gelingt mir immer besser, die Zuhörer zu fesseln und von der Richtigkeit meiner Ideen zu überzeugen.

Teil II

Ihr Auftritt als Meister der Rhetorik

6 Rhetorik, die Kunst des Überzeugens

Nikolaus B. Enkelmann: Die Grenzen der Psychologie – Psychoanalyse, Verhaltenspsychologie, Autogenes Training

Biographische Beobachtungen von Peter Sperling

Dem fundierten Wissen und der Fülle an praktischen Erfahrungen, die seinen Werdegang bislang geprägt hatten, wollte der junge Nikolaus B. Enkelmann nun auch eine wissenschaftliche Grundlage geben. An der Freien Universität in Berlin begann er sein Studium der Psychologie. Von Anfang an interessierten ihn vor allem die Vorlesungen und Seminare, die sich mit Erkenntnissen der Gehirnforschung, mit der Arbeitsweise der Sinne, mit Informationsverarbeitung beschäftigten. Der junge Student war fasziniert von der Macht der Gedanken. Nun wollte er auch wissen, wie Denken funktioniert, wie es das Handeln der Menschen steuert, welche verborgenen Potentiale das Gehirn birgt und warum der Mensch nur so wenig davon nutzt.

Schnell erkannte Nikolaus B. Enkelmann in seinem Studium die Grenze der Psychoanalyse, die er als Erkenntnissystem anerkennt, die jedoch als Therapie, als Heilungssystem seiner Überzeugung nach weitgehend versagt hat. Die Psychoanalyse, so schloß er, sei zu aufwendig, dauere zu lange, bis sich erste Erfolge einstellen, die Versagerquote sei zu hoch, und schließlich sei die Behandlung viel zu teuer. Die Menschen schleppen ihre Probleme, die ihnen immer schmerzlicher bewußt werden, jahrelang mit sich herum, viele brechen aufgrund der zermürbenden, sehr teuren und über lange Zeit stagnierenden Therapie die Behandlung frühzeitig ab und stehen mit ihrem Problemen, die ihnen bewußt sind, alleine da.

Noch wichtiger aber waren seine zurückliegenden Erfahrungen mit Yoga und Hypnose, die in Nikolaus B. Enkelmann die Überzeugung verankert haben, daß die wirklichen Veränderungen im Unterbewußtsein ablaufen und nicht über die Ratio bewußt gesteuert werden können. Keine noch so kluge Erkenntnis nutze etwas, wenn die Probleme im Unterbewußtsein produziert werden.

Nikolaus B. Enkelmann wurde zum Psychoanalyse-Kritiker. In dieser Zeit lernte er Professor Schulz kennen, den Vater des Autogenen Trainings, der die Macht des Denkens in die Psychologie eingeführt hatte. Schulz, bei dem der Student vieles wiedererkannte und bestätigt fand, was ihn einst Helmel gelehrt hatte, wurde von zwei Seiten bekämpft, von den Psychoanalytikern, die in seiner Methode ein zudeckendes Verfahren sahen, und von den Chemikern, die ihm seine medikamentenfreie Therapie ankreideten. Schulz vertrat die Überzeugung, daß das Denken den Körper und den Gesundheitszustand beeinflußt. Aus der Hypnose hatte der Professor eine Art Selbsthypnose entwickelt, das Autogene Training, das zur Befreiung des Geistes eingesetzt wurde. „Eigentlich hätte er einen Nobelpreis verdient", meint Nikolaus B. Enkelmann über den damals so umstrittenen Wissenschaftler. „Er hat das positive Denken in die Medizin eingeführt."

In einer der Vorlesungen des Psychologen hatte Nikolaus B. Enkelmann ein unvergeßliches Aha-Erlebnis. Zur Veranschaulichung für die Studenten versetzte Schulz einen älteren Herrn in Hypnose und fragte ihn, ob er schon einmal hypnotisiert worden sei. Der Mann bejahte die Frage in Trance. Als Schulz daraufhin den Namen des Hypnotiseurs wissen wollte, sagte der Mann nur ein Wort: „Hanussen". Der Name dieses legendären, von Mythen umrankten Hypnose-Genies genügte, um Schulz völlig außer sich geraten zu lassen. Eine Stunde lang wollte er von dem Patienten sämtliche Details über dessen Erfahrungen mit Hanussen wissen. Nikolaus B. Enkelmann: „Er bombardierte ihn regelrecht mit Fragen, wollte genau wissen, was er gesagt und getan hätte, wie er ihn in Trance versetzt hat, was er ausgestrahlt habe." Den Studenten, die sich die engagierte Aufregung ihres geschätzten Professors nicht erklären konnten, sagte Schulz nur: „Jetzt muß ich die Chance nutzen, alles über Hanussen zu erfahren. Es ist das erste Mal, daß mir jemand gegenübersitzt, den er hypnotisiert hat." Die Studenten waren begeistert von diesem Seminarerlebnis und von dem Wissen, das sie in einer Stunde Intensivbefragung vermittelt bekamen. Nikolaus B. Enkelmann lernte vor allem von Professor Schulz, daß mehr Dinge zwischen

Himmel und Erde machbar sind, als die meisten Menschen für möglich halten. Das Studium bei Schulz brachte ihm die Erkenntnis, daß der Mensch nicht nur in der Lage ist, andere zu beeinflussen, sondern auch sich selbst. Doch er erkannte auch die Grenzen des Autogenen Trainings. Die Methode versagt in der Regel, weil es für Laien fast unmöglich ist, sich zu entspannen und damit die rechte Gehirnhälfte zu harmonisieren, während gleichzeitig das Unterbewußtsein mit Hilfe der linken, der bewußten Gehirnhälfte aktiv neu programmiert wird. Immer wieder traf Nikolaus B. Enkelmann Menschen, die die Technik des Autogenen Trainings gelernt hatten, aber die Methode aufgrund dieser Problematik nicht mehr praktizierten.

Die Tatsache, daß Autogenes Training nur bei etwa 50 Prozent der Schüler wirkt, bei den anderen aber versagt, genügte dem Studenten nicht. 50 Prozent Erfolgsquote waren ihm zu wenig. Ihm ging es darum, eine Methode mit einer weitaus höheren Erfolgsquote zu entwickeln. Die dringenden Probleme, die der Gesellschaft und den Unternehmen bevorstanden, so beschloß er, bedurften einer dringenden Lösung, einer Lösung, die in den Menschen Kräfte, Energien und Fähigkeiten mobilisieren kann, aber nicht nur bei einigen, sondern bei möglichst vielen. Eine Idee entstand. Aus dem Autogenen Training schuf Nikolaus B. Enkelmann eine Methode, die die mentalen Kräfte im Menschen nach außen freisetzt und Höchstleistungen ermöglicht: Das Mentale Training. Und bis heute werden Lösungen gebraucht. Mehr denn je. Nicht einmal zwei Prozent aller Manager wissen laut einer kürzlich veröffentlichten Kienbaum-Untersuchung etwas über Mentaltechniken. Das Ergebnis der Untersuchung ist für Nikolaus B. Enkelmann, der sich seit frühester Jugend mit den Chancen und Möglichkeiten des Menschen beschäftigt und damit, wie man brachliegendes Potential aktivieren kann, niederschmetternd.

Dabei sind die Methoden der Verhaltenspsychologie in fast allen Bereichen des täglichen Lebens umsetzbar, wie inzwischen eindeutig bewiesen ist: im Sport, in der Industrie, im täglichen Leben – und nicht nur im therapeutischen Bereich, wie viele Menschen noch immer glauben. Und überall, in allen Bereichen ist die Steigerung des persönlichen Leistungspotentials vonnöten und sogar erwünscht. Die Aktivierung des persönlichen Potentials, die Entfaltung der Persönlichkeit und das systematische Training von Stimme und Sprache wurden für den Psychologie-Studenten Nikolaus B. Enkelmann die große Herausforderung, die er sich zukünftig stellen wollte. Er war fest entschlossen, das, was er in vielen Jahren erlernt und erworben hatte, nun zum Nutzen der Menschen zu praktizieren. Der Grundstein für seine berufliche Zukunft war gelegt. Sein fundamentales Wissen über Yoga und Hypnose, über Stimmbildung und Gehirnforschung, über Psychologie und Autosuggestion wollte er zusammenführen und eine Methode entwikkeln, die den ganzen Menschen anspricht und die gesunde, vitale, die herausragende Persönlichkeit zum Ziel hat.

Der Erfolgscharakter, den ihm einst der Klapperstorch prognostiziert hatte, wie es Otto Pfeffer am 13. Januar 1948 seinem zwölfjährigen Schüler mitgegeben hatte, dieser Erfolgscharakter hatte sich durchgesetzt und befand sich nun auf dem Weg, anderen Menschen den Erfolgscharakter zu aktivieren. Nikolaus B. Enkelmann reizte nach seinem Studium die Politik, wo er glaubte, seine Kenntnisse am effektivsten und wirkungsvollsten zum Nutzen der Menschen einsetzen zu können. Die Politik war für ihn ein Bereich, in dem es wie in kaum einem anderen auf die Bedeutung der Stimme und der Sprache ankommt. Doch nur wenige Politiker beschäftigen sich mit den Möglichkeiten, an ihrer Stimme zu arbeiten. Nikolaus B. Enkelmann wußte, daß die Veränderung der Stimme und der Aussprache die wirkungsvollste Methode ist, seine Persönlichkeit zielgerecht positiv zu verändern. „Wenn man einen Punkt verändert", erklärt er die Bedeutung des Stimmtrainings, „verändert man alle Punkte."

6.1 Die Angst des Sprechers vor dem Publikum

Viele Menschen gehen eher durchs Feuer, als eine Ansprache zu halten. Gerade im Sprechen vor mehreren Menschen, noch dazu, wenn es fremde Personen sind, machen sich innere Widerstände breit, tauchen Ängste auf, zeigen sich Hemmungen.

Eigentlich darf es Ihnen, wenn Sie bisher sorgfältig gelesen und die Übungen durchgeführt haben, gar nicht einmal mehr im Traum einfallen, Angst zuzulassen. Denn Sie haben im ersten Teil des Buches gelesen (und hoffentlich geübt!),

- wie die „14 Grundgesetze der Lebensentfaltung" (siehe Seite 19) heißen,
- wie sie zu befolgen sind („Der Weg zum Erfolg", Seite 21ff.),

- wie Sie faszinierende Begeisterung bei sich selbst und anderen entfachen können (Seite 41ff.),
- welche Ausstrahlung Sie als Persönlichkeit entfalten können (ab Seite 58ff.) und
- wie Sie mit der Kraft der Autosuggestion immer sicherer und sicherer eine selbstbewußte, charismatische, vertrauenerweckende Persönlichkeit werden und großen Erfolg erzielen (Seite 77ff.).

Aber ich weiß, der westeuropäische Verstandesmensch an der Schwelle zum 21. Jahrhundert ist von hohem Mißtrauen und Unsicherheiten gegenüber sich selbst geprägt. Wahrscheinlich stellen auch Sie sich die bange Frage: „Ja, ich glaube an die Autosuggestion, ich habe das auch täglich geübt, aber funktioniert es denn?"

Da geht es Ihnen genauso wie dem Patienten in einer Irrenanstalt, der denkt, er sei eine Maus:

> Endlich, nach Jahren, kommt er zu einer anderen Einstellung. Er verläßt als geheilt die Anstalt. Doch nach zehn Minuten flüchtet er sich wieder in die Mauern der Irrenanstalt. Noch völlig außer Atem wird er vom Direktor befragt, warum er denn so schnell zurückgekommen sei.
>
> Der Patient antwortet: „Direkt vor dem Eingang lauerte eine Katze."
>
> Der Direktor: „Aber Sie wissen doch, daß Sie keine Maus sind!"
>
> Der Patient darauf: „Jawohl, Herr Direktor, ich weiß das schon. Aber weiß das auch die Katze?"

Ja, liebe Leser, achten Sie darauf, daß es Ihnen nicht ähnlich ergeht wie dem Patienten. Wenn Sie die 14 Gesetze der Lebensentfaltung autosuggestiv trainieren, wenn Sie die empfohlenen Übungen im ersten Teil dieses Buches durchführen und immer wiederholen, bis Ihr Unterbewußtsein die Befehle empfangen und mit der Ausführung begonnen hat, dann werden Sie auch keine Angst mehr haben, vor fremden Leuten zu sprechen. Dann sind Sie auf dem Weg zu Ihrem Erfolg.

Natürlich, nicht jeder muß Sie lieben, nicht jeder muß Sie schätzen. Aber auch das haben Sie bereits im ersten Teil gelesen: Richten Sie sich an die, die Sie stützen, richten Sie sich an Ihre besten Freunde und – wenn Sie noch keine haben, schaffen Sie sich welche!

Leichter gesagt als getan, werden Sie jetzt möglicherweise denken. Und richtig, neben dem absolut selbstbewußten durchsetzungsfähigen Willen, dies zu erreichen, gibt es auch ein paar Tips und Techniken, die das „Wie“, das „Know-how“ darlegen. Das werden Sie jetzt, im zweiten Teil dieses Buches, erfahren.

Doch zunächst noch einmal, um wirklich das Thema „Angst“ abzuschließen, eine kleine arabische Legende, um Ihnen noch einmal ganz deutlich zu machen, wo die eigentliche Wühlmaus in den Wurzeln Ihres persönlichen Erfolges nagen könnte.

Das größte Übel ist die Furcht

Alljährlich besuchte die Cholera die heilige Stadt Mekka und forderte ihre Opfer. Ihr Begleiter war der Tod. Vor den beiden her lief die Furcht und schlich sich, vom Torwächter unbemerkt, in die Stadt ein. Bald danach stand die Cholera vor dem Tor und begehrte Einlaß. Der Torhüter öffnete und sprach: „Kommst du auch dieses Jahr wieder und befällst die Menschen?“

„Ja, auch dieses Jahr“, sagte die Cholera, „aber ich verlange nicht mehr als sonst.“

„Wie viele Menschen forderst du?“

„500, wie immer, ich versprech es dir.“

Dann wendete sich der Torwärter an den Tod, den Begleiter der Cholera: „Wie viele wirst du holen?“

„Nicht mehr, als meine Freundin, die Cholera, mir gibt. Du kannst es mir glauben.“

Darauf ließ der Wächter die beiden in die Stadt, wo sie ihr grausiges Werk verrichteten. Nach einiger Zeit kamen sie wieder ans Tor und verlangten, daß der Torwächter sie herausließe.

„Nun“, fragte der Torwächter die Cholera, „wie viele Opfer sind dir in die Hände gefallen?“

„Ich habe mein Versprechen gehalten und die Zahl nicht überschritten. Ich nahm nur 490 Menschen.“

Der Wächter war zufrieden und sprach zum Begleiter, dem Tod: „Und wie viele nahmst du dir?"

„Mehr als 1 000 Tote nahm ich mit", sagte der Tod.

Da erschrak der Torhüter sehr.

„Sag', wie ist es möglich? Die Cholera gab dir doch nur 490." Der Tod lächelte spöttisch. „Ja", sagte er, „der Cholera fielen nur 490 zum Opfer, aber du hast nicht bemerkt, daß die Furcht sich in Eure Stadt einschlich. Die Furcht hat mehr Unheil angerichtet als die Cholera."

Viele großartige Redner und Schauspieler kennen diese Angst vor ihrem Auftritt. Genauso wie viele Hochleistungssportler. Bei den Sportlern habe ich selbst mit großem Erfolg Entspannungstechniken trainiert, die sie kurz vor ihrem Start einsetzten. Sie werden ruhig, gelassen und voll auf ihr Ziel konzentriert. Dies können auch Sie erreichen. Es setzt allerdings voraus, daß Sie – wie die Hochleistungssportler – immer wieder trainieren. Sowohl körperlich wie auch mental.

Wenn der Kanzler spricht

Und noch ein Beispiel: Bundeskanzler Helmut Kohl ist – egal wie man politisch zu ihm stehen mag – Mitte der 90er Jahre wohl einer der charismatischsten Rednerfiguren der Politik. Das bekommt man mit, wenn man ihn live erlebt.

Ich habe den Auftritt des Bundeskanzlers aus nächster Nähe erlebt, als er vor mehr als 10 000 Menschen anläßlich des 20jährigen Bestehen der Deutschen Vermögens-Beratungs AG (DVAG) in der Frankfurter Messehalle sprach. Der Kanzler und der DVAG-Gründer Dr. Reinfried Pohl wurden mit stürmischen, begeisterten, nicht enden wollenden Ovationen bedacht. Die abgedunkelte Messehalle kochte in der Julihitze.

Dann kam der Auftritt des Kanzlers. Er erhob sich auf der VIP-Tribüne und ging – völlig ungeschützt – die rund 70 Meter zum Rednerpult. Seine Augen blinzelten, seiner ganzen Körperhaltung war anzusehen, daß er sich um Konzentration bemühte und dennoch nicht verhindern konnte, daß sein Blick sichernd nach links und rechts huschte, während er versuchte, seinen Weg durch die Masse, die ihm stürmisch applaudierten, zum Rednerpult zu finden. Was für eine gewaltige Erwartungshaltung der über 10 000 Menschen! Der mußte er gerecht werden!

Einige typische Gesten, ein Räuspern, mit bewußter Festigkeit in der Stimme die ersten Worte. Und dann nahm der Kanzler Kontakt auf mit seinem Publikum. Selbst geblendet vom Scheinwerferlicht, die 10 000 nur schemenhaft im Dunkeln wahrnehmend, stellte er sich – sicherlich durch seine Redenschreiber und Berater wohl vorbereitet – jetzt mental auf sein Publikum ein. Voll konzentriert auf Empfang registrierte er die Gefühle der 10 000 Berater und Verkäufer und ihrer Partner/innen vor ihm und wurde zunehmend sicherer. Was dann folgte, war für jeden Rhetorik-Liebhaber ein Genuß. Völlig frei – so schien es – sprach der Kanzler rund eine Stunde zu den Menschen, die in ihrem Alltagsberuf, dem Verkauf, immer wieder und jeden Tag aufs neue kämpfen müssen, Selbstbewußtsein aufbauen und Vertrauen gewinnen müssen.

Der Kanzler witterte förmlich die Gefühlslage seiner Zuhörer, erkannte ihre Wünsche nach gesellschaftlicher Anerkennung und sprach ihnen aus der Seele. Er lobte ihren Einsatz für die Wirtschaft, die unsere Gesellschaftsordnung prägt. Er lobte ihren Einsatz und ihren Anteil beim Wiederaufbau der fünf Jahre zuvor vollzogenen deutschen Vereinigung. Er bestärkte sie in ihrer Leistungsbereitschaft und hohen Motivation, unternehmerisch zu handeln und zur Arbeit. Er vergaß nicht die Entbehrungen, die Verkäufer, die jeden Tag erneut ihre Leistung beweisen müssen, mit ihrem Berufsalltag auch ihren Partnerinnen abverlangen und bestärkte diese, auch und gerade in der zeitlichen und örtlichen Unregelmäßigkeit dieses Berufs mit für eine intakte Familie beizutragen. Er sprach die Gefühle der Menschen an. Und er hatte sie sehr schnell gewonnen.

Nun, werden Sie einwenden, das kann jeder. Es ist doch billig, den Zuhörern auf solch plumpe Weise zu schmeicheln … Recht haben Sie, wenn es der Kanzler dabei belassen hätte.

Aber nein! Cool, ganz der Rhetorikprofi auf dem Höhepunkt seiner Macht, verstand er es geschickt, nicht nur die Gefühle seiner Zuhörer anzusprechen, sondern sie und ihr Lebenswerk, ihren Alltag zu verbinden und zu integrieren in einen höheren Sinn, in ein Gesamtkonzept einer europäischen, einer Weltpolitik. Denn Kohl hat sich ja auch international einen hervorragenden Namen gemacht. Kohl sprach über Deutschland- und Europapolitik. Er erwähnte ein kürzliches Treffen mit dem Premier des Staates XY, wie einen Ausspruch seines Freundes, des Staatsoberhauptes aus dem Land UVW, er nannte Beispiele seines eigenen Werdeganges und verglich sie mit dem vermuteten täglichen Einsatz seiner Zuhörer: Kohl erhöhte seine Zuhörer. Er holte sie emotional dort ab, wo sie sich anläßlich dieser Jubiläumsfeier befanden und nahm sie mit in eine Welt der großen Politik, die er plausibel, einfach und logisch darstellte.

Kohls Auftritt beim 20jährigen Jubiläum der DVAG: Ein Meisterstück exzellenter Rhetorik. Aber – und das will ich Ihnen nahebringen – auch ein Profi wie Kohl muß anfangs mit Nervosität und Angst fertig werden. Auch ein Kanzler kennt die Angst des Sprechers vor dem Publikum. Und auch und gerade dieser Kanzler mit seinem unüberhörbaren pfälzischen Dialekt ist wahrlich kein geborener Redner.

Das Kanzler-Beispiel soll Ihnen Mut machen. Und es sollte Ihnen schon jetzt einige wichtige Kernsätze meisterhafter Rhetorik nahebringen:

Kernsätze meisterhafter Rhetorik

- Nehmen Sie mental Kontakt zu Ihrem Publikum auf.
- Sprechen Sie die Wünsche und die Gefühle Ihrer Zuhörer an.
- Nehmen Sie dann Ihre Zuhörer mit auf die Reise Ihrer überzeugenden Argumente.

Zur Wiederholung:
aus den „14 Grundgesetzen der Lebensentfaltung":

8. Grundgesetz der Lebensentfaltung: „Im Streit zwischen Gefühl und Intellekt siegt immer das Gefühl."
9. Gesetz der Lebensentfaltung: „Gefühle lenken und verstärken die Konzentration unbewußt, aber nachdrücklich."
12. Grundgesetz der Lebensentfaltung: „Zustimmung aktiviert Kräfte – Ablehnung vernichtet Lebenskraft."

Und noch ein letzter Tip: Der Kanzler – so schien es zumindest – sprach am Ende völlig frei. Am Anfang, das konnte man beobachten, hatte er sich ein Manuskript oder zumindest Stichworte auf das Rednerpult gelegt.

Auch Ihr Ziel sollte es sein, völlig frei sprechen zu können. Ich werde Ihnen später in diesem Buch noch eine Hilfe anbieten, die Sie beim freien Reden unterstützt: Die Karteikarten-Technik. Aber ich erlaube Ihnen auch einen Trick, den Sie vielleicht als Schüler schon genutzt haben: Erlauben Sie sich doch einen Spickzettel. Das ist absolut legitim. Besonders, wenn Sie den Spickzettel nachher gar nicht mehr brauchen. Aber Sie haben ihn vielleicht in der Jackett-Tasche. Sie haben ihn griffbereit auf dem Rednerpult liegen oder im Ärmel Ihrer Bluse versteckt. Sie brauchen ihn nicht vorzuziehen – Ihre Hände sollten auf jeden Fall frei sein. Aber Sie wissen, zur Not steckt da ein Zettel ...

6.3 Die zehn wichtigsten Regeln der Rhetorik

An dieser Stelle schon möchte ich Ihnen die zehn wichtigsten Regeln der Rhetorik vorstellen. Übungen dazu: Schauen Sie sich diese Regeln recht sorgfältig an, führen Sie die Übung der Autosuggestion durch und schreiben Sie sich die Regeln und die nachfolgenden Merksätze möglicherweise schon jetzt als einen „Spickzettel" auf. So haben Sie eine Checkliste, die Sie durchgehen können, wenn Sie sich auf eine Ansprache vorbereiten müssen.

Die zehn wichtigsten Regeln der Rhetorik

1. Die Welt vertraut dem Namen.
2. Werden Sie Meister in der Kunst, andere zu loben.
3. Reden lernt man nur durch Reden.
4. Haben Sie keine Angst vor Lampenfieber.
   - Schreiben Sie die folgende Autosuggestion auf, und lernen Sie sie auswendig:
   - „Ich bin fest entschlossen, eine einflußreiche Persönlichkeit zu werden!
   - Ich sehe mein schönes großes Ziel ganz deutlich vor mir und bin bereit, es durch konsequente Planarbeit zu erreichen.
   - Ich werde nicht wankelmütig sein, denn ich kenne die großen Vorteile, die sich aus meiner zielbewußten Entwicklung ergeben.
   - Jeden Tag führe ich meine Übungen durch, und schon fühle ich, wie mein Auftreten und Sprechen immer freier, immer mutiger und immer selbstsicherer werden!"
5. Üben Sie jeden Tag.
6. Schwerpunkte erfolgreicher Rhetorik sind:
   - Der erste Eindruck entsteht durch das körperliche Verhalten.
   - Ihre Augen sind der kürzeste Weg zu Ihren Mitmenschen.
   - Ihr Stimme zeigt, wessen Geistes Kind Sie sind.
   - Erst dann entscheidet der Inhalt, das Fachwissen.
7. Alles lebt aus der Beachtung.
8. Struktur einer Rede:
   - Wir beginnen mit einem Gedanken, zu dem jeder „Ja" sagen kann.
   - Machen Sie Ihr Interesse für den anderen deutlich. Nicht die Menge der Worte entscheidet, sondern wie wirksam wir sprechen.
   - Im Mittelpunkt der Rede immer nur drei Punkte nennen. Beginnen Sie mit dem schwächsten Punkt und enden Sie mit dem wichtigsten.
   - Der Schlußsatz ist immer eine zum Handeln auffordernde positive Formulierung.
9. Das Geheimnis des Erfolges ist das Geheimnis der inneren Ruhe.
10. Ich trainiere, bis ich meine Meisterschaft erreicht habe.

Wichtige Merksätze, Fragen und Übungen

1. Was ist das wichtigste Wort im Leben eines Menschen?
2. Wie stellen Sie sich vor?

   Wie melden Sie sich am Telefon?
3. Wie gut ist Ihr Namensgedächtnis?
4. Rhetorik ist die Kunst, ein „Nein" in ein „Vielleicht" und ein „Vielleicht" in ein freudiges „Ja" zu verwandeln.
5. Rhetorik ist die Lehre von der Wirkung des Menschen.
6. Die Sprache ist für einen erfolgreichen Menschen die wichtigste Voraussetzung.
7. Die Sprache ist Ihr wirksamstes Führungsinstrument.
8. Auch deine Zunge kann Balsam oder Gift sein.
9. Mit zunehmendem Einfluß sollte auch Ihr Verantwortungsbewußtsein wachsen.
10. Rhetorisches Können schafft Erfolg im Umgang mit Menschen.
11. Wie man in den Wald hineinruft, so schallt es heraus.
12. Ich werde trainieren, bis ich meine Meisterschaft erreicht habe.

    Übungen:

    Übung 1: Stellen Sie sich vor einen Spiegel und sprechen Sie laut: „i/e/a/o/u" *Dauer: zwei Minuten*

    Übung 2: Anschließend sprechen Sie zunächst laut „m". Dann leise „m". *Dauer: zwei Minuten*

    Übung 3: Nun folgt das „r". *Dauer: zwei Minuten*

    Übung 4: Sprechen Sie bei verschiedenen Wörtern übertrieben laut das „r", zum Beispiel: Arme, Brust, Bremsen, Sprechen usw. *Dauer: zwei Minuten*

13. Durch Training beginnt sich Ihre Persönlichkeit zu entfalten.
14. Reden lernt man nur durch Reden.

7 Die Hilfsmittel der Rhetorik: Stimme, Sprache, Körpersprache

Sie merken es: Immer mehr, immer näher führe ich Sie in diesem Buch an Ihren ersten großen Rhetorik-Auftritt heran. Das stimmt nicht, werden Sie sofort einwenden, ich habe schon als ungeborenes Kind im Mutterleib meinen ersten rhetorischen Auftritt gehabt: Ich habe mich durch Strampeln bemerkbar gemacht. Ich habe als Kleinkind geschrien, gelächelt, mit Körpersprache ausgedrückt, was ich will oder was ich nicht will. Ich habe als junger Mensch und dann als Erwachsener gelernt, mich im Leben durchzusetzen oder anzupassen, andere zu beeinflussen. Und ich habe schon vor Gruppen gesprochen, im Freundeskreis, unter Kollegen, in meiner Partnerschaft.

Da haben Sie recht. Sie haben das alles getan. Aber jetzt, nachdem Sie dieses Buch bis hierhin durchgelesen haben (oder bereits andere Rhetorik-Bücher studiert oder Rhetorik-Seminare besucht haben), jetzt wissen Sie mehr über das, was Sie bislang eher unbewußt machten.

Jetzt haben Sie gelernt, Ihr Unterbewußtsein zu trainieren, wenn Sie dieses Buch bis hierher mit großer Konzentration in sich aufgenommen und die bisher angebotenen Übungen befolgt haben, jetzt werden Sie anders an die Sache herangehen. Deshalb wird Ihr erster großer Rhetorik-Auftritt, auf den ich Sie in diesem Kapitel noch intensiver vorbereite, anders sein als alle bisherigen Rhetorik-Einsätze in Ihrem Leben.

Wenden wir uns zunächst den Hilfsmitteln der Rhetorik zu: der Stimme, Ihrem Gesamtauftritt und der Körpersprache. Diese Hilfsmittel können Sie zu Hause trainieren, diese Hilfsmittel müssen Sie beherrschen, bevor Sie in ein wichtiges Gespräch gehen oder eines halten wollen.

Übung

Deswegen möchte ich Sie einladen, gleich zu Beginn eine Autosuggestionsübung zu machen. Sprechen Sie nachfolgende Sätze laut vor, und lernen Sie sie auswendig. Sprechen Sie sie im ersten Monat mindestens viermal pro Tag, und graben Sie sie fest in Ihrem Unterbewußtsein sein:

„Ich bin fest entschlossen, die Chancen meines Lebens zu nutzen. Wer erfolgreich sein will, muß im Sprechen beherrscht und im Tonfall seiner Stimme absolut sicher sein. Ich weiß, daß für die Macht der Sprache die innere Sicherheit ausschlaggebend ist. Das ist eine Frage des Vertrauens zur eigenen Kraft: Ich kann im Sprechen nur dann sicher sein, wenn ich innerlich sicher bin. Ich bin sicher, vollkommen sicher und frei von allen Hemmungen."

7.1 Warum die Stimme wichtiger als die Sprache ist

Erinnern Sie sich, was ich am Anfang dieses Buches zum Thema Stimme gesagt habe? Die Stimme der Mutter hört das Ungeborene im Mutterleib. Je tiefer unsere Stimme ist, desto tiefer dringt sie in das Unterbewußtsein ein. Die Stimme eines Menschen ist für die Kriminologen genauso einzigartig wie ein Fingerabdruck. Trainieren Sie Ihre Stimme! Dazu eine Übung.

Übung

Nehmen Sie sich ein Blatt Papier, und schreiben Sie auf, welche Eigenschaften oder Ausprägungen eine Stimme haben kann, zum Beispiel laut oder leise, zornig oder liebenswürdig, beruhigend oder nervig, harmonisch oder dissonant.

Erst wenn Sie mindestens 25 Worte hingeschrieben haben, beenden Sie diese Übung. Merken Sie nun, wie wichtig es ist, Ihre Stimme zu trainieren? Aus Ihrem Tonfall und Ihrer Stimmlage kann ein Zuhörer unendlich viel erfahren. Viel mehr, als Sie ihm eigentlich verraten wollen.

Wie oft haben Sie selbst Ihre Stimme schon gehört? Und in welchen Situationen? Wenn Sie mit einem Diktiergerät arbeiten, waren Sie sicher bei den ersten Malen überrascht, wie Ihre Stimme vom Band klingt. Wenn Sie noch nie in ein Diktiergerät gesprochen haben, wenn es von Ihnen noch keine Aufzeichnungen gibt, beispielsweise eine Videoaufnahme mit Ton von einer Geburtstags- oder Jubiläumsfeier, dann sollten Sie sich einmal ein Diktiergerät oder einen Kassettenrecorder mit Mikrofon ausleihen und darauf sprechen. Kein Diktat, denn dort sind Sie beherrscht und konzentriert, sondern alltägliche, belanglose oder fremde Texte. Machen Sie dazu folgende Übung:

Übung

Lesen Sie einmal einen Zeitungsartikel, halten Sie eine Rede über das Wetter oder eine andere Alltäglichkeit. Führen Sie ein Verhandlungsgespräch und nehmen Sie das auf Band auf. Hören Sie das Band ab, indem Sie sich im Geiste in einen Ihrer Zuhörer versetzen. Sie werden schon hier merken, was Sie alles in Ihrer Stimmlage und in Ihrer Modulation verbessern können.

Sollten Sie skeptisch sein, ist das eine gute Ausgangssituation, um ein Gespräch mit einem Blinden zu führen. Sie werden erstaunt sein, was ein Blinder aus den Stimmen seiner Mitmenschen heraushört. Die Stimme, so stellten wir fest, kommt aus dem Inneren des Menschen und offenbart darum sein Innerstes. Wer den Ton, in dem ein Mensch spricht, für etwas Äußerliches hält, irrt. Der Ton ist mit der inneren Beschaffenheit des Individuums aufs Engste verknüpft. Eine innere Unordnung gibt sich durch Disharmonie der Stimme zu erkennen. Aus diesem Grund hat der vorsichtige Mensch eine vorsichtige Stimme, der Ängstliche hat die Angst auch in seiner Stimme, der Aggressive hat eine aggressive Stimme. Die Stimme bringt es an den Tag.

Ein Mensch, der an seiner Stimme arbeitet, arbeitet am Kern seiner Persönlichkeit. Ein Mensch, der seine Stimme verändert, verändert die Struktur seines Charakters. Ein erfolgreiches Beispiel in der Geschichte für die Entfaltung seiner Stimme ist der Grieche Demosthenes, der in seiner Jugend stark stotterte. Sein Traum war, unbedingt ein großer Redner zu werden. Doch er hatte, wie man vielleicht nachempfinden kann, bei seinen ersten Auftritten überhaupt keinen Erfolg. Durch

Übungen überwand er seine Schwächen und wurde zu einem der größten Redner des Altertums. Sein Redetraining bestand darin, daß er einen Kieselstein in den Mund nahm und mit lauter Stimme das Meer anschrie. Den Kieselstein im Mund lief er hinaus zu den Bergen und rezitierte Gedichte. Sein Erfolg sollte auch Sie ermutigen.

Allerdings können Sie dabei auf den Kieselstein verzichten. Vorerst praktizieren wir auch keine Sprechübungen, sondern Schwingungsübungen, die ich in meinem Buch „Mit Freude erfolgreich sein" zum ersten Mal ausführlich beschrieben habe: Die nachfolgenden Übungen habe ich seit vielen Jahren in meinem Institut mit vielen tausend Menschen zu ihrem Vorteil praktiziert. Ich hoffe, daß Sie diese nicht nur lesen, sondern sie üben, um sich selbst zu beweisen, was in Ihnen steckt.

Übung

Sie beginnen mit den fünf Vokalen. Aber nicht in der Reihenfolge, wie wir sie in der Schule gelernt haben, sondern in der weit besseren Reihenfolge „i – e – a – o – u".

Diese Schwingungsübungen wirken nicht nur auf die Stimme positiv, nicht nur auf den Charakter, sondern auch auf die Gesundheit und Vitalität des Körpers. Letzteres ist besonders wichtig, denn ein erfolgreicher Mensch sollte auch über eine starke Gesundheit verfügen.

Atmen Sie aber zuerst einmal aus. Ganz langsam. Und dann wieder ein. Bei „i" ziehen Sie die Oberlippe hoch. Und lassen Sie soviel iiiiiiiiii heraus, wie Sie Atem haben. Dann wieder einatmen, langsam ausatmen und wieder einatmen. Jetzt das „e". Der Mund bildet dabei ein liegendes Rechteck. Dann das „a". Mund weit öffnen. Der Unterkiefer gibt nach, und die Zunge wird nach unten gedrückt. So klingt es sauber und klar.

Die Vorteile dieser Übung:

- Sie trainieren den langsamen und ruhigen tiefen Atem.
- Ihre Gedanken kommen zur Ruhe. Sie trainieren auf diese Weise auch Ihre Konzentrationsfähigkeit.
- Ihre Stimme wird frei, Ihre Sprache wird fest, und Sie bekommen sie fest in den Griff.

- Gleichzeitig harmonisieren Sie die verschiedenen Regelkreise in sich. Mit dem harmonisch schwingenden Vokal „i" beeinflussen Sie das Gehirn. Mit dem harmonischen Vokal „e" den Hals und die Schilddrüse. Mit dem Vokal „a" den oberen Brustraum. Mit dem Vokal „o" das Herz und mit dem Vokal „u" den Unterleib.

Für den wissenschaftlich denkenden Menschen noch folgende Anmerkungen: Der Vokal „i", der höchste unserer Töne – hat eine Schwingungsfrequenz von circa 4 000 Hertz, und der Vokal „u" hat eine Schwingungsfrequenz von circa 5 000 Hertz. Wir entspannen und entkrampfen also mit den fünf Vokalen systematisch den ganzen Körper von oben nach unten.

Übung

Als zweite Übung empfehle ich Ihnen, die Vokale i-e-a-o-u mit einer kleinen Zwischenpause erklingen und erschwingen zu lassen. Also jeden Vokal nach einer kurzen Pause erneut anzusetzen: i – e – a – o – u.

Beide Übungen sollten Sie mindestens 20mal einzeln üben. Die zweite Übung trainiert den Tonansatz und erhöht die Resonanzfähigkeit der Stimme, so daß Sie auch in großen Räumen leicht sprechen können und überall verstanden werden.

Die Stimme ist ein Medium, das immer lebendiger und interessanter wird, je mehr wir es trainieren und benutzen. Der Ton, die Schwingungen unserer Stimmbänder, durchdringt uns ganz tief und schafft darum in unserem Innern neue Lebenskraft.

Die Schaffensfreude wächst. Die Klangfarbe verrät, ob ein Mensch Musik in sich hat. Die Tonbildung hängt eng mit der Spannung und der Konzentration aller inneren und äußeren Kräfte zusammen. Bei einer Begegnung mit einer fremden Person ist es daher sofort möglich, die Persönlichkeit am Klang der Stimme zu erkennen. Jede Verkrampfung, jede Hast, aber auch Güte und innere Ruhe sind genau herauszuhören.

Die dritte Übung ist besonders wichtig. Jetzt trainieren wir das „Zungen-R". Diese Übung hat zwei Wirkungsbereiche: Wir sprechen durch deutliche Artikulation des Mundes. Die Stimme kommt aus dem Hals in den Mund, und dadurch können wir Stunden sprechen, ohne heiser zu werden und ohne trinken zu müssen. Das „Zungen-R" verleiht Ihrer

Stimme Kraft, Energie und Durchsetzungsvermögen. Die Suggestivkraft Ihrer Stimme wächst.

Übung

Eine dritte Übung hilft, Ihre Aussprache zu verbessern:

Also: wieder ausatmen, dann einatmen,

dann arrrrrrrrr,
dann errrrrrrrr,
dann irrrrrrrrr,
dann orrrrrrrr,
dann urrrrrrrr.

Übung

Die vierte Übung schließt sich gleich an, die „mmm-Übung". Sie hilft, bei Männern wie bei Frauen, auch Pieps-Stimmen dunkler zu machen. Ausatmen, langsam einatmen und mit geschlossenem Mund „mmm" summen ohne zu unterbrechen. Dreimal leise. Dreimal laut.

Wenn Sie alles einen Monat geübt haben, sollten Sie sich wieder mal Ihren Kassettenrecorder herausholen. Sprechen Sie nun die Formel wieder aufs Band. Und vergleichen Sie. Ein Riesenunterschied – wetten? Sie haben Stimme bekommen und können Stimmung machen.

Die richtige Stimme ist nämlich fast so wichtig wie die richtigen Argumente. Nicht selten werden die unstimmigen Argumente von einer guten Stimme übertönt. Stimme ist der Leitstrahl Ihrer Ansichten.

7.2 Die Worte und der Dialekt

Manche Menschen leiden darunter, daß die Färbung ihrer Sprache sie als Bayern, als Schwaben, als Sachsen oder als Ostfriesen verrät. Da muß man schon ganz genau hinhören, ob denn nun ein Ost- oder ein Nordfriese spricht, beides sind deutsche Küstenvölker, aber etliche hundert Kilometer Luftlinie voneinander getrennt. Ich bin Ostwestfale.

Ich bin in dieser Region aufgewachsen, ich liebe meine Heimat, ich bekenne mich dazu. Und jeder, der genau hinhört, wird mich anhand meiner Sprache als Ostwestfale identifizieren.

Schulen Sie Ihre Stimme, kultivieren Sie Ihre Sprache. Aber vergewaltigen Sie sich nicht dabei. Nur Profi-Sprecher, Schauspieler und Nachrichtensprecher in Hörfunk oder Fernsehen sprechen ein reines Deutsch, das in Deutschland allenfalls in der Gegend um Hannover gesprochen wird. Lassen Sie durchaus eine mundartliche Färbung Ihrer Sprache zu, lassen Sie erkennen, wo Sie aufgewachsen sind und wo sie sprechen gelernt haben. Wenn Bundespräsident Roman Herzog den Mund auftut, wird man ihn schwerlich für einen Norddeutschen halten können: Seine Dialektfärbung der deutschen Schriftsprache weist ihn eindeutig als Bayern aus. Genauso wie Kanzler Kohl als Pfälzer oder der frühere Kanzler Helmut Schmidt als Hanseat zu erkennen sind. Sprache verbindet, Dialektfärbung läßt Identifikationen, Einordnungen zu.

Dennoch sollten Sie Ihre Sprache kultivieren: Wenn der Bundespräsident spricht – und er ist immerhin in einer langen Karriere Verfassungsrichter und dann Bundespräsident geworden – dann hat seine Sprache zwar die eben erwähnte Dialektfärbung, die Worte jedoch, die er benutzt, sind kultiviert. Das heißt: Seine Sprache repräsentiert das Denken, den Wortschatz, die Logik.

Bemühen Sie sich um einen reichen Wortschatz! Versuchen Sie, so viele unterschiedliche Worte wie möglich zu finden und sie Ihrem Wortschatz einzuverleiben. Es sind nicht die Fremdworte, die Sie als intelligent oder gar gebildet ausweisen, es ist der Reichtum der deutschen Sprache mit ihren Verben, Adjektiven, Substantiven, die Ihnen hilft, sich verständlich zu machen, andere zu gewinnen und zu beeinflussen. Verwenden Sie Jargon, dort, wo Jargon angebracht ist.

Fallen Sie durchaus dort in die vertrauliche, manchmal fast anbiedernde Kumpanei Ihres heimatliches Dialekts zurück, wenn Sie nach dem dritten Glas Bier fern der Heimat einen Landsmann kennengelernt und dieselbe Wellenlänge erkannt haben. Aber hüten Sie sich davor, dies zu Beginn einer Rede vor einem fremden Publikum zu tun.

Und noch ein Tip: Wenn Sie eine wichtige Rede halten müssen, sind Sie vielleicht anfangs versucht, sich ein Redemanuskript zu erstellen. Sie sitzen an Ihrem Schreibtisch und an Ihrem Computer, denken, drechseln die Sprache, schauen möglicherweise in einem Synonymwörter-Lexikon nach – und – verhaspeln sich am Ende ganz furchtbar, wenn Sie nur ein bißchen nervös sind. Nein, lassen Sie die Worte aus sich herausfließen, nutzen Sie die Worte, die Sie gewohnt sind, die Sie auch im Alltag häufig benutzen und erweitern Sie Ihren Wortschatz.

Rund 2 000 Worte, stehen – so zeigen es Statistiken – dem durchschnittsgebildeten Deutschen zur Verfügung. Mit 700 Worten kommen im Alltag Angehörige der unteren Bildungsschicht aus. Ihr Ziel sollte es sein, über mindestens 2 000 Worte zu verfügen. Lesen Sie aufmerksam literarische Werke, hören Sie im Theater zu und freuen Sie sich darüber, wenn Sie ein deutsches Wort für sich entdeckt haben, das Ihre Ausdruckskraft noch verstärkt und verfeinert.

7.3 Ihr Auftritt: Die Kleidung

„Wie du kommst gegangen, so wirst du auch empfangen." So lautet ein altes deutsches Sprichwort. Ein anderes: „Ein Lump kommt in Lumpen." Und auch hier wiederum möchte ich Ihnen – wie bei der Sprache und beim Dialekt – zu Anfang den Rat geben: Vergewaltigen Sie sich nicht durch ein übergestyltes Outfit, sondern kultivieren Sie Ihren Stil.

Ihr Typ – Ihr Stil

Stil – das erinnert an Stilberatung: Es ist in den letzten Jahren regelrecht Mode geworden, sich in Stilberatung zu üben. Fachmagazine (etwa „Sales Profi") geben Tips, welcher Typ man ist (Frühling-, Sommer-, Herbst- oder Wintertyp) und welche Farben dann – entsprechend dem Typ – der Anzug oder das Kostüm haben sollten. Sicher: Da ist was dran. Und es ist sicherlich sehr wichtig, darauf zu achten, welche Farbe den Teint positiv hervorhebt und welche andere Farbe Ihnen statt einer gesunden Gesichtsfarbe eher leichenähnliche Blässe ins Gesicht zaubert. Es ist was dran – ich wiederhole das –, aber machen Sie keine Wissenschaft daraus. Prüfen Sie, welche Farben Ihren Typ unterstreichen, und folgen Sie ganz Ihrer inneren Stimme. Lassen Sie sich gerne auch beraten. Aber bleiben Sie dabei selbstbewußt, und lassen Sie sich durch die Beratung der vielen im Schnellkursusverfahren selbsternannten

Stilberater und Stilberaterinnen auf keinen Fall verunsichern. Mehr möchte ich zu diesem Thema gar nicht schreiben.

Wichtiger ist die Art der Kleidung, die Sie tragen. Auch hier wieder gibt es Regelwerke über Regelwerke. Am sichersten ist es, wenn Sie sich vor einer Abendveranstaltung erkundigen, welche Art von Kleidung erwünscht ist. Das ist bestimmt auch nicht verkehrt, wenn Sie zu einer privaten Einladung gebeten werden.

Über allem aber ist wichtig, daß Ihre Kleidung ordentlich und dem jeweiligen Anlaß entsprechend gewählt ist. Sorgen Sie dafür, daß Sie ein frisches Hemd anhaben, daß Ihr Anzug oder Ihr Kostüm frisch gereinigt oder gebügelt ist, Ihre Schuhe geputzt. Achten Sie schon beim Kauf Ihrer Kleidung darauf, daß Ihnen die Sachen wirklich passen und daß Sie sich in jeder Situation in diesen Kleidungsstücken sicher fühlen und Sie sich darin perfekt bewegen können. Es muß ja nicht gleich ein Maßanzug sein – obwohl sich diese Investition tatsächlich lohnt – aber Ihre Kleidung sollte auf jeden Fall Ihre Persönlichkeit unterstreichen.

Zum Thema Kleidung und Mode, zum Tragen und zum Tragbaren gibt es unendlich viel Spezialliteratur in den Gazetten. Und auch hier wieder gilt mein Rat: Lassen Sie sich durchaus beraten, aber keinesfalls verunsichern.

Bei der Wahl Ihrer Kleidung – und ich wiederhole das – sollten Sie immer an den jeweiligen Auftritt denken. Denken Sie noch einmal an das erste der acht Gesetze der Autosuggestion (siehe Seite 86ff.): „Ein König muß aussehen wir ein König." Legen Sie größten Wert auf sorgfältige Kleidung. In den ersten 30 Sekunden kann Sie ein Fremder nur nach Ihrem äußeren Eindruck beurteilen. Im Mittelalter gab es strenge Vorschriften, welcher Stand, welche Zunft welche Art von Kleidung zu tragen hatte. Das ist heute nicht mehr so. Aber die Kleidung und die Art des Tragens verrät immer noch, wer einer ist, wo er herkommt und was er erreichen will. Vielleicht haben Sie die Beobachtung schon bei sich selbst gemacht (wenn nicht, sollten Sie diesen Test einmal durchführen): Wenn Sie bei Ihrer Kleidung eine höherwertige Qualität wählen, oder sogar von der Konfektionskleidung umsteigen und sich einen Maßanzug fertigen lassen, treten Sie ganz anders auf: selbstsicherer, überzeugender, als erfolgreicher Gewinner.

Und als Abschlußbemerkung zum Auftritt noch ein Wort an die übrigen Accessoires:

Brillenträger

Nutzen Sie Ihre Brille als Sehhilfe, als Ausdrucksmittel für besonders fortschrittlichen Geist (Designer-Brille), oder haben Sie Angst, daß man Ihre Augen sehen könnte (getönte Gläser)? Die Brille sollte Sehhilfe sein, mehr nicht. Und weil nun einmal eine Brille selbst nicht wegzuleugnen ist (es sei denn, Sie nutzen Kontaktlinsen), sollte Sie Ihren Blick, Ihre Augen nicht verbergen und Ihrem Gesprächspartner einen freien Blick in Ihr Gesicht und in Ihre Augen zulassen und nicht von einem auch noch so modischen Brillengestell abgelenkt werden.

Das Gesicht

Männern wachsen Bärte. Man(n) kann sie sorgsam abrasieren oder wild wuchern lassen. Warum die Vorsehung Männer mit Bärten ausgestattet hat, kann ich nicht ergründen. Aber manchmal frage ich mich, was soll ein Bart verbergen, welche Charaktereigenschaften soll er verstärken? Mit Sicherheit ist nur eines deutlich: Ein Großteil des Gesichts und des Minenspiels kann hinter einem Bart versteckt werden.

Als Meister de Rhetorik legen Sie alles offen! Sie legen die Mimik Ihres Gesichtes offen, das Zucken Ihrer Mundwinkel, die Bewegungen Ihrer Lippen, Ihren Unterkiefer. Als Meister der Rhetorik erlauben Sie Ihrem Gegenüber, Ihrem Publikum, offen Ihr Gesicht zu betrachten und selbstbewußt sich nackt und bloß (wörtlich) zu präsentieren. Nicht umsonst werden in Bildergeschichten autokratische Patriarchen mit langem, wallendem Bart dargestellt, ebenso wie Räuberhauptmänner oder Piraten, Kapitäne mit furchterregend viel Haar im Gesicht.

Brille, Bart und Brillanten

Ja, Sie haben richtig gelesen, ich sprach von Brillanten. Damit meine ich den Schmuck, den Frauen und Männer tragen. Nichts gegen Schmuck. Aber als Meister der Rhetorik sollten Sie auch hier überprüfen, welcher und welche Art von Schmuck Ihren Auftritt unterstreicht, welcher von ihm ablenkt. Blitzende Krawattenhalter oder protzige Siegelringe lenken die Aufmerksamkeit des Zuhörers genauso ab wie grellbunte Krawatten oder goldene Armbänder bei Herren. – Und bei Damen: Übertrieben viele Kettchen, Ohranhänger und Armreifen mögen sicherlich bei extravaganten Parties eine im Ansatz erotische Ausstrahlung noch unterstreichen. Aber auch nur dort.

Ihr Auftritt, letzter Akt: Mit welchem Behältnis transportieren Sie Ihre Unterlagen, Dokumente, Präsentationen zum Kundengespräch? Sind es schäbige Aktentaschen oder umfangreiche Pilotenkoffer? Haben Sie in Ihrem Aktenkoffer beim Aufklappen ein mittelgroßes Chaos, dazwischen möglicherweise auch noch den Snack für unterwegs, oder verraten Ihre Taschen und Mappen beim Aufklappen auch die innere Ordnung, mit der Sie auf der Reise sind? Glauben Sie mir: Der korrekteste und freundlichste Auftritt wird mit einem Male zerstört, wenn der Besucher seinen Aktenkoffer aufklappt und dort drinnen sieht es – für den Gastgeber ersichtlich – aus wie bei „Hempels unterm Sofa“. Sofort macht sich ein großes Fragezeichen beim Gastgeber breit, das so schnell nicht beseitigt werden kann.

Glauben Sie mir: Power Ihrer Verkaufsrhetorik können Sie erst entfalten, wenn Ihre Zuhörer darauf vorbereitet sind. Ihr Auftritt, Ihr Erscheinungsbild in den ersten Sekunden, haben einen wesentlichen Einfluß darauf, ob man Ihnen überhaupt zuhören will oder ob Sie schon von Ihren Zuhörern in die Kategorie: „ein bedeutungsloser Mensch“ eingestuft werden.

7.4 Die Sprache des Körpers und der Augen

Stellen Sie sich vor, ein Besucher wird Ihnen angekündigt, tritt ein, korrekt gekleidet, aber – er zögert an der Türschwelle, sieht erst links, dann rechts, blickt dann vage in Ihre Richtung, macht ein paar Schritte, seine Mine ist eher verängstigt, er sieht an Ihnen vorbei, während er Ihnen die Hand gibt und sein Händedruck ist eine eher schlaffe Angelegenheit. Haben Sie jetzt noch Lust, sich mit diesem Menschen auch nur eine Minute länger zu beschäftigen? Ich nicht.

Wie anders sieht dagegen diese Szene aus: Da kommt ein Mensch herein, mit Freundlichkeit im Gesicht, er sucht mit sicherem Schritt den Weg zu Ihnen, blickt Sie dabei an, gibt Ihnen die Hand und beim Händedruck spüren Sie bereits Wärme, Festigkeit und Vertrauen, während sein Blick den Ihren sucht. Welch hervorragende Ausgangsbasis für ein interessantes Gespräch, welche neuen Chancen kann Ihnen dieser Besucher eröffnen?

Der Körper spricht die Sprache der Seele

Der Körper spricht die Sprache der Seele. Das ist ein uraltes Gesetz. Und es ist eine der Grundregeln, die ich in meinem Buch *Mit Freude erfolgreich sein* bereits beschrieben habe.

Wer sich mit der Körpersprache – die sehr ehrlich ist – beschäftigt, weiß, welche gesteigerte Aufmerksamkeit eine solche Beobachtung erfordert. Sie setzt immer eine vollkommene innere Bereitschaft voraus – und die Fähigkeit, sich selbst loslassen zu können. Wer selbst von Hektik beherrscht ist, kann nicht erfolgreich beobachten. Eigene Gemütsbewegungen verwirren und blockieren uns die Einsichten, die uns die Sinne vermitteln. Im Zorn sieht man rot, wer verliebt ist, sieht rosa, wer enttäuscht ist, sieht schwarz. Ist man wütend, trübt sich der Blick, ein Zerrspiegel entstellt die Welt, ebenso wie bei einem Trauernden, wo der Außenspiegel „blind“ geworden ist. Und wenn wir gereizt, verärgert oder gar verzweifelt sind, verändert sich unser Blick. Ein gestörtes Nervensystem läßt nur noch verstümmelte Botschaften durchkommen – vom Unterbewußtsein ins Wachbewußtsein. Der ideale Beobachter benötigt innere Ruhe und Ausgeglichenheit, er benötigt Gehirnwellen, im Alpha-Rhythmus. Erst dann kann das elfte Gesetz der Lebensentfaltung „Beachtung bringt Verstärkung“ wirksam werden.

Da der Erfolg unseres Lebens von der Kunst, mit Menschen umzugehen, abhängt, ist es wichtig zu wissen, was im Partner, im Mitarbeiter, im Kunden vorgeht! Denn nur, wenn wir den Menschen so begreifen, wie er wirklich ist, können wir ihm auch gerecht werden. Wir studieren den Menschen nicht, um ihn zu manipulieren, sondern um positiv mit ihm leben zu können.

Aus der Biographie von Sigmund Freud wissen wir, daß er der Körpersprache seiner Patienten große Bedeutung beimaß. Seine wissenschaftlichen Studien kombiniert mit seiner Beobachtungsgabe, lassen seine Krankengeschichten zu einer packenden Lektüre werden.

Auch die klinischen Berichte Freuds enthalten ähnlich facettenreiche Beschreibungen, in denen er die geringfügigsten Besonderheiten in der Körpersprache seiner Patienten vermerkt, wenn er schreibt: „Wer Augen hat zu sehen und Ohren zu hören, überzeugt sich, daß die Sterblichen kein Geheimnis verbergen können. Wessen Lippen schweigen, der schwätzt mit den Fingerspitzen. Aus allen Poren dringt ihm der Verrat. Darum ist die Aufgabe, das Verborgenste bewußt zu machen, sehr wohl lösbar."

Körper und Seele sind eine Einheit, solange wir leben. Der Körper beeinflußt den seelischen Menschen, und die Seele beeinflußt äußerst intensiv unseren Körper. Stellen Sie sich einmal das Bild der Marionette vor, deren Körperbewegungen einzig von den Fäden – der Seele „außerhalb" – gesteuert werden. Zittern die Fäden – zittert der Körper –, gibt es Knoten in den Fäden – gerät der Körper in Unordnung. Ursachen, die ihm körperlichen Bereich spürbar werden, entstehen also grundsätzlich in der Zentrale. Sobald unsere Gedanken freundlich sind, wird auch unser Mienenspiel freundlich oder umgekehrt.

Die Sprache der gespaltenen Zunge und der unruhigen Füße

Die Zunge kann lügen, der Körper nicht, und schon Karl May läßt Winnetou sagen: „ Er spricht mit gespaltener Zunge." Die Sprache des Körpers ist die universelle Sprache der Menschheit. In jedem Kulturkreis ist ein lachendes Gesicht ein Zeichen von Glück und Freude. Ein weinendes Gesicht ein Zeichen für Schmerz oder Trauer. Dazu ein Gedicht von Mirza Schaffy:

> In jedes Menschen Gesichte,
> steht seine Geschichte –
> Sein Hassen und Lieben,
> gar deutlich geschrieben.
> Sein innerstes Wesen,
> es tritt hier ans Licht,
> doch nicht jeder kanns lesen,
> verstehen jeder nicht.

Wie intensiv beobachten Sie Ihre Umwelt? Der persönlichkeitsstarke Mensch ist weit mehr auf die Reaktionen seiner Umwelt bedacht. Er spürt und fühlt, was im Innersten des anderen Menschen vorgeht, um sich selbst entsprechend zu verhalten. Denn wenn ich merke, daß mein Gegenüber nervös ist, werde ich versuchen, ihn zu beruhigen. Ist er nicht bei der Sache, bringe ich jetzt nicht unbedingt meine stärksten Anliegen vor, sondern warte auf eine bessere Gelegenheit.

Daß der Körper die innere Situation des Menschen widerspiegelt, erkannte ich bereits vor vielen Jahren in unseren Rhetorik-Seminaren. Die Füße der Teilnehmer – während sie am Pult sprachen – zeigten sehr deutlich, was in ihnen vorging.

Viele Menschen bemühen sich, ihre Gesichtszüge – und ihre Worte zu beherrschen, aber die Füße brechen aus! Die Füße sind unsere Wurzeln, sind unser Unterbewußtsein:

Wollen wir davonlaufen? Ist uns der Boden zu heiß? – Wechseln wir von einem Standpunkt zum anderen? – Oder sind wir standfest? Sind wir verankert? – Sind wir belastbar? – Oder weichen wir schon bei Kleinigkeiten aus? Geht es in unserem Leben voran oder sind wir auf den Rückzug?

Beobachten Sie bei Ihren Mitmenschen einmal recht aufmerksam die Füße und deren Bewegungsmuster. Aber nicht nur bei anderen, denken Sie bei Ihren Beobachtungen immer wieder an die alte Erkenntnis: Menschenkenntnis führt zur Selbsterkenntnis, und Selbsterkenntnis führt zur Menschenkenntnis.

Vielleicht verstehen mich jetzt viele Leser besser, warum ich in den Rhetorik-Seminaren nicht nur auf eine gute Argumentation achte, sondern auf den Standpunkt. Ein Mensch, der einen Standpunkt hat, sollte auch mit seinen Füßen zeigen, daß er in sich ruht und standfest ist. So wie es Martin Luther vor dem Reichstag in Worms deutlich machte, als er ausrief: „Hier stehe ich, ich kann nicht anders.“

Der Körper verkörpert unser Inneres

Ein Meister auf dem Gebiet der Körpersprache ist Samy Molcho. Er kommt von der Bühne, genauer von der Pantomime. Von hier bezieht er sein erstaunliches Wissen und Können und sein persönliches Einfühlungsvermögen. Es ist faszinierend zu beobachten, was sein geschultes Auge alles sieht.

Am meisten lernen Sie über das faszinierende Gebiet der Körpersprache, der Mimik und der Gestik, wenn Sie sich vorstellen, Sie seien ein Schauspieler und müßten zum Beispiel die Rolle eines Bettlers spielen.

Versuchen Sie doch einmal – so gut es geht – in diese Rolle hineinzuschlüpfen. Oder vielleicht spielen Sie einmal zum Spaß die Rolle des vom Schicksal verstoßenen Menschen. Sie werden sofort erkennen, jede Rolle hat ihren eigenen spezifischen Ausdruck. Das Verhalten des Mutigen ist ganz anders als das Verhalten des Ängstlichen. Das Verhalten des Rechthabers ist anders als der Ausdruck des Toleranten. Der Verachtete bewegt sich anders als der Geliebte.

Nutzen Sie bei Ihren Theaterbesuchen Ihre Beobachtungsgabe, um zu erkennen, ob Rolleninhalt und Rollenform identisch sind: Wie verhält sich der temperamentvolle Eroberer, der Diener, der Lügner, der Unterwürfige? Wie reagiert der Verliebte? Wie bewegt sich der König? Ist er ein König? Ein Caesar, ein Napoleon? Es wird für Sie bestimmt ein noch viel interessanter Theaterabend als bisher. Und vielleicht gelingt es Ihnen, sich selbst und Ihr Leben und Denken etwas besser zu begreifen. Wir stehen alle auf der Bühne und spielen unsere Rolle – und wir werden von unseren Mitspielern und unserem Publikum nur akzeptiert, wenn wir sie überzeugend spielen.

Die Hände

Begreifen – erfassen – festhalten – sich lösen – sich offenbaren – sich verbergen – sich verstecken: wir beobachten die Hände. Haben Sie Zeichnungen Albrecht Dürers voll bewundernder Aufmerksamkeit studiert? Mit welch offenen Blick muß er die Hände so verschiedener Menschen beobachtet und studiert haben, um sie so ausdrucksvoll wiedergeben zu können.

Was der Mund verschweigt, verraten die Hände. Wie erschrocken sind wir bei einem schlaffen Händedruck. Und Menschen, die negativ sind, wissen meist nicht einmal, daß schon beim Händedruck eine negative Strömung von ihnen ausgeht. So, wie die Stimme eines Menschen unterschiedlich ist, sind auch die Bewegungen seiner Hände. Auch sie können weich, fest, hart, entschlossen oder einfühlsam sein. Nehmen Sie jede Gelegenheit wahr, die Hände eines Pianisten oder Dirigenten, oder auch einer fernöstlichen Tempeltänzerin zu studieren, um zu wissen, welche Ausdruckskraft und Vielfalt darin liegen kann.

In dem preisgekrönten Film „Mephisto" übt der Schauspieler Klaus Maria Brandauer eindrucksvoll an einem Kleiderbügel einen festen

Händedruck. Einer seiner Förderer hatte ihn im Film auf seinen schlaffen Händedruck hingewiesen. Und so übt denn der Schauspieler stundenlang, indem er den Garderobenständer mit „Guten Tag“ begrüßt und dem Kleiderbügel fest die Hand drückt.

Schauen Sie in Gesichter, um „erkennen" zu können

Kein Mensch kann auf Dauer verhindern, daß sein Gesichtsausdruck sein Gefühlsleben widerspiegelt. Wie kalt oder wie leuchtend können die Augen sein? Wie weich oder wie verbissen können sich Mund oder Lippen eines Menschen zeigen?

Die Ausstrahlung, die Sie von anderen spüren, nimmt auch der andere von Ihnen wahr. Wir können aber die Seele eines Menschen nicht sehen, aber der Körper spricht die Sprache der Seele. Über diesen Körper sind wir erlebbar, erfaßbar, begreifbar. Ergreifen wir also mutig die Chance, uns selbst und andere zu erfahren.

Wissen Sie, welche Rolle Sie auf dieser Erde bewußt oder unbewußt spielen? Sind Sie ein guter Darsteller oder ein großartiger Versteller? Oder sind Sie ein Unterdrücker? Ein Mensch, der seine eigene wahre Persönlichkeit ständig unterdrückt und damit natürlich auch seine Lebensentfaltung.

Vielleicht erkennen Sie jetzt, warum ich Ihnen immer wieder die Spiegel-Magie (Seite 129f.) ans Herz lege. Denn Spiegel sind nicht aufgestellt zur Steigerung der Eitelkeit, sie sind die wertvollsten Instrumente der Selbsterkenntnis. Sie lernen nicht nur sich selbst zu erkennen, sondern auch sich selbst zu ertragen. Automatisch wächst damit der Wunsch und die Fähigkeit, sich zu verbessern. Sich weiter und höher zu entwickeln. Unser Körper zeigt uns den Weg. Sie beginnen sich selbst zu entdecken. Denn der Spiegel ruft Ihnen immer wieder zu: „Nimm deine Maske ab. Sei der, der du wirklich bist!“

▶ **Unser Körper ist der Spiegel unserer Seele – der Träger unseres Lebens.**

Daher ist einleuchtend, daß man auch den inneren Menschen vom Körper her formen und bilden kann. Also das Wirken von außen und innen. Natürlich erfolgt eine so positive Formung nicht von einem zum anderen Augenblick. Darum sind unsere Spiegelexerzitien auch ständige Übungen auf dem Wege zur Weiter- und Höherentwicklung. Denn alles, was lebt, entwickelt sich ständig weiter. Wollen wir also eine positive Entwicklung bewußt beeinflussen, so müssen wir unaufhaltsam weiter an uns arbeiten. Diese wertvolle Arbeit an uns selbst beeinflußt uns bis in unsere tiefsten Schichten.

Vor dem Spiegel erfährt der Übende seine Fähigkeiten, die äußeren wie die inneren. Er beginnt zu spüren und zu fühlen, er erlebt sich selbst in seinem Ausdruck. Er spürt, wie stark die Flamme seines Lebens in ihm brennt. Der Übende wird sensibel für Spannung und Verspannung. Für Gelöstheit und Freiheit. Das Gefühl für Freiheit und Entspannung kommt von selbst. Der Körper beginnt, sich auf natürliche Weise zu regenerieren.

Bewußtsein und Unterbewußtsein werden also auf das Positivste trainiert. Darum verschieben Sie Ihre guten Vorsätze nicht, sondern beginnen Sie sofort zu üben. Das Training mit der Autosuggestion am Morgen und der Spiegelmagie am Abend. Denn nur durch Übung werden Sie zum Meister Ihres Lebens.

Spiegel-Magie

Übung

Setzen Sie sich vor den größten Spiegel, den Sie im Hause haben, auf einen Stuhl. Sie sollten sich ganz darin sehen können – oder mindestens bis zum Nabel. Sorgen Sie nun für Ungestörtheit – und nun spiegeln Sie sich!

Wann waren Sie das letzte Mal so richtig glücklich? Rundherum – himmelhoch jauchzend – weltumarmend selig?

Wo? ____________________

Mit wem? ____________________

Warum? ____________________

Senden Sie die Sonde Ihres Geistes in Ihre Erinnerungen und beantworten Sie sich selbst obige Frage. Bitte schriftlich!

Können Sie spontan mehrere Glückstage aufzählen? Oder fällt es Ihnen schwer, eine schöne Erinnerung zu finden?

Ist diese Erinnerung etwa älter als vier Wochen? Ja? Dann wird es höchste Zeit für den Spiegel!

„Wenn der Mensch sich im Spiegel betrachtet, gibt er ihm Gedanken ein, die ihn prüfen – und ihn reinigen sollen. Denn der Spiegel ist nicht dazu aufgestellt, daß der Mensch seine äußere Erscheinung betrachte, sondern sein inneres Sein."

Schon in hellenistischer Zeit sprach man vom Zauberspiegel Alexander des Großen, in welchem man alles sehen konnte, das was war – was ist und was sein wird.

Das ist die Faszination von Spiegeln. Beobachten Sie, wie ein Mensch reagiert, wenn er an einem großen Spiegel – oder einer Schaufensterscheibe vorbeigeht?

Männer korrigieren ihre Krawatte oder ziehen den Bauch ein, Frauen nesteln am Haar, prüfen den Rocksaum oder begutachten ihr Make-up. Beide Geschlechter aber straffen die Haltung und gehen – jedenfalls für einige Augenblicke – beschwingt weiter. Der Spiegel ist ein Kritiker, der von jedermann akzeptiert wird.

Ihre Augen im Spiegel

Nachdem Sie nun Ihren Körper neu kennengelernt haben, sollten Sie sich auf Ihre Augen konzentrieren. Im achten Gesetz der Suggestion heißt es: „Durch den bewußten Einsatz unserer Augen steigert sich die Suggestivkraft unserer Worte um 25 Prozent."

Unsere Augen sind Fenster nach innen und nach außen. So, wie der Körper des ganzen Menschen Ruhe oder Unruhe ausstrahlen kann, so geschieht diese Ausstrahlung besonders intensiv durch unsere Augen. unruhige Augen weisen auf einen unruhigen Sinn. Je unruhiger ein Mensch in seinem Inneren, um so unruhiger ist auch sein Blick. Der Blick verdeutlicht, daß er nichts festhalten kann.

Ebenso ist es mit dem Blick. Er hält nichts fest, er fixiert nichts Bestimmtes. Wenn unruhige Augen auf einen unruhigen Sinn deuten, so deutet ein ruhiger Blick auf ruhige und feste Gedanken, die sich dem Gegenüber sofort mitteilen.

Ich möchte Sie deshalb zu einem vierwöchigen Augen- und Konzentrationstraining einladen, das Sie zu Hause allein durchführen können. Was sollten Sie tun?

Übung

Sie malen einen Kreis um einen Punkt und fixieren diesen Punkt so lange, bis Ihre Augen tränen oder die Lider zucken. Jetzt schließen Sie die Augen 20 Sekunden, damit sich die Augenmuskeln entspannen und kräftigen. Wichtig bei dieser Übung ist, daß Sie den Punkt mit einem freundlichen Blick fixieren.

Diese Übung setzen Sie so lange fort, bis Sie mindestens drei Minuten – ohne zu blinzeln – den Punkt freundlich fixieren können. Wenden Sie diesen erlernten Blick – der keineswegs provozierend oder aggressiv wirken darf – nicht sofort bei Ihren Bekannten an. Üben Sie erst in der Natur, in der Familie, bis Sie selbst mit Blickintensität und Blickausdruck zufrieden sind. Wenn Sie in ein Gesicht schauen, sollten Sie sich zuerst bewußtmachen, wohin Sie Ihren Blick konzentrieren wollen. Am besten ist der Punkt zwischen den Augenbrauen, das dritte Auge. Dazu wieder eine Übung.

Malen Sie sich einen Punkt auf Ihre Stirn zwischen den Augenbrauen und setzen Sie sich in Ruhe vor einen Spiegel. Nun fixieren Sie wieder mit einem freundlichen, liebevollen Blick den Punkt auf Ihrer Stirn. Wieder so lange, bis Ihre Augenlider zucken wollen. Dann schließen Sie bewußt die Augen mit folgenden Gedanken:

Meine Augen schließen sich und meine Augen entspannen. Mein Blick wird immer ruhiger, immer weicher, immer freundlicher und zugleich immer konzentrierter. Mein kraftvoller Blick ist stets voll Vertrauen und Liebe. Niemals ist mein Blick aggressiv, unfreundlich oder ablehnend.

Um Ihren Blick und Ihre Konzentrationskraft vollends in den Griff zu bekommen, trainieren Sie nun weitere 14 Tage folgendes: Immer, wenn Sie ein großes Foto oder ein Portrait sehen, blicken Sie der abgebildeten Person auf den trainierten, fixierten Punkt zwischen den Augen. Durch Ihr ständiges Training wird Ihr Blick immer natürlicher, er wirkt nicht gewollt und nicht zwingend, sondern Ihre natürliche, vertrauenerweckende Ausstrahlung wächst. Es darf weder etwas hartes, noch etwas bedrohliches von Ihren Augen ausgehen. Sie sind weder Dompteur, noch wollen Sie jemanden vergewaltigen. Weder mit Gedanken oder Worten oder Blicken. Sie achten und glauben an das Gute im Menschen und sollten es deshalb zum Ausdruck bringen.

Erst nach dem Training aller drei Übungen sollten Sie zum Führen oder Motivieren die so gewonnene Fähigkeit einsetzen. Bedenken Sie: durch den Einsatz Ihrer Augen wächst Ihre Suggestivkraft um 25 Prozent.

Wer spricht, ist aktiv und ist immer der seelisch Stärkere. Wer zuhört ist passiv und aufnahmefähig. Die Schlußfolgerung daraus ist: Wenn Sie sprechen, blicken Sie die angesprochene Person an, um Ihren Worten mehr Ausdruckskraft zu verleihen. Wenn Ihr Partner spricht, ist er der Stärkere. Jetzt sollten Sie es auf keinen Fall zu einem Zweikampf der Augen kommen lassen. Das erzeugt Aggressionen, die wir auf jeden Fall vermeiden wollen. Wenn der Partner spricht, senken wir den Blick um circa zehn Zentimeter und konzentrieren uns auf seinen Mund. Wir hängen an seinen Lippen und suggerieren ihm unbewußt: Ich höre zwar genau zu, aber beeinflussen lasse ich mich nicht.

Das verstärkt Ihre persönliche Autorität. Augen prägen ein Gesicht. Achten Sie auf die Augen – auf den Ausdruck – auf den Farbwechsel – auf den Blick – auf den Ausdruck: bei anderen und bei sich selbst.

7.5 Fragen zur Selbstanalyse und Verhaltensspiegel

1. Wie schätzen Sie die Wirkung Ihrer Persönlichkeit ein?
2. Liegen Erfahrungen als Redner vor?
   Wenn keine, warum nicht?
   Weil keine Gelegenheit?
   Oder aus Angst?
3. Haben Sie Mut, als Redner zu wirken?
   Bei beruflichen Anlässen?
   Im privaten Leben?
4. Welche Urteile wurden von Zuhörern geäußert?
   Wie war Ihr eigener Eindruck?
5. In welchen Punkten spüren Sie Mängel?
6. Können Sie sich den verschiedenen Menschentypen anpassen?
   Welchen am leichtesten?
7. Wie sind Sie mit Ihrer Stimme zufrieden?
   Liegen Äußerungen von Angehörigen, Geschäftsfreunden, Kunden über Ihre Stimme vor? Positive oder negative?
8. Welchen Eindruck hatten Sie von einer eigenen Bandaufnahme?
9. Wie groß ist die Tragfähigkeit Ihrer Stimme?
10. Wie stark ist Ihre Fähigkeit, suggestiv zu formulieren?

Verhaltensspiegel zur Selbst- und Fremdbeobachtung

1. Haltung: Auftreten, Körper, Hände, Füße
2. Hörerbezug: Augenkontakt, Zwiegespräch, Dialog
3. Sprachlicher Ausdruck: treffend, klar, einfach, sachlich, konservativ, modern
4. Sprachtechnik: Atmung, Ton, Artikulation
5. Körperlicher Ausdruck: Gestik, Mimik
6. Sprechausdruck: Gliederung, (worthaft) Betonung, Beseelung
7. Rednerischer Ausdruck:
   leicht – gehemmt
   stark – schwach
   natürlich – falsches Pathos
   Spannung – Lösung
   Steigerung – Höhepunkt
8. Sprechdenken: Sätze abgebrochen, zu schnell, zu lange Sätze, klare Gedankenführung, Beweisführung
9. Thema: erfaßt, Zwecksatz, Abschweifungen
10. Aufbau: Einleitung, Hauptteil, (Wegweiser) Schluß

Was gilt jeweils?

Selbstvertrauen
sympathisch
souverän
aufrüttelnd
ausgewogen
vital
zielstrebig
höflich
Selbständigkeit
verläßlich
treibende Kraft
gehemmt
unentschlossen
Eitelkeit
aggressiv
unsympathisch
ermüdend

ausgeglichen
anregend
tolerant
natürlich
beharrlich
kreativ
Ehrgeiz
Urteilsvermögen
unabhängig
Phantasie
Führungstechnik
Komplexe
wankelmütig
arrogant
Gehässigkeit
Mißtrauen
Pessimist

zuversichtlich
konzentriert
überzeugend
dynamisch
eindringlich
reaktionstüchtig
Humor
Entschlossenheit
Selbstbeherrschung
Suggestivkraft
nervös
überschwenglich
kriechendes Wesen
Rechthaberei
Geschwätz
Ungeduld

8 Der Name – Türöffner zum Erfolg

Nikolaus B. Enkelmann: Ein Name wird zum Markenzeichen

Eigene Erinnerungen zum Start in Königstein

Am Anfang eines Vorhabens oder eines Projektes benötigen wir Menschen eine Entscheidung, entweder etwas ganz oder gar nicht zu tun. Also mit voller Kraft im Denken, Planen und Handeln für eine bestimmte Sache einzutreten, oder mit Konzentration auf andere Ziele Lebenserfolge zu verursachen.

Wenn Menschen das Institut Enkelmann in Königstein besuchen, hören wir immer wieder Beschreibungen in den höchsten Tönen, die sich nicht nur inhaltlich auf die Seminararbeit beziehen, sondern ebenfalls das Ambiente, die Atmosphäre und die Schwingungen in Haus und Garten treffsicher benennen: „ein Ort der Kraft", „besonders inspirierend", „es tut Körper und Seele sehr gut, hier zu sein".

Das freut mich immer wieder von ganzem Herzen. Denn mein Ziel war es, auf die individuellen Bedürfnisse der Teilnehmer aus dem gesamten deutschsprachigen Raum einzugehen.

Von Beginn an hatten wir den Anspruch, das Beste und Wertvollste zu geben. Darum gehört meiner Meinung nach ein solches Institut wie das unsere auch in das Zentrum Deutschlands. So fiel unsere Wahl damals auf den Raum Frankfurt. Und nach vielen Besichtigungen war dann sehr schnell für uns klar, daß wir uns in Königstein, am Rande des Taunus, wirklich zu Hause und sehr wohl fühlen konnten. Auch der Name *Königstein* faszinierte mich sofort. Denn jeder sollte versuchen, in seinem Leben ein König zu werden. Ein König muß ein Mensch sein, der sein Land, seine Bodenschätze und seine Möglichkeiten kennt, um sie richtig zu verwalten und auch zu nutzen.

Und so kam ich eines Freitags nach Königstein. Der Bürgermeister war nicht zu Hause, und so besuchte ich den Direktor der Deutschen Bank, um Auskünfte über den Grundstücksmarkt in Königstein einzuholen. Denn wir wollten ein Haus mit einem schönen Stück Land für unser Institut erwerben. Der Bankdirektor entgegnete mir eindeutig: „Wenn Sie glauben, Sie kommen nach Königstein und kriegen hier auch nur ein Zentimeter Land, dann haben Sie sich geirrt."

Ich fragte ihn: „Motivieren Sie Ihre Mitarbeiter auch in dieser Art und Weise?" Da formulierte mein Gesprächspartner noch schärfer: „Herr Enkelmann, wir haben in Königstein nicht extra auf Sie gewartet, Sie bekommen keinen Zentimeter."

Dann habe ich nach unserer eigenen Erfolgsmethode „Der erfolgreiche Weg" mit dem 13. und 14. Denkgesetz gearbeitet:

- **13. Denkgesetz: „Die ständige Wiederholung einer Idee wird erst zum Glauben – dann zur Überzeugung."**

- **14. Denkgesetz: „Glaube führt zur Tat. Konzentration führt zum Erfolg. Wiederholung führt zur Meisterschaft."**

Bei jeder Gelegenheit, immer und überall, habe ich davon gesprochen, daß ich in Königstein ein Grundstück suche. Beim Bäcker, beim Metzger, beim Makler usw. Etwa sechs Wochen später hatte ich zwei Angebote: eines an der Hauptstraße und zum anderen unser heutiges. Als ich dann dieses Grundstück sah, was damals einen sehr verwahrlosten Eindruck machte, wußte ich dennoch sofort: Das ist es! Hier werden wir das Institut Enkelmann etablieren. Hier wird unser neues Zuhause sein. Denn durch das Grundstück floß ein Bach, es gab dort auch einen wunderschönen Teich und ein Haus, dem ich ansah, was wir daraus machen konnten.

Viele meiner Freunde sagten spontan: „Wie kannst du dir nur so etwas antun?" Meine Freunde sahen die Realität aus ihrer Sichtweise. Ich erblickte vor meinem geistigen Auge meinen Traum und die große Chance, ihn zu verwirklichen.

Nun ging es mit der Geschicklichkeit meiner Frau daran, ein kleines Paradies daraus zu entwickeln. Wer heute unser parkähnliches Grundstück betrachtet, kann sich nicht vorstellen, wie es hier einmal ausgesehen hat. Wir haben bewiesen, daß man jeden Quadratzentimeter bewußt gestalten kann. Und jeder Besucher kann als einen zentralen Gedanken den Entschluß mitnehmen, auch sein eigenes Umfeld bei sich zu Hause oder im Büro positiv zu verändern, um mehr Arbeitsfreude und Lebensqualität zu empfinden. Wir wollten keine Hotelatmosphäre, sondern eine Oase der Ruhe und Kraft entstehen lassen. Durch unseren japanischen Garten und die orientalischen Kunstwerke wird der Gast unseres Institutes vom ersten Augenblick in eine „andere Welt" entführt, die ihn sofort neu inspiriert und aktiviert.

Das Markenzeichen vom Institut Enkelmann in Königstein mit der Symbolfigur „Yin und Yang – Der vollkommene Mensch" steht für die Verbindung von Innenwelt und Außenwelt. Die Erkenntnis, daß unser Leben uns nicht in eine Einbahnstraße führt, sondern bewußt erfolgreich gestaltet werden will, erhält gerade in der heutigen Zeit zunehmend Bedeutung.

Wir können das Gute immer noch weiter verbessern. Wir benötigen mehr Belastbarkeit, Mut, Ideen und Tatkraft. Und um die anstehenden persönlichen und gesellschaftlichen Probleme zu lösen, müssen wir auch an unserer Teamfähigkeit und unserer Eigen-Effizienz arbeiten. Vereinfacht ausgedrückt lassen sich die Herausforderungen folgendermaßen auf den Punkt bringen: Wer es schafft, mit sich selbst und anderen erfolgreich umzugehen, der hat große Chancen, sein Leben erfolgreich zu gestalten, seine eigenen Ziele zu erreichen und anderen für die Verwirklichung ihrer Vorhaben konkreten Nutzen zu bieten.

Stellen wir uns doch einmal die Frage, wie viele Menschen noch aus ihrer Mitte heraus leben, den Mut und die Tatkraft für die täglichen Aufgaben aufbringen!? „Wer nicht an sich selbst arbeitet – an dem wird gearbeitet." Und das nennen wir dann oft „Schicksal" oder „höhere Gewalt" (Krankheit, Kündigung, Einsamkeit, Sucht, Unfall usw.). Wir brauchen dringender denn je ein System für die persönliche Weiter- und Höherentwicklung des Menschen, was zum Beispiel in meinem Seminar „Der erfolgreiche Weg" vermittelt wird.

Um zu den täglichen Gewohnheiten vorzudringen, sie in Frage zu stellen und neue Denk- und Handlungsimpulse zu erwerben, braucht es mehr als ein paar Stunden. Deshalb vermittelt dieses Seminar innerhalb von fünf Tagen „Herrschaft über das Denken für mehr Macht über Leib und Leben".

Systematisch und nachvollziehbar werden Wissen, Erfahrungen und die einzelnen Schritte für mehr Lebensmut, Tatkraft und Erkenntnis für die Entfaltung der Persönlichkeit erarbeitet. Die Teilnehmer lernen:

- eigene Wünsche zu bejahen und Ziele zu erreichen,
- unausgeschöpfte Potentiale des Gehirns zu nutzen,
- mehr aus ihrer Zeit zu machen,
- innere Ruhe und Sicherheit zu erreichen,
- Überlegenheit durch Lebens- und Menschenkenntnis,
- ein gesundes Selbstvertrauen aufzubauen,
- Konzentration, Ideenreichtum und Intuition,
- Arbeitsfreude und seelische Spannkraft zu stabilisieren und vieles andere mehr.

Die neuesten Erkenntnisse der Medizin, der Psychologie, der Evolutionsforschung und anderer Wissenschaften werden vorgestellt und systematisch für die positive Lebensgestaltung nutzbar gemacht.

Die Stimme als Erfolgsfaktor

Wenn wir fest entschlossen sind, eine einflußreiche Persönlichkeit zu werden, dann brauchen wir neben einem großen Ziel auch die Bereitschaft, es durch konsequente Arbeit an uns, mit uns und anderen zu realisieren. Für diesen Prozeß der Durchsetzung von Ideen benötigen wir Kommunikation mit Hilfe unserer Sprache.

Die Stimme eines Menschen wird in seinem Inneren geboren und sagt somit viel über seine innere Befindlichkeit aus. Sprache macht also Gefühle hörbar, „Stimme verrät Stimmung“.

Um diesen wichtigen Erfolgsfaktor in unser tägliches Leben zu integrieren, habe ich ein ganz besonderes Seminar entwickelt: „Rhetorik, Autorität, Körpersprache“. Die Teilnehmer dieses Zweieinhalb-Tage-Intensiv-Trainings erleben bereits in der ersten Stunde, daß sich Rhetorik nicht auf das gesprochene Wort reduzieren läßt, sondern weiträumiger definiert werden muß: „Rhetorik ist die Lehre von der Wirkung des Menschen“.

Auf die Wirkung kommt es an. Das wird allen Teilnehmern sehr schnell bewußt, wenn sie ihre eigenen rhetorischen Verbesserungen auf der Video-Großbildwand erleben.

Reden lernt man nur durch reden. So bauen sich Fähigkeiten und Fertigkeiten Schritt für Schritt für mehr Lebenserfolg auf. Wankelmütigkeit muß dem Erkennen von großen Vorteilen weichen. Um eine zielbewußte Entwicklung wirklich konsequent zu verfolgen, müssen wir täglich unsere Übungen wie das psychogene Atemtraining durchführen. Nur dann können wir von Tag zu Tag fühlen, wie unser Auftreten und Sprechen immer freier, immer mutiger und immer selbstsicherer werden. Wie kann ein Mensch lernen, frei und sicher zu sprechen?

Ich sage immer wieder: „Ein Mensch, der an seiner Stimme arbeitet, arbeitet am Kern seiner Persönlichkeit. Das Ziel eines jedes Menschen sollte sein, daß er sich einen großen Namen macht. Denn die Welt vertraut dem Namen. Große Firmen investieren ein Vermögen in ihren Namen, in ihr Image."

Aber auch die Kunst, andere zum richtigen Zeitpunkt zu motivieren, können wir noch weiter vertiefen. Kommunikation spielt sich auf zwei Ebenen ab: auf der Gefühlsebene und der Sachebene. Deshalb wird es immer bedeutender, sich nicht nur auf Inhalte zu stürzen und auf den Gesprächspartner einzureden, sondern ihn gefühlsmäßig ebenfalls zu erreichen, um mit ihm die Angelegenheit „von Mensch zu Mensch" zu besprechen.

Weit verbreitet finden wir immer noch zuviel Angst beim Sprechen. Und damit meine ich nicht nur das Lampenfieber bei einer wichtigen Rede, sondern auch die Unsicherheit im täglichen Umgang mit der eigenen Stimme.

Oft sind es die einfachen aber besonders intensiven Regeln, die einem Menschen helfen, ab sofort wirksamer zu sprechen.

Die Schwerpunkte erfolgreicher Rhetoriker

1. Der erste Eindruck entsteht durch unser körperliches Verhalten.
2. Unsere Augen sind der kürzeste Weg zu den Mitmenschen.
3. Unsere Stimme zeigt, wessen Geistes Kind wir sind.
4. Erst dann entscheidet der Inhalt, das Fachwissen.

Alles lebt aus der Beachtung. Und wenn wir uns für den besseren Umgang mit der Sprache, mit anderen Menschen und mit bestimmten Projekten intensiver interessieren, werden wir mit dem dazugehörigen Training auch bessere Ergebnisse erzielen. Viele Chefs und Mitarbeiter reden sich „um Kopf und Kragen", „reden den anderen über den Haufen" oder „kriegen kein einziges Wort heraus". Das muß nicht so sein. Jeder hat laut unserem Grundgesetz das Recht „auf die freie Entfaltung seiner Persönlichkeit". Was manche Leute allerdings daraus machen, bezeichnen wir häufig als Opferrolle und nicht als Hauptrolle im eigenen Lebensfilm.

Zum Reden gehört das Charisma der inneren Ruhe. Die konzentrierte Gesamtpersönlichkeit strahlt Stabilität und Kompetenz aus. Dazu möchte ich den Menschen verhelfen. Viele Teilnehmer des Seminars „Mentales Training" bekunden: „In diesen drei Tagen habe ich mich mehr erholt als im letzten Urlaub." Wie dürfen wir denn das verstehen? Werden die Menschen in Hängematten gelegt und mit Frischluft berieselt? In mentaler Hinsicht stimmt es fast, wenn wir die Hängematten so definieren, daß der Mensch wieder lernt, seinen Streß, seine Ängste und Bedenken „loszulassen" und „frischen Wind" für seine Mentalkraft zu tanken. Wir alle brauchen jeden Tag immer wieder neu den Glauben an uns selbst, Zuversicht für die Lösung von persönlichen und beruflichen Problemen sowie die dafür notwendigen mentalen Programme.

Profisport und Spitzenleistungen im Beruf sind ohne eine trainierte mentale Stärke nicht mehr denkbar. Unsere Welt ist in den letzten Jahren immer komplizierter geworden. Das macht die Konzentration auf das Wesentliche immer kostbarer. Der Augenblick gewinnt eine neue Bedeutung und will mit Zielklarheit, Energie und Zeitbewußtsein optimal genutzt werden. Es kommt darauf an, daß ein Mensch im täglichen Leben mehr Kraft besitzt, als er benötigt. Wir sprechen auch von den zu erschließenden Kraft- und Begabungsreserven.

Yin und Yang

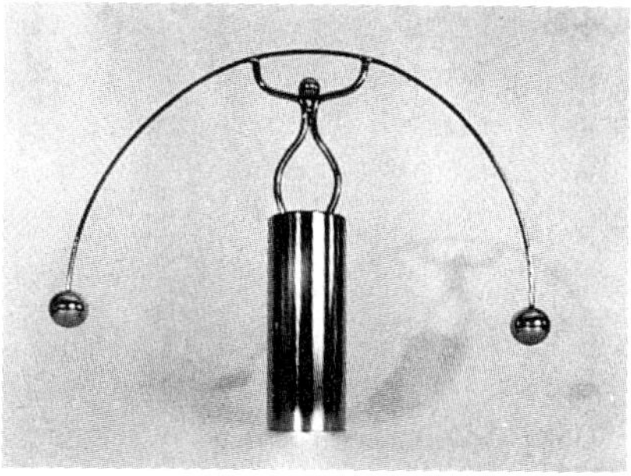

Es gibt keinen vollkommenen Menschen; aber vielleicht ist es deshalb gut, ein Vorbild oder gar ein Ideal davon in sich selbst zu tragen. Der vollkommene Mensch steht mit beiden Beinen fest im Leben, er hat nicht abgehoben, er ist standfest und kann seinen Standpunkt vertreten und verteidigen. Von der Seite sehen Sie, dieser Mensch hat Rückgrat, er ist noch nicht gebrochen, hat keine Trauerweidenhaltung. Es ist ein aufrechter Mensch, der den Kopf oben trägt. Er ist ein Mensch, der an sich und seine Zukunft glaubt. Sein Selbstbewußtsein beruht auf Selbsterkenntnis.

Am großen Bogen und an den Gewichten erkennen Sie, er ist gesund und voller Lebenskraft. Er ist belastbar, er lebt aus seiner Mitte. Die Philosophie des Taos geht davon aus, daß wir in einer Welt der Gegensätze leben. Sie nannten diese Gegensätze „Yin und Yang".

Überall im Leben begegnen wir diesen Gegensätzen: Tag und Nacht, heiß und kalt, Krieg und Frieden, Liebe und Haß, Gesundheit und Krankheit, Glück und Unglück, Erfolg und Mißerfolg. Aber ganz gleich, was diesem Menschen von der Umwelt zustößt, er fällt immer wieder auf die Füße, er lebt aus seinem Gleichgewicht, er bleibt im Lot.

8.1 Mein Name ist ...

Ihr Name ist der Türöffner für Ihren Erfolg. Die erste der zehn wichtigsten Regeln der Rhetorik heißt denn auch: „Die Welt vertraut dem Namen“. Auf kein Wort reagiert der Mensch so deutlich wie auf seinen Namen. Nicht nur der Mensch: Auch Hunden, Katzen, Pferden oder Wellensittichen, denen wir Namen geben, reagieren, wenn man ihren Namen ruft. Das wichtigste Wort in Ihrem Leben ist Ihr Name. Kein Wort ist so eng verknüpft mit Ihrem Leben wie Ihr Name. Ein Mensch, der sich keinen Namen gemacht hat, ist eine Null.

Aber wie sieht das in der Wirklichkeit aus? Wie oft haben sich Ihnen Leute vorgestellt, ihren Namen genannt – und Sie haben diesen Namen nicht verstanden. Hatten Sie den Mut, nachzufragen? Und wenn ja, wie hat Ihr Gegenüber reagiert? – Nur selten passiert, daß der so Angesprochene seinen Namen dann deutlicher nennt. So deutlich, daß Sie ihn gut verstehen, nachsprechen und sogar behalten können.

Und umgekehrt, wie oft sind Sie gebeten worden, Ihren Namen zu wiederholen? Wie oft hat Ihr Gegenüber Ihren Namen vergessen, nicht richtig verstanden, falsch ausgesprochen? Ein Mensch, der mit seinem Namen angesprochen wird, empfindet dies als bewußte Aufmerksamkeit. Ein Spitzenverkäufer sagt mir, daß Geheimnis seines Erfolges ist, daß er eisern trainiert hatte, sich die Namen seiner Gesprächspartner zu merken und fest einzuprägen. „Seitdem“, so sagte er, „ich die Menschen mit ihrem Namen anspreche, benötige ich viel weniger Argumente.“

Das kann natürlich – ich kenne Ihren Einwand – bei einer gewissen Spezies dummdreister Verkäufer auch voll danebengehen. Beispiel:

Verkäufer: „Nicht wahr, Herr Müller, Sie meinen doch auch, daß dies, Herr Müller, von Vorteil für Sie wäre? ... “

Müller: „Naja.“

Verkäufer: „Aber Herr Müller, schauen Sie doch, Herr Müller, Sie müssen doch selbst zugeben, Herr Müller, daß Sie bisher schlecht beraten waren ... “

Ja, lieber Leser, in diesem Fall wird der vielzitierte Herr Müller vielleicht gerne wünschen, er wäre unbekannt, keiner würde ihn kennen und er würde endlich aus dem verbalen Schraubstock des Verkäufers entfliehen können. Nein, das ist der falsche Weg. Aber das haben Sie bisher selbst schon festgestellt: Wie bei allen Dingen im Leben schadet die Übertreibung.

Wie steht es mit Ihrem Namen? Wie lautet er?

Übung

Gehen Sie am besten jetzt vor einen Spiegel, und sprechen Sie Ihren Namen langsam und deutlich aus. So, daß man ihn mitten in einem Party-Getrubel hören und einprägen kann. Schauen Sie sich an, während Sie sprechen. Artikulieren Sie freundlich, aber nachdrücklich Ihren Namen.

Je leiser ein Mensch seinen Namen spricht, desto größer ist sein Minderwertigkeitskomplex. Und wer seinen Namen unleserlich schreibt, kann nicht erwarten, daß andere diesen Namen mit Achtung und Respekt aussprechen. Sie sollten Ihren Namen immer deutlich und ausdrucksvoll sprechen.

Also sprechen Sie vor dem Spiegel Ihren Namen. Sprechen Sie ihn laut, deutlich und einprägsam. Und machen Sie ein freundliches Gesicht dabei, lächeln Sie Ihr Gegenüber (das heißt Ihr Spiegelbild) dabei an. Das mag zunächst verkrampft aussehen, trainieren Sie, trainieren Sie, trainieren Sie!

Die Geschichte ist voller Beispiele von hochbegabten Menschen, denen es aber dennoch nicht gelungen ist, sich einen Namen zu machen. Einer von Ihnen war Vincent van Gogh. Er hat zeit seines Lebens ein einziges Bild verkauft, seine Bilder wollten andere nicht einmal geschenkt haben. Das war damals, zu Lebzeiten des Künstlers ohne Namen. Heute werden seine Bilder millionenschwer gehandelt, der Name Vincent van Gogh ist Synonym für viel Geld geworden.

Qualifizierte Menschen müssen sich durchsetzen. Sie werden für die Welt von morgen gebraucht. Doch ohne einen Namen ist das wertlos. Die Gesetze des Aufstiegs sind überall gleich: Der Willen, zu sagen, „hier bin ich, das habe ich Ihnen zu bieten". Jede erfolgreiche Persönlichkeit muß vom Willen beseelt sein, sich einzubringen Leistung zu bieten, ihren guten Namen als Faustpfand für ein gutes Geschäft anzubieten.

Beste Grundlage für einen guten Namen ist die dauerhafte Leistung. Wer Vertrauen erhalten will, der muß zuerst Vertrauen schaffen. Vertrauen schaffen Sie, indem Sie Ihren Namen laut und deutlich und vor allem einprägsam nennen. Immer wieder. Denn wenn Sie vorankommen wollen, wenn Sie Erfolg haben wollen, dann brauchen Sie Menschen, die Sie auf diesem Weg unterstützen. Diese Menschen müssen Ihren Namen kennen. Sie müssen sich an Ihren Namen positiv erinnern können.

Übung

Legen Sie einen Ordner an, mit der Überschrift: „Mein Leben, meine Zukunft". Listen Sie darin Personen auf, die Ihre Zukunft unterstützen könnten. Sammeln Sie Namen, die Ihren Namen weiterbefördern werden. Diesen Menschen lassen Sie regelmäßig Informationen über Sie und Ihre Leistungen zukommen, damit es diesen möglich ist, Ihren Namen weiterzutragen. Informationen gewinnen nur dann Bedeutung, wenn man weiß, wer, welcher Name dahintersteckt.

Das Gleiche gilt übrigens auch für die Schriftform Ihres Namens: Wie steht Ihr Name auf Ihrem Briefkopf, auf Ihrer Visitenkarte? Klar und deutlich oder gibt es da eine verschnörkselte Schrift, ablenkende grafische Elemente, muß man eine Lesebrille aufsetzen, um Ihren Namen entziffern zu können? – Ihr Name ist der Türöffner für Ihren Erfolg.

Warum das so ist, ist leicht einsichtig: Schließlich ist in Ihrem bisherigen Leben mit Ihrem Namen alles persönliche Glück, alle schlechten Erfahrungen, alle Leistungen, die Sie bisher erbracht hatten, verbunden gewesen; sorgen Sie dafür, daß Sie auf Ihrem Weg zum Erfolg mit Ihrem Namen noch mehr Gutes verbinden.

Wie es Ihnen mit Ihrem Namen geht, so geht es Ihren Zuhörern mit deren Namen. Ich habe anfangs schon darüber geschrieben, wie wichtig es ist, Namen gezielt und an strategisch wichtigen Stellen einzusetzen. Die erste strategisch wichtige Stelle des Namens-Einsatzes ist, wenn Sie unvermutet Bekannte treffen und Sie sich sofort an den Namen erinnern und Ihre Bekannten mit deren Namen ansprechen. Sofort wird auch Ihnen Dankbarkeit und Achtung entgegengebracht: Sie konnten sich die Namen merken. Die so Angesprochenen haben sich also schon einen Namen gemacht. An zweiter Stelle des strategischen Namens-Einsatzes ist, wenn Sie jemanden seine Anerkennung zollen, wenn Sie jemand loben. Denn Positives in Verbindung mit dem eigenen Namen hört jeder gerne. Die dritte strategisch wichtige Stelle für die Nennung eines Namens ist schließlich, wenn jemand in voller Verantwortung eine Entscheidung treffen muß. Auch hier wird diese Entscheidung in Verbindung mit dem Namen noch einmal deutlich machen, daß es jetzt um etwas ganz Wichtiges geht.

Vermeiden Sie jedoch – im Beispiel am Anfang dieses Kapitels habe ich es geschrieben, Namen ständig mit Belanglosigkeiten in Verbindung zu bringen. Ich wiederhole: Der Name ist der Schlüssel zum Bewußtsein des Menschen, der Name ist Türöffner zum Erfolg. Er sollte nur mit vollem Respekt und Achtung gebraucht werden.

8.2 Wie war doch gleich Ihr Name …?

Ja, das ist peinlich: Sich an den Namen eines Geschäftspartners oder Bekannten nicht mehr erinnern zu können. Damit Sie gar nicht erst in die Verlegenheit kommen, diese Frage zu stellen, sollten Sie die Namen Ihnen wichtiger Personen im Langzeitgedächtnis speichern. Denn das, was das Gehirn als wichtig bewertet, wird im Kurzzeitgedächtnis einsortiert und geht dort schon bald wieder unter. Die wichtigen Dinge dagegen finden Platz im Langzeitgedächtnis, dort können sie immer wieder, oft noch nach Jahren, abgerufen werden.

Die meisten deponieren unbewußt Namen, mit denen sie täglich konfrontiert sind, im Kurzzeitgedächtnis. Die Folge ist, daß sie diese Namen nur sehr begrenzt und auch nur für sehr kurze Zeit behalten. Arbeiten Sie auch hier mit Ihrem Unterbewußtsein. Nehmen Sie sich fest vor: „Diesen Namen will ich mir merken“ und beeinflussen so Ihr eigenes Gehirn. Fragen Sie bei der Vorstellung ruhig nach, wie der Name Ihres Gegenübers lautet, wiederholen Sie ihn ruhig selbst noch einmal und fragen nach, ob er so richtig ausgesprochen wird.

Zusätzlich konzentrieren Sie sich auf das Gesicht Ihres Gegenübers, um spätere Verwechslungen zu vermeiden. Prägen Sie sich den Namen ein und suchen, ob Sie im Gesicht Ihres Gegenübers irgend etwas beobachten, was in Verbindung mit diesem Namen einmal nützlich sein könnte. Wenn Ihnen beispielsweise ein Herr Schneider vorgestellt wird, der eine besonders lange Nase hat, können Sie sich durchaus auch das komische Bild vorstellen, wie ein tapferes Schneiderlein an einer langen Nase vorbeischielt, um einen Faden in eine Nadel einzufädeln. Sie können sich auch durchaus einen verschmitzten Menschen zu dem Namen Schmitz denken (oder das Gegenteil), sich zu einem Herrn Eder einen Pumuckl ausdenken oder sich Herrn Sonntag mit der Sonntagszeitung vorstellen. Dabei sei Ihrer Phantasie keine Grenze gesetzt.

Und trainieren Sie sofort: Wiederholen Sie den Namen am Tag des Kennenlernens so oft wie möglich, sprechen Sie die dazugehörige Person immer wieder an und prägen Sie sich ein, wie Ihr Gegenüber auf Ihre Stimme mit seinem Namen reagiert.

Ich wiederhole: Es gibt kein wichtigeres Wort im Leben jedes Menschen als den eigenen Namen. Wer sich die Namen anderer merkt, investiert in seine persönliche Zukunft und legt den Grundstein zum Erfolg.

Wesentlich jedoch für das dauerhafte Behalten von Personennamen ist der kleine abendliche Sport, nochmals alle Leute, die man getroffen hat, mit Nennung des Namens vor unserem inneren Auge Revue passieren zu lassen. Anfangs notieren Sie sich noch alle Namen, damit Sie Ihr Gedächtnis kontrollieren können. Bald ist das nicht mehr nötig, denn dieser Sport, der obendrein viel einbringt, ist eines der besten Gedächtnis-Trainingsmittel. Besonders intensiv wird diese Übung, wenn Sie die Namen laut hersagen; deshalb erzähle ich meiner Frau jeden Abend wer alles bei mir war, welche Eigenheiten der Betreffende hat usw., sie langweilt sich nicht und für mich ist es ein amüsanter entspannender Sport und obendrein herrscht bei uns sofort eine gemütliche und doch lebendige Atmosphäre.

Jedes Kennenlernen eines anderen Menschen, jede Begegnung mit neuen Gesprächspartnern, alten Bekannten usw., jede Rücksprache wird somit offensichtlich zu einem wundervollen Gedächtnis-Trainingsmittel. Schritt für Schritt werden Sie Ihr Gedächtnis vollkommener arbeiten lassen, bis Ihnen die gemachten Vorstellungsbilder praktisch intensiv vor Augen auftauchen, sobald Sie jemanden treffen oder auch nur an ihn denken. Wie bei einem Film rollen alle Einzelheiten vor Ihrem Auge blitzartig ab. Automatisch tauchen die Verbindungen, welche Sie zwischen der Person und ihrem Namen geschaffen haben vor Ihrem visuellen Gedächtnis auf.

Sofort sollten Sie demnach anfangen, mit Hilfe der eben beschriebenen Prinzipien praktische Gedächtnis-Übungen durchzuführen. Vergessen Sie nicht: Die Erfahrung ist der beste Lehrmeister! Das sicherste Mittel, um schnell etwas zu lernen, ist „langsam lernen".

Nun ist es natürlich nicht allein damit getan, daß man den Namen einer Person kennt, wenngleich dies schon ein beachtliches Plus darstellt. Wollen Sie von einer Person genauere und in wichtige Einzelheiten gehende Gedächtnis-Notierungen vornehmen, so gehen Sie auch hier methodisch mit Hilfe des nachstehenden Schemas vor.

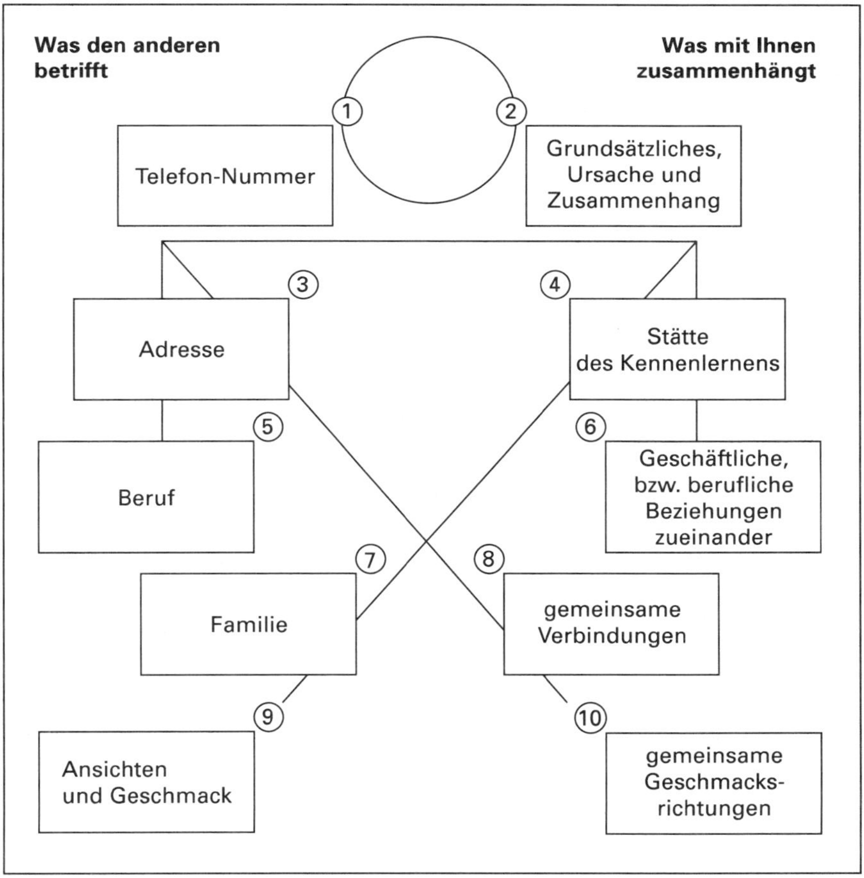

Lokalisierung der Gedächtnis-Notierungen

Betrachten Sie bitte das Schema der „Lokalisation“ auf dem menschlichen Körper. Über dem Kopf beziehungsweise an der oberen Stirnkante, dem Haaransatz, prägen Sie sich den Namen ein, so wie Sie es im Vorgenannten gelernt haben.

Auf der rechten Körperseite vom Betrachter aus gesehen, also auf der linken Hälfte der Zeichnung, prägen Sie sich die Dinge ein, die den anderen betreffen. Auf der gegenüberliegenden Seite diejenigen Merkmale, die Ihre Beziehungen zum anderen betreffen. Stets mit den Hilfsmitteln unserer Methode, dem Zahlenschlüssel, der Lokalisation und der Gedanken-Assoziation arbeiten.

8.3 Guten Tag! Grüß Gott! Hallo!

Zum Anschluß des Namens-Kapitels gleich noch ein paar Bemerkungen über die Begrüßung, über das erste Zusammenkommen zweier bis dahin unbekannter Menschen.

Begrüßung

Bevor Sie Ihren Gesprächspartner oder sein Sekretariat aufsuchen, sollten Sie sich noch einmal kurz auf das Ziel Ihres Besuches und alle Ihnen bekannten Details Ihres Geschäftspartners konzentrieren. Machen Sie dazu eine Entspannungsübung, atmen Sie ruhig aus, zählen Sie dabei rückwärts von zehn auf Null, so daß Ihr Herzschlag ruhig wird und Sie für kurze Zeit den Alpha-Zustand erreichen. Dann konzentrieren Sie sich auf Ihr Ziel.

Gehen Sie nun gelöst, mit entspannter von innen herauskommender Freundlichkeit und dennoch entschlossen zum Büro Ihres Geschäftspartners. Egal, wie Sie Ihr Geschäftspartner empfängt, ob er – auch körpersprachlich – Ihren Besuch als Störung auffaßt und signalisiert oder ob er sich wirklich über Sie freut: Bleiben Sie gelassen, gehen Sie auf Ihren Gesprächspartner zu, schenken Sie ihm Ihre Freundlichkeit, und lassen Sie nicht zu, daß Sie mit negativen Gefühlen Ihres Geschäftspartners infiziert werden. Vielleicht hatte er wenige Sekunden vorher Ärger mit seiner Sekretärin oder seinem Chef, vielleicht hat er Kopfweh oder eine Magenverstimmung.

Gehen Sie auf ihn zu, aber ... Jetzt liegt es ganz an Ihnen, inwieweit Sie die Körpersprache Ihres Geschäftspartners lesen können: Ist er ein Mensch, der sich selbst sehr schnell angegriffen und überrumpelt fühlt, dann wird er Ihnen nicht entgegenkommen, sondern eher hinter seinem Schreibtisch sitzenbleiben. In so einer Situation um den Schreibtisch herumzugehen und ihm begeistert mit überstarkem Händedruck die Hand zu zerquetschen, wäre genau das, wovor sich Ihr Gegenüber fürchtet. Nähern Sie sich ihm, immer noch freundlich, auf eine erträgliche Distanz (vielleicht steht dort schon ein Stuhl für Sie bereit), reichen Sie ihm nicht die Hand, sondern deuten eine höfliche leichte Verbeugung an, setzen Sie sich ungeniert.

Wo Sie das tun, nämlich genau dann, wenn Sie in der Sprech-Distanz angekommen sind (bei positiven, aufgeschlossenen Menschen kurz vor dem Händedruck), nennen Sie Ihren Namen und schauen dem anderen dabei offen ins Gesicht.

Versuchen Sie, möglichst schnell zu einer entspannten, lockeren Atmosphäre zu kommen. Vielleicht hat Ihr Geschäftspartner von seinem Bürofenster aus eine herrliche Aussicht; was liegt näher, als diese selbst zu bewundern und dies auch auszudrücken. Oder er sammelt Modell-Rennautos oder alte Reklameschilder, hat ein besonders avantgardistisches Bild an der Wand hängen – es gibt so viele Möglichkeiten, Ihrem Gesprächspartner sofort zu signalisieren: „Das gefällt mir, hier fühle ich mich wohl". Damit stellen Sie eine erste Gemeinsamkeit mit Ihrem Geschäftspartner her, denn es ist durchaus anzunehmen, daß er sich in dieser Umgebung auch wohlfühlt.

Aber beherzigen Sie bei alledem die neunte der zehn wichtigsten Regeln der Rhetorik: „Das Geheimnis des Erfolges ist das Geheimnis der inneren Ruhe". Das, was ich Ihnen eben beim Thema Begrüßung beschrieben habe, kann exakt das Gegenteil bewirken, wenn es nicht aus dem Herzen kommt. Und aus dem Herzen kann es bei Ihnen nur kommen, wenn Sie innere Ruhe besitzen, wenn Sie so entspannt sind, daß Ihnen keine Regung des Gesprächspartners entgeht, wenn Sie intuitiv die Körpersprache lesen können.

Vor der Begrüßung: zur Ruhe kommen

Die Tips, die ich Ihnen eben zur Begrüßung nannte, ja, die ersten 30 wichtigsten Sekunden einer neuen Bekanntschaft, können sofort das „Aus“ bedeuten, wenn man Sie als schlichte Rezeptur befolgt und nicht in der Lage ist, hier in voller Offenheit mit ganzem Herzen dabei zu sein. Ganz am Schluß dieses Kapitels noch ein paar wichtige Übungen zum Thema „Zur Ruhe kommen“, die sowohl beim ersten Kontakt mit einem bis dahin fremden Menschen, aber auch beim Beginn einer Rede vor größerem Zuhörerkreis Erfolg garantieren:

- Sammeln Sie sich innerlich, bevor Sie ein fremdes Gebäude zu einem Kundenbesuch betreten, oder bevor Sie zum Rednerpult gehen.
- Überprüfen Sie noch einmal kurz Ihre Kleidung, bevor Sie aufstehen, oder das Haus betreten.
- Konzentrieren Sie sich kurz vor der Tür Ihres Kunden, beziehungsweise vorn, hinter dem Rednerpult, noch einmal auf Ihre Ziele, auf Ihre Botschaft; hinter dem Rednerpult legen Sie sich Ihre Notizen oder Karteikarten in die richtige Position, überprüfen Sie, ob Mikrofon und Overheadprojektor (oder andere Präsentationsmittel) funktionieren und eingeschaltet sind.
- Dann – Sie sagen immer noch nichts – nehmen Sie Blickkontakt mit Ihrem Kunden beziehungsweise mit Ihrem Publikum auf (dabei konzentrieren Sie sich zunächst auf den Augenkontakt mit einer Person).
- Erst wenn Ihr Gegenüber Ihnen freundlich zulächelt (Ihr Kunde oder die Person im Saal), beginnen Sie.

9 Die Gesprächsführung

Nikolaus B. Enkelmann: Das wichtigste im Leben sind Vertrauen und Freundschaft

Interview von Roland Arndt mit Nikolaus B. Enkelmann (aus „Geschäftsfreundschaften", mvg-Verlag)

Frage: Herr Enkelmann, das Thema „Geschäfts-Freundschaften" klingt im allerersten Ansatz für viele eher oberflächlich. Auf der anderen Seite streben immer mehr Menschen nach Werten im Umgang miteinander. Warum laufen, aus Ihrer Sicht, so viele Geschäftspartnerschaften schief?

Nikolaus B. Enkelmann: Herr Arndt, ich glaube, Sie kennen unsere 14. Grundgesetze der Lebensentfaltung. Und im achten Grundgesetz heißt es: „Im Streit zwischen Gefühl und Intellekt siegt immer das Gefühl." Durch unser Schulsystem sind die meisten Menschen so ausgebildet worden, daß sie nur danach streben, den Intellekt, den Kopf des anderen zu gewinnen, und dabei zu vergessen scheinen, daß jeder Mensch auch ein Herz hat und daß die Entscheidungen im Herzen fallen.

Frage: Wir brauchen sicherlich ein gewisses Gespür, um uns von anderen Menschen ein Bild zu machen. Wie soll das in der heutigen Zeit voller Hektik auf der Gefühlsebene geschehen?

Nikolaus B. Enkelmann: Ein Mensch, der gelernt hat, sich zu entspannen und das Alphatraining anwendet, empfängt die Ausstrahlung und Wellen des anderen. Er kann sich darauf einstellen.

Frage: Wie geht das? Gehören dazu nicht immer beide Gesprächspartner?

Nikolaus B. Enkelmann: Im Grunde sind wir Menschen alle gleich. Wir haben zwei Füße, zwei Hände und zwei Gehirnhälften. Und wenn ich weiß, wie wichtig meine rechte Gehirnhälfte ist, kann ich mich selbst darum bemühen, diese zu aktivieren und den anderen dazu zu bringen, mit seiner rechten Gehirnhälfte zu reagieren. Wir versuchen immer über Beweise andere zum Zustimmen zu zwingen. Ich überspitze jetzt absichtlich, wenn ich sage, daß jede Beweisführung eine intellektuelle Vergewaltigung darstellt. Und kein Mensch läßt sich freiwillig gern Gewalt antun. Wir lassen uns motivieren, führen und verführen. Die Übereinstimmung unseres Gefühls kann enorme Kräfte freisetzen und den Weg zum Vertrauensaufbau freigeben. So stelle ich mir die Schritte in Richtung Geschäftsfreundschaft vor.

Frage: Heißt das, daß viele Menschen zu schnell zum Faktischen übergehen, ohne daß sich auf menschlicher und gefühlsmäßiger Ebene nähergekommen zu sein?

Nikolaus B. Enkelmann: In meinen Rhetorik-Seminaren gebe ich immer ein wichtiges Beispiel dafür. Was macht der Bauer im Frühjahr zuerst? Viele reagieren spontan und sagen: säen. Wir alle wissen, daß jeder Bauer im Frühjahr zuerst pflügt, er bereitet den Boden vor. Kein Landwirt würde jemals sein teures Saatgut in einen unvorbereiteten Boden werfen. Das tun nur Menschen, die intellektuell überbetont agieren. Wir brauchen ein System, das im Einklang mit den Naturgesetzen funktioniert. Schon in der Bibel steht: „Das beste Saatgut geht nicht auf, wenn es auf Stein fällt." Also ganz zuerst, um das Beispiel auf die Umgangsweise mit Menschen zu übertragen, müssen wir Bewußtsein und Unterbewußtsein des angehenden Geschäftspartners aufschließen, seinen „Gefühls-Acker" pflügen. In der Verkaufspsychologie spricht man oft vom Eisbrecher. Wir brauchen die menschliche Wärme, den menschlichen Kontakt im verbindlichen Sinne.

Frage: Viele Leser wissen, daß Sie selbst seit über 30 Jahren Top-Seminare durchführen, die viele erfolgreiche Persönlichkeiten in Sport und Wirtschaft hervorgebracht haben. Sind bei Ihnen ebenfalls Geschäftsfreundschaften entstanden?

Nikolaus B. Enkelmann: Die Teilnehmer unserer Seminare kommen ausschließlich auf Weiterempfehlung zu uns. Sie werden noch keine Anzeige von unserem Institut gesehen haben. Diese Empfehlungsschiene läuft nur über den menschlichen, freundschaftlichen Einsatz. Das Wichtigste im Geschäftsleben ist Vertrauen. Ein Hamburger Sprichwort sagt: „Wenn Deine Freunde nicht zu Dir kommen ... Deine Feinde kommen nicht." Es ist aus meiner Sicht von großer Bedeutung, im Geschäfts- und Berufsleben echte Freundschaften aufzubauen, weil dann ein noch größerer Erfolg für beide Seiten möglich wird. Erfolgreich sind wir nicht, wenn wir andere ausnutzen, sondern wenn beide Partner dadurch profitieren.

Frage: Halten Sie es für möglich, daß Leute nur auf der fachlichen, technischen Seite kommunizieren und dennoch große Erfolge erreichen?

Nikolaus B. Enkelmann: Natürlich gibt es das, wenn ich mit Intellektuellen verhandele, die sich ausschließlich auf dieser intellektuellen Schiene bewegen, dann ist das durchaus möglich. Aber Sie kennen das andere Beispiel, daß die größten Geschäfte auf dem Golfplatz gemacht werden. In diesem Umfeld herrscht Alpha, also Entspannung und Konzentration – einfach eine Atmosphäre, die Zweifel, Bedenken und Hektik nicht zuläßt.

Frage: Was können Menschen tun, um sich persönlich näherzukommen?

Nikolaus B. Enkelmann: Unsere Welt wird immer schneller und somit auch stressiger. Vom einzelnen wird immer mehr verlangt. Das ist nicht problematisch, wenn man um die großen Reserven weiß, die in uns liegen. Aber darum ist wichtig für uns: Können wir diese Kraft- und Begabungsreserven erschließen? Können wir sie so ans Tageslicht fördern, daß sie uns bei der Bewältigung unserer Aufgaben helfen? Jeder Unternehmer sollte wissen, daß es keinen Sportler gibt, der nicht das mentale Training einsetzt, um Spitzenleistungen zu erreichen. Wenn Sportler dieses Erfolgsinstrument für sich nutzen, warum haben viele Unternehmer Angst, sich mit dieser Materie zu beschäftigen, um die Reserven der Mitarbeiter und Führungskräfte zu mobilisieren? Wir wissen heute, daß das Gehirn des Menschen im Alphazustand am leistungsfähigsten ist. Das Gehirn lernt dann am leichtesten und ist am reaktionstüchtigsten. Darum sollte jeder Mensch lernen, den Alphazustand über das mentale Training zu erreichen, um sein gesamtes menschliches und berufliches Potential auszuschöpfen. Unsere Erfolgsfähigkeit hängt in der Zukunft von einer gesteigerten Lernfähigkeit ab. Damit meine ich auch das Lernen mit dem Herzen, wie auch Kinder das meiste aus dem Gefühl heraus mitbekommen, besonders in den ersten Jahren ihres Lebens.

Frage: Welches Trainingsprogramm empfehlen Sie speziell für das Ziel, mit anderen gefühlsmäßig in Kontakt zu kommen?

Nikolaus B. Enkelmann: Natürlich wenden wir in unseren Seminaren spezielle Techniken an, um dem einzelnen so optimal wie möglich zu helfen, mehr aus sich und seinem Leben zu machen. Aber genauso wichtig wie die Methode in ihrer speziellen Form ist aus meiner Sicht die konkrete, tägliche Anwendung. Es heißt nicht umsonst „mentales Training". Wie ein Sportler seinen Körper und sein Unterbewußtsein konditionieren muß, so ist es für jeden von uns wichtig, unseren Geist täglich zu trainieren und den Körper nicht zu vernachlässigen. Körper, Geist und Seele sind eine Einheit. Deshalb lege ich besonderen Wert auf die ganzheitlichen Aspekte eines Erfolgsprogramms für Männer und Frauen.

Frage: Danke für das Stichwort. Können Frauen auch mit Männern Geschäftsfreundschaften schließen, ohne an die so oft vermuteten Grenzen zu geraten?

Nikolaus B. Enkelmann: Frauen sollten sich von niemandem einreden lassen, ihr Erfolg ließe sich nur erreichen, wenn sie versuchten, immer männlicher zu werden. In einem Artikel habe ich Hermann Höcherl zitiert: „Eine Frau, die gelernt hat, ihren Charme einzusetzen, hindert den Mann daran, mit dem Verstand zu arbeiten." Es soll Frauen geben, die bei Männern die Kritikfähigkeit im Denken ausschalten können. Ich sehe eine große Stärke von selbstbewußten Frauen, gefühlsmäßige Elemente in bestimmte Gespräche und Verhandlungen einzubringen, die für wichtige Entscheidungen von großer Bedeutung sind. Ich glaube, daß Männer sich gern von selbstbewußten Frauen führen lassen. Es kommt also nicht darauf an, daß wir nur intelligente und kluge Frauen haben, sondern wirklich selbstbewußte Frauen, die auch im Herzen Frauen geblieben sind. Es wäre sicher falsch, Männer zu kopieren und auf diesem Wege zu versuchen, die Männer zu überholen. Es gilt für Frauen und Männer, eine gemeinsame Linie zu finden, um zusammen noch größere Erfolge zu meistern. Viele Situationen im Leben sind vielleicht schwieriger als andere. Menschen sind ebenso unterschiedlich und suchen seit ihrer Existenz nach Glück, Liebe, Harmonie, Reichtum und Gesundheit. Wenn wir auf einen Berg steigen wollen, dann nehmen wir uns einen Bergführer, beim Erlernen des Autofahrens hilft uns der Fahrlehrer etc. Was ich damit sagen will, ist, daß für das Erreichen von Erfolgen ebenfalls Trainer zur Verfügung stehen. Ich blicke auf 30 Jahre einsatzreicher Trainertätigkeit zurück und kann nur bestätigen, daß diejenigen es geschafft haben, die kontinuierlich nicht nur ihrem Auto an der Tankstelle Benzin geben, sondern sich selbst in Zusammenarbeit mit einem Persönlichkeitstrainer immer wieder neu mit mentaler Kraft auffüllen. Einige autodidaktische Menschen sind sicherlich in der Lage, aus eigenem Ansporn heraus ihr Leben zu meistern. Aber erstens dauert es oft viel länger, und zweitens schlängelt man sich über Umwege zum Ziel, muß oft Fehler machen, die mit einem Trainer zu verhindern gewesen wären. Der beste Weg aus meiner Sicht der Dinge ist, sich einem erfahrenen Trainer oder Coach anzuvertrauen, um dann genau die Ziele zu realisieren, die der individuellen Charakterstruktur und den Begabungen, Neigungen und Stärken entsprechen.

Frage: Wenn beispielsweise eine Geschäftspartnerschaft vom Vertrauen her angekratzt ist, was kann man tun, um diese Enttäuschung zu verwinden?

Nikolaus B. Enkelmann: Mahatma Gandhi hat mich mit einem Zitat sehr beeindruckt: „Auch wenn Dich ein Mensch zehnmal enttäuscht, schenke ihm wieder Dein Vertrauen.“ Wenn wir wirklich an uns selbst glauben, dann können wir auch an den anderen glauben. Wir machen alle Fehler und freuen uns, wenn die anderen uns unsere Mißgeschicke nachsehen. Tun wir einfach das, was wir uns in einer solchen Situation vom anderen erhoffen. Im übrigen habe ich oft gesagt: „Ein Mensch, der mißtrauisch ist, verdient auch kein selbst kein Vertrauen.“ Auch hier kann die Basis nur heißen: gesundes, gewachsenes Selbstbewußtsein.

Frage: Unterstellen wir einmal das vorhandene Vertrauen und die mentale Voraussetzung bei Geschäftsfreunden. Ist nicht zusätzlich die praktizierte Zuverlässigkeit ein wichtiger Faktor für das Gelingen der Freundschaft? Und kann man Zuverlässigkeit Ihrer Meinung nach ebenfalls trainieren?

Nikolaus B. Enkelmann: Herr Arndt, ich freue mich, daß Sie gerade diese schwierige Frage stellen. In unseren Seminaren lernen die Teilnehmer schon in der ersten Stunde: Erfolg ist eine Frage des Charakters. Erfolg ist keine Sache von Rasierklingen an den Ellenbogen, sondern eine Charakterangelegenheit. Jeder braucht sich nur die Frage zu beantworten: Besitze ich einen Erfolgscharakter? Und die Zuverlässigkeit ist einer der wesentlichen Bestandteile des Erfolgscharakters. Wir müssen uns auf unsere Mitmenschen felsenfest verlassen können. Es hat keinen Sinn, mißtrauisch durch das Leben zu gehen. Dieses Vertrauen wird durch Zuverlässigkeit und sich entwickelnde Erfolge gestützt. Können die anderen sich auf mich verlassen? Bin ich pünktlich und sicher in meinen Aussagen und Vereinbarungen? Stehe ich zu meinem Wort? Diese Fragen sollten wir immer zuerst mit uns abklären, bevor wir von anderen etwas verlangen, was wir nicht zu geben bereit sind. Zuverlässigkeit hat viel mit Zeitplantechnik zu tun. Denn unsere Absprachen und Zusagen lassen sich meist zeitlich kontrollieren.

Eigenschaften und Fähigkeiten einer erfolgreichen und sympathischen Persönlichkeit

- Vorbildlichkeit
- Einsatzbereitschaft
- Ausdauer
- Lebensfreude
- Zielstrebigkeit
- Disziplin
- Humor
- Pünktlichkeit
- Redegewandtheit
- Risikobereitschaft
- Charme
- Vitalität
- Willenskraft
- Dynamik
- Durchsetzungsvermögen
- Loyalität
- Diplomatie
- Fachwissen
- Selbstbewußtsein
- Kreativität
- Autorität
- Konzentration
- Führungsmentalität
- Gedächtnis
- Konsequenz
- Entschlußkraft
- Ruhe
- Gelassenheit
- Offenheit
- Blickkontakt
- Menschenkenntnis
- Aufmerksamkeit
- Respekt
- Intelligenz
- Rückgrat
- Überzeugungskraft
- Dankbarkeit
- Mut
- Verantwortungsbewußtsein
- Selbstkritik
- Ehrlichkeit
- Einfühlungsvermögen
- Harmonie ausstrahlen
- Brillanz
- Initiative
- Großzügigkeit
- Charisma
- Weitblick
- Fleiß
- Belastbarkeit
- Begeisterung
- Lernfähigkeit
- Geduld
- Umsicht
- Verständnis
- Takt
- Toleranz
- Freundlichkeit
- Vertrauen ausstrahlen
- zuhören können
- sich verkaufen können
- loben können
- haushalten
- planvoll
- gepflegte Kleidung

Frage: Vertrauen hat viel mit Mut zu tun. Was meinen Sie, wovor haben einige Geschäftsleute besonders Angst im Umgang mit anderen?

Nikolaus B. Enkelmann: Angst kann Vorsicht sein. Angst kann bei starker Intensität sogar zur Blockade führen. Darum sagen wir: „Angst macht dumm." Was wir brauchen ist Vertrauen zu unserem Wissen, zur Zukunft, zu unserer Persönlichkeit. Das wichtigste Wort im Umgang mit Menschen ist aus meiner Sicht: gegenseitiges Vertrauen. Alles, was der Mensch braucht, um Sympathie zu erzeugen und bei anderen „anzukommen", habe ich in den „Eigenschaften und Fähigkeiten einer erfolgreichen und sympathischen Persönlichkeit" zusammengefaßt. Wer diese Eigenschaften erwirbt, zieht nach den Naturgesetzen gegenseitiger Anziehungskraft ebenfalls Gleichgesinnte in sein Leben.

9.1 Die 23 Schritte zur erfolgreichen Gesprächsführung

„Gesagt ist nicht gehört, gehört ist nicht verstanden, verstanden ist nicht einverstanden, einverstanden ist nicht angewendet, angewendet ist noch lange nicht einbehalten."

Konrad Lorenz

Treffender kann man Überzeugungs- oder einfacher gesagt – Kommunikations-Prozesse wohl kaum ausdrücken. Wir glauben stets, daß alles, was wir sagen, beim Kunden ankommt, und zwar richtig ankommt. Wie oft schalten wir in Gesprächen für Sekunden oder Minuten ab. Wie blockiert sind Sie mitunter von einzelnen Worten oder Sätzen, so daß Sie das Folgende gar nicht mehr wahrnehmen. Das Hinzukommen anderer Personen, das Einschenken von Getränken, Telefongespräche – dies alles sind Ablenker, die bewirken, daß Wichtiges am Gesprächspartner, dem wichtigen Verhandlungspartner, Ihrem wichtigsten Kunden, vorbeiläuft. Was danach kommt, versteht er gar nicht mehr. Wie oft werden am Ende eines Gespräches Fragen gestellt, die eigentlich die Voraussetzung Ihrer gesamten Argumentation waren? Verhandeln kann man nur, wenn beide Partner oder alle Beteiligten sich auf dem absolut gleichen Wissensstand befinden.

Die wichtigsten Merkmale der Gesprächsführung mit Ihrem Kunden sind: lächeln, unterhaltsam sein und gut vorbereitet in das Gespräch gehen. Das Wechselspiel von reden und gut zuhören ist ebenso wichtig wie das Eingehen auf seine Belange und die konkrete, mit Nachdruck geführte Gesprächsform. Nachstehend geht es um Argumentation, Motive Ihrer Gesprächspartner, Vorteile und Entscheidungsprozesse.

1. Vernachlässigen Sie niemanden, der an dem Gespräch teilnimmt per Ansprache oder per Unterlagen. Konzentrieren Sie sich auf die besonders wichtigen Persönlichkeiten. Oft ist die zweite Linie letztlich entscheidend.

2. Verschaffen Sie sich den Namen von jedem Gesprächspartner. Vergessen Sie keinen einzigen Namen und schreiben Sie ihn sofort auf, um jeden persönlich anzusprechen.

3. Machen Sie Zugeständnisse, die für Ihren Gesprächspartner prestigemäßig wichtig sind, das gewünschte Ergebnis inhaltlich jedoch nicht verändern.

4. Versuchen Sie, Ihre Verhandlungspartner durch ein Zugeständnis zu Beginn zu von Ihnen gewünschten Gegenleistungen zu veranlassen.

5. Beginnen Sie Ihr Gespräch mit einer Analyse und nicht mit fertigen Vorschlägen. Stellen Sie Fragen, um die Situation und die Möglichkeiten besser zu überblicken.

   a) Was möchten Sie gern erreichen?

   b) Was ist das Wichtigste für Sie?

   c) Worauf kommt es Ihnen an?

   d) Was möchten Sie vermeiden?

   e) Was befürchten Sie am meisten?

6. Prüfen Sie im Gespräch, ob das vom Gesprächspartner gebrachte Problem ursächlich ist, ob nicht ein ganz anderes Problem existiert oder ob das genannte Problem nur ein Teilproblem ist.

7. Nennen Sie die Ziele, die Ihr Partner offenbar erreichen möchte, damit er sie bejahen oder verneinen kann.

8. Nennen Sie für ihn zusammengefaßt die Probleme, die er gern gelöst haben möchte.

9. Zeigen Sie die Chancen auf, die er nutzen könnte.
10. Verweisen Sie auf die gemeinsamen Interessen im einzelnen.
11. Passen Sie sich der Reihenfolge an, in der Ihr Gesprächspartner überlegt und entscheidet. Gehen Sie parallel zu seinem gedanklichen Weg vor. Passen Sie sich also seinem Entscheidungsprozeß an.
    a) Welche Fragen stellt er sich?
    b) In welcher Reihenfolge?
    c) Wie bedeutsam sind die einzelnen Fragen für ihn?
    d) Welches sind die für ihn wirklich relevanten Faktoren?
    e) Mit welchen Bewertungskriterien analysiert er selber einen Vorschlag?
    f) Was findet er gut?
    g) Was findet er schlecht?
12. Wenn Sie Verkaufsgespräche zu führen haben, müssen Sie die Entscheidungssysteme kennen, die auf der Einkaufsseite eingesetzt werden.
    a) Wertanalyse
    b) Vergleichende Lieferantenbewertung
13. Bringen Sie eine Ordnung und eine sinnvolle Reihenfolge in Ihre Argumentation:
    a) Problem oder Chance darstellen.
    b) Ihre Lösungen zeigen.
    c) Den Nutzen Ihrer Lösung zeigen, ausrechnen, beweisen.
14. Sprechen Sie mit gezielten Argumenten die Motive an, von denen sich Ihr Partner leiten läßt.
    a) Sein Streben nach Sicherheit – zeigen Sie ihm das Sicherheitsprogramm, das Sie im einzelnen liefern.
    b) Sein Streben nach Anerkennung – sagen Sie ihm, wie Sie sich um ihn bemühen werden.

c) Sein Streben nach Bequemlichkeit – zeigen Sie ihm Ihr Bequemlichkeitsprogramm im einzelnen.

d) Sein Streben nach wirtschaftlichem Nutzen – rechnen Sie ihm aus, was er gewinnen kann, welche Kosten er senken oder vermeiden kann, wie sich seine Effizienz erhöhen läßt.

15. Manche Ihrer Argumente können für Ihren Gesprächspartner völlig uninteressant sein. Andere sind von höchster Wichtigkeit. Argumentieren Sie nicht in die falsche Richtung. Beobachten Sie seine Reaktionen.

16. Werden Sie ein Überzeugungsspezialist. Prüfen Sie immer wieder, wie Sie etwas besser formulieren können:

a) Wie können Sie es spezieller sagen?

b) Einfacher?

c) In der Sprache Ihres Partners?

d) Positiv formulieren?

e) Mit einem Vergleich?

f) Mit einem Beispiel?

g) Mit Erfahrungen Ihres Partners?

h) Mit Urteilen und Erfahrungen anderer Persönlichkeiten, die er besonders schätzt?

17. Präsentieren Sie eine Liste der Vorteile, die Ihr Partner gewinnt, wenn er Ihrem Vorschlag zustimmt.

18. Liefern Sie Beweise für die Vorteile.

19. Stellen Sie in Zwischen-Zusammenfassungen heraus, bei wievielen Punkten inzwischen eine Übereinstimmung herrscht und wie wenige Fragen nur noch offen sind.

20. Arbeiten Sie mehr mit Fragen als mit Aussagesätzen. Setzen Sie Fragen ein, um gemeinsam mit Ihren Gesprächspartnern

a) deren Voraussetzungen zu prüfen,

b) Informationen zu erhalten,

c) neue Beurteilungsfaktoren in das Gespräch zu bringen,

d) das Ankommen der eigenen Aussagen zu prüfen,

e) eine gegenteilige Meinung höflich und ohne Belehrung zu bringen.

21. Lassen Sie sich von Ihrem Gesprächspartner beraten und helfen.

22. Achten Sie mit größter Sorgfalt auf die Empfindlichkeit und das Geltungsbedürfnis Ihrer Gesprächspartner.

23. Kommentieren Sie bestimmte Aussagen und Anregungen Ihrer Partner positiv. Nennen Sie Beweise dafür, daß die Anregungen Ihrer Partner beeindruckend sind.

9.2 Die Macht der Überzeugung: Die fünf Stufen der Beeinflussung

Keiner von uns sagte, er habe die Wahrheit schon gefunden.
Laßt Sie uns vielmehr so suchen, als ob sie uns unbekannt sei.
Wenn keiner sich anmaßt, sie schon gefunden und erkannt zu haben,
dann werden wir sie gewissenhaft und einträchtig gemeinsam
suchen können.

Augustinus

Rhetorik ist die Kraft oder die Fähigkeit, bei jedem Gegenstand das herauszufinden, was am meisten überzeugt.

Hamilton

Laß mich an Deiner Überzeugung teilnehmen und behalte Deine Zweifel für Dich, da ich hieran schon genug allein zu tragen habe.

Goethe

Bevor Sie sprechen, sollten Sie sich folgende vier Fragen stellen. Die „Vier-W-Formel“ führt Sie zur Klarheit und damit zum Erfolg:

1. *Was* will ich erreichen?

2. *Wie* muß ich argumentieren?

3: *Welche* Einwendungen habe ich zu erwarten?

4. *Wie* kann ich sie widerlegen?

Wer seine Meinung in der Diskussion oder Debatte durchsetzen will, kann auch in sehr kurzer Zeit Wesentliches vortragen. Arbeiten Sie Ihren Standpunkt klar heraus. Beachten Sie die fünf Punkte:

1. Standpunkt

2. Grund

3. Beispiel

4. Schlußfolgerung

5. Aufforderung

aufschließen:	interessieren:	überzeugen:	beeinflussen:	gewinnen:
– Kontakt, – Aufmerksamkeit, – Sympathie, – Bereitschaft zum Gespräch	– Vorteile anbieten, – Interessen – wecken, – vertiefen, – binden	– Logik, – Argumentation, – Begründung, – Sachlichkeit	– Lebendigkeit, – Überredungskunst, – Motivation	– Glaubwürdigkeit und Festigkeit, – Vertrauen (als höchstes Ergebnis)

Die fünf Stufen der Beeinflussung

9.3 Fragetechnik: Führen durch Fragen

„Ich habe sechs Bedienstete,
die mich alles gelehrt haben, was ich weiß.
Ihre Namen sind: Was, warum, wann, wie, wo und wer."

R. Kipling

So viele Fragen, so viele Antworten – sagt der Volksmund und meint damit, daß viele Fragen für Verwirrung sorgen. Man kann es auch positiv sehen. Wer viel fragt, erfährt viel, wer viel erfährt, weiß viel. Sicher ist Wissen nicht immer Macht, aber es erleichtert einiges im Leben. Wissen beinhaltet Informationen und ohne Informationen ist im heutigen Geschäftsleben kein Staat mehr zu machen. Fragen ist die unmittelbarste Form, am Informationen heranzukommen, es ist die direkteste Form der Kommunikation, weil sie sich mit dem Gesprächspartner beschäftigt. Wer fragt, führt Dialoge und keine Monologe. Fragen ist Austausch: Interesse gegen Informationen. Fragen heißt auch: Ich interessiere mich für dich, ich möchte von dir wissen, was du von mir willst, damit ich weiß, was du brauchst. Kompliziert? – Vielleicht nur auf den ersten Blick.

„Wer wie was …" wird schon in der Sendung für Vorschulkinder „Sesamstraße" gesungen und mit der Aufforderung an die Kinder, zu Fragen, was sie wissen wollen, wird auch gleich der Grund geliefert: „Wer nicht fragt, bleibt dumm." Auf Erwachsene ungemünzt bedeutet das: Wer nicht fragt, erhält keine Informationen. Lee Iacocca, der legendäre Chrysler-Manager, hat einmal gesagt. „Ich kenne viele Männer, die intelligenter sind als ich, und auch viele, die mehr über Autos wissen. Aber ich habe sie alle überflügelt. Warum? Weil ich ein rücksichtsloser Kerl bin? Nein. Wenn man die Leute herumkommandiert, bleibt man nicht lange erfolgreich. Man muß einfach wissen, wie man mit ihnen redet."

Wenn man wissen will, wie man mit den Leuten redet, muß man auch wissen, wie man dieses Wissen erwirbt. Am besten, man fragt die Leute, was sie wollen. Geschicktes Fragen ist die einzig wirkliche Möglichkeit, etwas zu erfahren, die Voraussetzung für einen positiven Umgang mit Mitarbeitern und Kunden, die Grundlage für dauerhaften Erfolg. Die Frage ist ein Werkzeug zur erfolgreichen Kommunikation. Sicher haben

Sie bereits Erfahrungen gemacht mit einem Verkäufer, einem Versicherungsvertreter oder Berater, der über ein beeindruckendes Fachwissen verfügte und alles tat, um Sie von seiner Qualifizierung zu überzeugen. Am Ende waren Sie vielleicht wirklich von der fachlichen Qualifikation des Mannes überzeugt – allerdings nicht von dem Produkt, das er verkaufen wollte. Denn er hat den Fehler gemacht, sich selbst zu verkaufen und nicht das Auto, die Waschmaschine, den Bausparvertrag.

Vielleicht haben Sie auch Erfahrung mit einem Vorgesetzten, der sich damit brüstete, das beste Gehalt innerhalb der Branche zu zahlen und sich wunderte, als ein Mitarbeiter nach dem anderen kündigte, weil das Betriebsklima bei der Konkurrenz angenehmer war. Hätte der Mann doch nur einmal seine Leute gefragt, was besser laufen könnte im Betrieb, was die Mitarbeiter denn erwarteten ... Fragen ist die beste Methode Kontakt zu anderen Menschen zu finden. Viele Menschen sind hervorragende Rhetoriker. Sie können sprühende Reden halten und andere in ihren Bann ziehen. Wunderbar! Dennoch schaffen sie es nicht, wirklich Kontakt zu den Menschen in ihrem Umfeld herzustellen. Sie wissen nicht, was die anderen denken und erwarten. Ein Politiker, der schöne Reden hält, aber keine Ahnung hat, was das Volk braucht und wünscht, ist kein guter Politiker. Er ist höchstens ein guter Redner.

Es ist ein Irrtum zu glauben, daß nur derjenige etwas mitteilt, der Behauptungen aufstellt, der sein Wissen vermittelt. Auch der Fragende gibt eine Botschaft weiter, die Botschaft des Interesses für den Gesprächspartner. Es ist auch ein Irrtum zu denken, daß nur der Redner über Wissen verfügt, der Fragende hingegen ein „Unwissender" ist. Die klügsten Fragensteller sind nie die Dummen, gerade dann, wenn sie mehr wissen, als ihre Fragen vermuten lassen. Sie kommen an Zusatzwissen heran, auf das der einseitige Redner verzichten muß. Wer im Dialog kommuniziert, kann dem Monologe führenden Experten deshalb im Detail überlegen sein, auch wenn er nicht ansatzweise über dessen Fachwissen verfügt.

Ein Gespräch ist eine dialogische Ausdrucksform, die nur funktioniert, wenn Sender und Empfänger den gleichen „Code" benutzen und die Situation, in der das Gespräch stattfindet, einbezogen wird. Als „Code" wird zum Beispiel die Sprache angesehen. Ohne eine gemeinsame Sprachebene verläuft die Kommunikation ergebnislos. Wenn ein Gesprächsteilnehmer französisch redet und der andere italienisch, wird man im wahrsten Sinne des Wortes aneinander vorbeireden. Neben dieser kleinsten gemeinsamen Ebene spielt die Situation des Gesprächs eine Rolle. Daraus ergeben sich folgende Aspekte:

- **Wo** findet das Gespräch statt?

Befinde ich mich im „Revier" des Partners (Wohnung, Firma) oder in meinem Revier? Ist es ein neutraler Ort? Es macht einen Unterschied, ob man sich zu einem Gespräch in einem gediegenen Luxusrestaurant oder an einer Imbißbude trifft.

- **Wer** ist mein Gesprächspartner?

Ist es mein Vorgesetzter, mein Untergebener, mein Partner? Ist es ein jüngerer oder ein älterer Mensch, Mann oder Frau? Macht er einen eher humorvollen oder eher ernsten Eindruck?

- **Welche** Informationen habe ich über mein Gegenüber?

Beruf, Bildungsstand, Status, Einkommen, Gesprächsgrund.

- **Warum** führe ich das Gespräch?

Will ich etwas erreichen oder soll es einfach nur ein allgemeines, persönliches Gespräch sein?

- **Was** will ich mit diesem Gespräch erreichen?

Gehaltserhöhung, besseres Betriebsklima, Verkauf, Schlichtung einer Meinungsverschiedenheit, Klärung eines Mißverständnisses, Verhandlung über ein gemeinsames Anliegen etc. ...

- **Wann** ist er günstigste Zeitpunkt selbst-/mitbestimmen?

Ist es günstiger während der Arbeitszeit/Mittagspause/nach Feierabend?

- **Wie** gestalte ich das Gespräch am effektivsten?

Kann ich auch persönliche Dinge fragen? Soll ich rein sachlich bleiben?

Die Beantwortung dieser W-Fragen kann die Gesprächs-Situation bereits im Vorfeld klären und erleichtert den Dialog. Die Antworten können bereits Informationen geben, die man in Gespräch nicht mehr einzuholen braucht. Sie können auch Denkanstöße und Problemlösungen beinhalten, die eine straffere und effektivere, auch eine zielgerechte Gesprächsführung erlauben. Im übrigen ist diese W-Fragen-Technik auch während des Gesprächs unverzichtbar. Besonders die Frage nach dem „Wie“ hat die Antworten mit dem höchsten Informationswert zur Folge.

- *Wie* stellen Sie sich eine bessere Zusammenarbeit vor?
- *Wie* sehen Sie die Entwicklung des Produkts in Zukunft?
- *Wie* gefällt Ihnen das Produkt?
- *Wie* denken Sie darüber?
- *Wie* geht das?

  usw.

Bei der Frage nach dem Wie wird der Gesprächspartner gefordert, seine eigenen Gedanken und Assoziationen mitzuteilen. Wie zu Fragen bedeutet deshalb, an Kompetenz und Meinung des Gegenübers zu appellieren, an das Bedürfnis nach Selbstbestimmung und Anerkennung. Wie-Fragen signalisieren: Ich nehme dich und deine Meinung ernst.

Nicht jede Frage ist eine positive Frage, viele verbergen einen versteckten Vorwurf, ohne eine wirkliche Antwort zu erwarten. So beinhaltet die Frage der verärgerten Mutter an ihr Kind. „Wo hast du den diesen Unsinn gelernt?“ alles andere als ein aufbauendes Element. Auch das verärgerte „Wieso wissen Sie das nicht?“ des Chefs oder das lauernd-hämische „Wo haben Sie denn Ihren Führerschein gemacht?“ des Verkehrspolizisten erwartet wohl keine Beantwortung.

Klug zu Fragen bedeutet deshalb, möglichst kluge – sprich: informative – Antworten haben zu wollen. Informative Antworten bringen den Fragestellenden ein Stück weiter, seinem Ziel näher, ganz gleich, wie dieses Ziel aussieht. Wer den Befragten motivieren will, muß sich dessen Sympathie erwerben. Das geht am besten mit Fragen, die den Gesprächspartner ehren, die ihm schmeicheln, die er gern beantwortet. Gern beantwortet werden Fragen nach dem Hobby, nach Lebenspartner/in. Kindern, aber auch nach beruflichen Erfolgen, nach Karriere, nach dem neuen Haus/Auto – eben nach allem, worauf der Befragte stolz ist und gern und freiwillig Auskunft erteilt.

Der Sympathiebonus ist dem Fragesteller sicher – sofern er die richtigen Fragen stellt und sich nicht auf das Glatteis der Indiskretion begibt. Denn Persönliches sollte man erst ansprechen, wenn man die Situation geklärt hat (siehe W-Fragen) und die Umstände es erlauben. Sonst kann der Sympathiebonus schnell ins Gegenteil umschlagen, nämlich dann, wenn die Gesprächssituation eine sachliche Ebene vorschreibt, wie etwa bei einem Bewerbungsgespräch. Die gleichen Worte können an unterschiedlichen Orten, zu unterschiedlichen Zeiten und mit verschiedenen Gesprächspartnern ganz unterschiedlich ausgelegt werden.

Sensibilität, Taktgefühl und Einfühlungsvermögen sind Grundvoraussetzungen für das perfekte Beherrschen der Fragetechnik. Das gilt für das private Gespräch genauso wie für das geschäftliche, die Diskussionsrunde und selbst den wissenschaftlichen Vortrag, der ebenfalls durch Fragen am richtigen Ort die Zuhörer einbeziehen und die Spannung erhöhen kann. Erstaunlicherweise zeigt sich Einfühlungsvermögen am deutlichsten an dem Punkt, wo nicht gefragt wird: an der Fähigkeit zuzuhören. Denn wer fragt, sollte Raum für die Antworten lassen. Wer dem Befragten Zeit und Gelegenheit zum Antworten läßt, läßt ihm Zeit zum Nachdenken, Zeit, den Dialog aufzunehmen, Zeit, zu einer Überzeugung zu kommen. Auch Fragen können als Monolog geführt werden, auch mit Fragen kann man sein Gegenüber mundtot machen. In diesem Fall ist der Effekt des Fragens gleich Null, denn nur die Antworten bringen den Fragenden seinem Ziel näher.

Eine Vielzahl von Berufen sind ohne Fragetechnik undenkbar. Ein Arzt kann keine Diagnose stellen, wenn er den Patienten nicht dazu bringen kann, seine Krankengeschichte zu schildern. Für einen Journalisten ist es unmöglich, ein Interview ohne zielgerichtetes Fragen zustande zu bringen. Lehrer müssen das Wissen ihrer Schüler abfragen, um sich ein Bild von ihren Leistungen machen zu können. Richter, Psychologen, Polizisten, Verkäufer, ja alle Dienstleistungsberufe – niemand kommt aus, ohne Fragen zu stellen. Und sei es nur das lapidare „Was darf es sein?“ Sich eine geschickte Fragetechnik anzueignen ist deshalb kein Luxus, kein Freizeitspaß – es ist Voraussetzung für Erfolg im Beruf, für eine gute Partnerschaft und eine vertrauensvolle Beziehung zu seinen Kindern. Es gibt dumme, weil überflüssige Fragen, die nicht das Ziel im Auge haben. Und es gibt kluge Fragen, die kluge Antworten enthalten. Je geschickter und klüger die Frage formuliert ist, desto größer der Informationswert, desto größer der Erfolg. Das gilt für alle Bereiche des Lebens und das zeigt sich am deutlichsten im Verkauf und im Umgang mit Mitarbeitern.

Niemand wird offen zugeben, daß er eitel ist – und sei es auch ein klein wenig. Aber fast jeder Mensch schätzt es, wenn andere Interesse an seiner Person signalisieren. Selbst die Allerwelts-Floskel „Wie geht's?" sagt uns, daß sich jemand für unser Wohlergehen interessiert, wenn er sich immerhin danach erkundigt. Jeder hält sich – Hand aufs Herz – doch ein bißchen für den Mittelpunkt der Welt. Wer also fragt, „streichelt" nicht nur dieses Ich-Gefühl, er aktiviert auch sein Gegenüber, regt zu Antworten an. Er beteiligt den Gesprächspartner am Dialog. Monologe ermüden, sofern sie nicht nur konzentrierte Aufmerksamkeit, die der Kunde vielleicht noch gar nicht hat, weil er erst noch für das Produkt interessiert werden soll – er erzeugt auch noch eine „Moment-mal-Reaktion", in der unbewußt alle Behauptungen überprüft werden, kritisch aus der Distanz heraus betrachtet, sogar ablehnt, mit Sicherheit aber nicht unwidersprochen akzeptiert.

Wer dagegen fragt, gerät nicht in Gefahr, zu viel zu sprechen, er läßt den anderen zu Wort kommen und erhält so als Zusatz-Bonbon auch die Informationen, die er benötigt. Beim Fragen werden zudem Gegenargumente schneller erkannt, noch bevor sich eine pauschale Abwehrhaltung entwickeln kann. Denn auf jedes einzelne Gegenargument kann direkter reagiert werden als auf einen angesammelten Berg Ablehnung. Statt Mißtrauen wachsen zu lassen, wird eine Vertrauensbasis geschaffen. Wer richtig fragt, appelliert an das Selbstbestimmungsbedürfnis des Gesprächspartners. „Man läßt sich gewöhnlich leichter durch Gründe überzeugen, die man selbst gefunden hat, als durch solche, die einem anderen zu Sinn gekommen sind", sagte schon Pascal. Wer also sein Gegenüber durch Fragen soweit aktivieren kann, daß er bereitwillig Informationen gibt, kann ihn auch noch suggestiv in die gewünschte Richtung lenken, indem er gezielt nachhakt.

Beispiel: Der Versicherungsberater will einem Kunden eine Kfz-Vollkasko-Versicherng verkaufen. Auf die „Informationsfrage" nach dem Wagen, den der Kunde fährt, erhält der Verkäufer die entsprechende Antwort, auf der er weiter aufbauen kann mit einer „Richtungs- oder Suggestivfrage". Etwa: „Haben Sie schon einmal überlegt, wie teuer es kommen würde, wenn Sie bei einem Auffahrunfall nur Stoßstange und Motorhaube ersetzen müßten?" Danach kann systematisch weitergefragt werden: „Würde es Sie interessieren, wenn ich Ihnen eine Kostenrechnung dagegenstelle, die eine Vollkasko-Versicherung beinhaltet?" Der Kunde überlegt selbst, er antwortet aus seiner Sicht und bekommt mehr und mehr das Gefühl, daß er allein und vollkommen frei entscheiden kann, was für ihn vorteilhaft ist.

Sowie ein vorsichtiger Rückzug des Kunden einsetzt, wird es Zeit für die „Alternativfrage“, denn er soll spüren, daß er nicht in die Enge getrieben werden soll. Dabei ist es wichtig, die Alternative positiv zu gestalten. Völlig falsch wäre bei unserem Beispiel die Frage: „Wollen Sie eine Vollkasko-Versicherung oder lieber viel Geld für teure Reparaturen bezahlen?“ Hier wird die Distanz womöglich noch größer, weil sich niemand gerne sagen läßt, daß seine mögliche Entscheidung „dumm“ ist und damit auch er selbst. Richtiger wäre es, zu Fragen: „Wenn Ihnen das Ganze zu teuer ist – können Sie sich vielleicht die preisgünstigere Lösung mit einer höheren Selbstbeteiligung vorstellen?“ Der Kunde bekommt eine positive Alternative vermittelt statt einer negativen – und er bekommt die Möglichkeit der Wahl geboten.

Eine besonders positive Stimmung erzeugt die motivierende Richtungsfrage, die den Gesprächspartner anregt, sich zu öffnen, indem man ihn ganz präzise nach seiner Meinung fragt und die Frage so formuliert, daß eben dieser Meinung eine große Bedeutung zukommt. Beispiel: „Wie finden Sie als Polizeibeamter diese Diebstahlsicherungen?“ oder: „Was meinen Sie als vielbeschäftigte Sekretärin zu der Arbeitserleichterung, die Ihnen dieses Gerät bietet?“ Natürlich wird sich die so gefragte Person geehrt fühlen, in ihrer Kompetenz ernst genommen: „Meine Meinung gilt etwas.“ Solche Fragen locken aus der Reserve, lockern und öffnen den Kunden, schaffen ein Vertrauensklima, ohne daß der Fragende die Gesprächsführung aus der Hand gibt. Denn auch wenn eine Frage noch so leger wirkt – das Ziel ist wichtig und darf niemals aus dem Auge verloren werden. Die freundliche Frage, ob der Kunde einen Parkplatz gefunden hat, kann beispielsweise Auskunft darüber geben, ob mit dem Auto, mit der Bahn oder mit dem Flugzeug gekommen ist – eine Information, die für manche Gespräche Bedeutung haben kann und außerdem hört sich die Frage netter und interessierter an – weil besorgt um das Wohlergehen des Kunden – als direkte gestellte Frage nach dem benutzten Verkehrsmittel. Das kann leicht eine Verhörstimmung erzeugen, die wiederum Abwehr produziert.

Das Gespräch sollte nicht zu sehr ein Frage- und Antwortspiel sein. Denn das könnte den Kunden argwöhnisch machen und in ihm den Verdacht wecken, daß er ausgehört werden soll. Wer sich in eine Ecke gedrängt fühlt, ist nicht mehr offen, sondern wird unbewußt aggressiv und ablehnend reagieren. Sympathie und Anteilnahme erzeugt dagegen die reflektierende Fragestellung, die Aussagen des Gegenübers aufnimmt und durch die indirekte Aufforderung zu Präzisierung dazu beitragen kann, eine Meinung zu revidieren. Wenn ein Kunde beispielsweise äußert, daß er an einer Lebensversicherung kein Interesse hat, kann die Frage folgen: „Haben ich Sie richtig verstanden, daß Sie an einer effektiven Altersversorgung nicht interessiert sind?" Der Kunde bekommt die Möglichkeit, seine Aussage zu überdenken und gleichzeitig einen anderen, positiven Inhalt der Versicherung vermittelt. Der Verkäufer hat Gelegenheit, sich Gegenargumente zu überlegen, weil er einen zeitlichen Spielraum gewonnen hat. Auch auf die einfache Frage: „Wie meinen Sie das?" folgt häufig eine Präzisierung, die die Verkäufer-Argumentation erleichtert.

Die Meinungsumfrage dient nicht nur der Kontrolle, ob die empfangenen Informationen richtig verstanden wurden – sie zeigt auch, ob er andere überhaupt noch zuhört und interessiert ist. „Was meinen Sie dazu?" Diese Fragestellung hat zudem einen aktivierenden Effekt, lockt aus der Reserve und stellt damit auch wieder Aufmerksamkeit her, falls dies nicht mehr der Fall war. Auch eine kurze Bestätigungsfrage – „Meinen Sie nicht auch?" – kann Auskunft geben über den Aufmerksamkeitsgrad des Kunden.

Fragen, die nur mit „Ja" oder „Nein" beantwortet werden können, sind nicht ungefährlich (Verhörsituation!) und sollten im Laufe eines Gesprächs erst gestellt werden, wenn eigentlich schon alles klar ist und nur noch der letzte „Kick" – nämlich die endgültige Entscheidung an letzter Stelle stehen – und mit einer kleinen Serie von eindeutig mit „Ja" zu beantwortenden Fragen eingeleitet werden. Dann ergibt sich häufig eine zustimmende Haltung, die ursprünglich vielleicht gar nicht so eindeutig vorhanden war.

Beispiel

„Liegt Ihnen das Wohl Ihrer Familie am Herzen?"
(Welcher Familienvater würde diese Frage verneinen?)

„Möchten Sie, daß Ihre Familie versorgt ist, wenn Ihnen etwas zustoßen sollte?"
(Natürlich.)

„Möchten Sie, daß Sie auch im Alter Ihren Lebensstandard aufrecht halten können?"
(Wer möchte das nicht?)

> „Darf ich Ihnen am Beispiel einer Lebensversicherung einmal aufzeigen, wie Sie Ihre Familie absichern und gleichzeitig fürs Alter vorsorgen können?"

Die Erfahrung zeigt, daß bei mehreren Fragen die zustimmend beantwortet werden, in der Mehrzahl der Fälle auch die letzte Frage bejaht wird. Stünde diese Frage am Anfang, wäre diese Wahrscheinlichkeit wesentlich geringer.

Es ist also oftmals kaum von Bedeutung, *was* gefragt wird, sondern *wie* die Fragen verpackt werden – oder, wie der Volksmund sagt: „So, wie es in den Wald hineinschallt, so schallt es auch heraus."

„Man muß viel gelernt haben, um über das, was man nicht weiß, fragen zu können."

Rousseau

Fragetechnik

▶ Gezielt und richtig fragen im Rahmen der Problemanalyse. Warum ist es besser zu fragen als zu behaupten?

Behauptungen
- werden oft nicht akzeptiert,
- fordern Widerspruch heraus,
- verletzten Prestige,
- können Ärger verursachen,
- führen zu Streitgesprächen.

▶ Worin liegen die Vorteile des Fragens?
- Wer fragt, der führt.
- Wer fragt, behauptet nicht.
- Wer fragt, verletzt kein Prestige.
- Wer fragt, aktiviert, beteiligt den Partner, regt zu Antworten an.
- Wer fragt, spricht nicht zuviel.
- Wer fragt, zeigt Interesse.
- Wer fragt, erhält die nötigen Informationen schneller, spart Zeit und Kosten.
- Wer fragt, ermöglicht den Partnern, sich selbst zu korrigieren.

Wir aktivieren die Gesprächspartner, ohne daß wir die Gesprächsführung aus der Hand geben.

Geschlossene Frage	Ja-/Nein-Antwort
	Haben Sie schon mit der Konkurrenz verhandelt? Waren Sie pünktlich beim Kunden? Verhör, jemanden festlegen wollen.
Offene Frage **Meinungsfrage**	Wie beurteilen Sie das? Welche Erfahrungen machten Sie? Was meinen Sie dazu? Wie denken Sie darüber?
	Kann nicht mit Ja oder Nein beantwortet werden, öffnet, lockt aus der Reserve, produziert wichtige Informationen für Verkäufer, Kunde stellt sein Problem dar.
Reflektierende Frage	Wiederholung der Kundenaussage in Frageform. Wollen Sie damit sagen, Herr Kunde, daß das Verfahren nur in Großunternehmen einsetzbar ist (Meine Firma ist dafür zu klein)? Sind Sie also der Auffassung, daß ...? Wenn ich Sie richtig verstehe, meinen Sie, daß ...
	Empathie, Anteilnahme, Verstehen, vermeiden negativer Stellungnahme, Käufer kann sich selbst korrigieren.
Richtungsfrage	Würde es Sie interessieren, wenn ... Sie sagten gerade eben, daß ... Können Sie sich vorstellen, daß ... Welche Bedeutung würden Sie ... beimessen?
	Kunde überlegt selbst, antwortet aus seiner Sicht, gibt gezielte Informationen, schafft Sympathie für Vorschläge, liefert Ansatzpunkte, Käufer überzeugt sich selbst.

Alternativfrage	Wollen Sie die Ausführung A oder B? Paßt es Ihnen besser am Freitag, den 17. ..., um 9 Uhr oder am Nachmittag?
	Straffe und zielorientierte Führung des Gesprächs.
Provokatorische Behauptung	Die Konkurrenz hat ja auch schon zehn Prozent Rabatt zugestanden, Ihr Marktanteil ist doch mindestens 40 Prozent.
	Etwas als gegeben unterstellen, um eine Reaktion zu provozieren.
Indirekte Frage zur Vermeidung peinlicher Situationen	Haben Sie einen Parkplatz gefunden? (um zu erfahren, ob er per Flugzeug anreiste) Ist der Wettbewerb billiger? (um zu erfahren, ob mit ihm bereits verhandelt wurde)
	Auf den Busch klopfen, um etwas zu erfahren, was bei direkter Frage nicht zu erwarten ist. Widerstand umgehen, Ziel direkt ansteuern.
Wunschfrage dominanter Kundenwunsch	1. spezifisch: Wünschen Sie die Ausführung wie Firma X, der Branchenführer? 2. generell: Wünschen Sie eine Ausführung wie die meisten Firmen Ihrer Betriebsgröße? 3. gelistet: Die meisten gewünschten Farben sind Blau, Grün, Gelb. Was ziehen Sie vor? (Wunschliste)
	Bestimmung des dominanten Kundenwunsches.

9.4 Die Ringparabel – Das beste Verkaufsgespräch der Welt als Beispiel für NLP-Anwendung

Schon bei Ben Akiba, dem jüdischen Schriftgelehrten, finden wir diese Erkenntnis: Es ist alles schon einmal dagewesen! Angefangen hat es in den Rhetorik-Schulen der alten Griechen, und die Spur geht weiter bis zu Dale Carnegie.

Da Trainer immer neue Angelhaken benötigen, um Seminare zu verkaufen, entstand die Trainer-Mode. Erst war es vor Jahren die Transaktionsanalyse. Dann kam die EKS-Lehre von Wolfgang Mewes. Jetzt boomt der NLP-Zirkus von Bandler und Grinder bis zu Anthony Robbins. Doch alles ist schon einmal dagewesen. Das geschickteste an der NLP-Technik war die Erschaffung der NLP-Sprache. Einige Beispiele hier zur Verdeutlichung.

NLP-Begriffe:	
Rapport	– Kontakt herstellen
Spiegeln	– Verhalten angleichen
Pacing	– Einstellung akzeptieren, abholen
Leading	– führen
Reframing	– Veränderungen einleiten
Generalisierung	– Verallgemeinerung
Ressourcen	– vorhandene Potentiale nutzen
Future-Pace	– Zukunftssuggestion
Ankern	– Einstellung festigen, konditionieren
Moment of Excellence	– Lebenshöhepunkte aktivieren
Changing history	– Veränderung der Vergangenheit
Modellieren	– vom Vorbild lernen
Switch	– Erlebnisse miteinander verbinden

In meinem Buch *Die Formel des Erfolgs* habe ich am Beispiel der Rede des Mark Anton nachgewiesen, daß Shakespeare schon ein perfekter NLP-Meister war, denn er hat die NLP-Techniken in genialer Manier genutzt, um die Trauerrede zu gestalten.

In diesem Buch über Verkaufsrhetorik möchte ich am besten Verkaufsgespräch der Weltliteratur deutlich machen, wie alt NLP-Techniken in Wirklichkeit sind. Vielleicht beginnen Sie mit dem Modellieren, so können Sie Wissen in Können verwandeln und ankern.

Machen Sie sich bitte mit der Ringparabel vertraut. Wenn Sie Vertrauen zu Ihrem Gedächtnis haben, lernen Sie die Passage aus Lessings „Nathan" auswendig, und lesen und erleben Sie die Auseinandersetzungen zwischen Saladin und Nathan immer wieder. Sie werden überrascht sein, wie sich Ihre geistigen Fähigkeiten potenzieren. So werden Sie ein Spitzenverkäufer durch die Kunst des sanften Verkaufs.

Treffen der Giganten – Saladin und Nathan

Saladin: Tritt näher, Jude! – Näher! – Nur ganz her! – Nur ohne Furcht!

Nathan: Die bleibe deinem Feinde!

Saladin: Du nennst dich Nathan?

Nathan: Ja.

Saladin: Den weisen Nathan?

Nathan: Nein

Saladin: Wohl nennst du dich nicht; nennt mich das Volk.

Nathan: Kann sein, das Volk!

Saladin: du glaubst doch nicht, daß ich verächtlich von des Volkes Stimme denke – Ich habe längst gewünscht, den Mann zu kennen, den es den Weisen nennt.

Nathan: Und wenn es ihn zum Spott so nannte? Wenn dem Volke weise nichts weiter wär' als klug? Und klug nur der, der sich auf seinen Vorteil gut versteht?

Saladin: Aus seinen wahren Vorteil meinst du doch?

Nathan: Dann freilich wär' der Eigennützigste der Klügste. Dann wär' freilich klug und weise nur eins.

Saladin: Ich höre dich erweisen, was du widersprechen willst. – Des Menschen wahre Vorteile, die das Volk nicht kennt, kennst du. Hast du zu kennen wenigstens gesucht; Hast drüber nachgedacht: das auch allein macht schon den Weisen.

Nathan: Der sich jeder dünkt zu sein.

Saladin: Nun der Bescheidenheit genug! Denn sie nur immerdar zu hören, wo man trockene Vernunft erwartet, ekelt.
(Er springt auf.)
Laß uns zur Sache kommen! Aber, aber aufrichtig, Jud', aufrichtig!

Nathan: Sultan, ich will sicherlich dich so bedienen, daß ich deiner fernern Kundschaft würdig bleibe.

Saladin: Bedienen, wie?

Nathan: Du sollst das Beste haben von allem; sollst es um den billigsten Preis haben.

Saladin: Wovon sprichst du? Doch wohl nicht von deinen Waren? – Schachern wird mit dir schon meine Schwester. (Das der Horcherin!) – Ich habe mit dem Kaufmann nichts zu tun.

Nathan: So wirst du ohne Zweifel wissen wollen, was ich auf meinem Wege von dem Feinde, er allerdings sich wieder reget, etwa bemerkt, getroffen? – Wenn ich unverholen ...

Saladin: Auch darauf bin ich eben nicht mit dir gesteuert. Davon weiß ich schon, so viel ich nötig habe. – Kurz; –

Nathan: Gebiete, Sultan.

Saladin: Ich heische deinen Unterricht in ganz was anderm; ganz was anderm. – Da du nun so weise bist: so sage mit doch einmal – was für ein Glaube, was für ein Gesetz hat dir am meisten eingeleuchtet?

Nathan: Sultan, ich bin ein Jud'.

Saladin: Und ich ein Muselmann. Der Christ ist zwischen uns. – Von diesen drei Religionen kann doch eine nur die wahre sein. – Ein Mann wie du, bleibt da nicht stehen, wo der Zufall der Geburt ihn hingeworfen: oder wenn er bleibt, bleibt er aus Einsicht, Gründen, Wahl des Bessern. Wohlan! So teile deine Einsicht mir dann mit. Laß mich die Gründe hören, denen ich selber nachzugrü-

beln, nicht die Zeit gehabt. Laß mich die Wahl, die diese Gründe bestimmt, – versteh sich, im Vertrauen – wissen, damit ich sie zu meiner mache. Wie? Du stutzest? Wägst mich mit dem Auge? – Kann wohl sein, daß ich der erste Sultan bin, der eine solche Grille hat; die mich doch eines Sultans eben nicht so ganz unwürdig dünkt. – Nicht wahr? – So rede doch! Sprich! – Oder willst du einen Augenblick, dich zu bedenken? Gut, ich geb ihn dir. –
(Ob sie wohl horcht? Ich will sie doch belauschen; will hören, ob ich's recht gemacht.) Denk nach, Geschwind denk nach! Ich säume nicht, zurückzukommen. (Er geht in das Nebenzimmer, nach welchem sich Sittah begeben.)

Sechster Auftritt

(Nathan allein) Hm! hm! – wunderlich! – Wie ist mir denn? – Was will der Sultan? Was? Ich bin auf Geld gefaßt; und er will – Wahrheit. Wahrheit! Und will sie so, – so bar, so blank, – als ob die Wahrheit Münze wäre! – Ja, wenn noch uralte Münze, die gewogen ward! – Das ginge noch! Allein so neue Münze, die nur der Stempel macht, die man aufs Brett nur zählen darf, das ist sie doch nun nicht! Wie Geld in Sack, so striche man in Kopf auch Wahrheit ein? Wer ist denn hier der Jude? Ich oder er? – Doch wie? Sollt' er auch wohl die Wahrheit nicht in Wahrheit fordern? – Zwar, zwar der Verdacht, daß er die Wahrheit nur als Falle brauche, wär' auch gar zu klein! – Zu klein? – Gewiß, gewiß: er stürzte mit der Türe ins Haus! Man pocht doch, hört doch erst, wenn man als Freund sich naht. – Ich muß behutsam gehn! – Und wie? wie das? – So ganz Stockjude sein zu wollen, geht schon nicht. – Und ganz und gar nicht Jude, geht noch minder. Denn, wenn kein Jude, dürft' er mich nur Fragen, warum kein Muselmann? – Das war's Das kann mich retten! – Nicht die Kinder bloß, speist man mit Märchen ab. – Er kömmt. Er komme nur!

Siebenter Auftritt – Saladin und Nathan.

Saladin: (So ist das Feld hier rein!) – Ich komm dir doch nicht zu geschwind zurück? Du bist zu Rande mit deiner Überlegung. – Nun so rede! Es hört uns keine Seele.

Nathan: Möcht' auch doch die ganze Welt uns hören.

Saladin: So gewiß ist Nathan seiner Sache? Ha! Das nenn ich einen Weisen. Nie die Wahrheit zu verhehlen. Für sie ist alles auf das Spiel zu setzen. Leib und Leben! Gut und Blut!

Nathan: Jaja, Wann's nötig ist und nutzt.

Saladin: Von nun an darf ich hoffen, einen meiner Titel, Verbesserer der Welt und des Gesetzes, mit Recht zu führen.

Nathan: Traun, ein schöner Titel!
Doch, Sultan, eh' ich mich dir ganz vertraue, erlaubest du wohl, dir ein Geschichtchen zu erzählen?

Saladin: Warum das nicht? Ich bin stets ein Freund gewesen von Geschichtchen, gut erzählt.

Nathan: Ja, gut erzählen, das ist nun wohl eben meine Sache nicht.

Saladin: Schon wieder so stolz bescheiden? – Mach! erzähl, erzähle!

Nathan: Vor grauen Jahren lebt ein Mann in Osten, der einen Ring von unschätzbarem Wert aus lieber Hand besaß. Der Stein war ein Opal, er hundert schöne Farben spielte, und hatte die geheime Kraft, vor Gott und Menschen angenehm zu machen, wer in dieser Zuversicht ihn trug. Was Wunder, daß ihn der Mann in Osten darum nie vom Finger ließ; und die Verfügung traf, auf ewig ihn bei seinem Hause zu erhalten? Nämlich so. Er ließ den Ring von seinen Söhnen dem geliebtesten; und setzte fest, daß dieser wiederum den Ring von seinen Söhnen dem vermache, der ihm der liebste sei; und der stets liebste, Ohn' Ansehen der Geburt in Kraft allein des Rings, das Haupt, der Fürst des Hauses werde. – Versteh mich, Sultan.

Saladin: Ich versteh dich. Weiter!

Nathan: So kam nun dieser Ring, von Sohn zu Sohn, auf einen Vater endlich von drei Söhnen; die alle drei ihm gleich gehorsam waren, die alle drei er folglich gleich zu lieben sich nicht entbrechen konnte. Nur von Zeit zu Zeit schien ihm bald der, bald dieser, bald der dritte, – sowie jeder sich mit ihm allein befand, und sein ergießend Herz die andern zwei nicht teilten, – würdiger des Ringes; den er denn auch einem jeden die fromme Schwachheit hatte, zu versprechen.
Das ging nun so, solang es ging. – Allein es kam zum Sterben und der gute Vater kömmt in Verlegenheit. Es schmerzt ihn, zwei von seinen Söhnen, die sich auf sein Wort verlassen, so zu kränken. –

Was zu tun? – Er sendet in geheim zu einem Künstler, bei dem er, nach dem Muster seines Ringes, zwei andere bestellt, und weder Kosten noch Mühe sparen heißt, sie jedem gleich, vollkommen gleich zu machen. Das gelingt dem Künstler. Da er ihm die Ringe bringt, kann selbst der Vater seinen Musterring nicht unterscheiden. Froh und freudig ruft er seine Söhne, jeden insbesondre; Gibt jedem insbesondre seinen Segen, – Und seinen Ring, – und stirbt. – Du hörst doch, Sultan?

Saladin: (der sich betroffen von ihm gewandt). Ich hör, ich höre! – Komm mit deinem Märchen nur bald zu Ende. – Wird's?

Nathan: Ich bin zu Ende. Denn was noch folgt, versteht sich ja von selbst. – Kaum war der Vater tot, so kömmt ein jeder mit seinem Ring, und jeder will der Fürst des Hauses sein. Man untersucht, man zankt, man klagt. Umsonst; der rechte Ring war nicht erweislich; – (nach einer Pause, in welcher er des Sultans Antwort erwartet) Fast so unerweislich, als uns ist – der rechte Glaube.

Saladin: Wie? Das soll die Antwort sein auf meine Frage? ...

Nathan: Soll mich bloß entschuldigen, wenn ich die Ringe mir nicht getrau zu unterscheiden, die der Vater in der Absicht machen ließ, damit sie nicht zu unterscheiden wären.

Saladin: Die Ringe! – Spiele nicht mit mir! – Ich dächte, daß die Religionen, die ich dir genannt, doch wohl zu unterscheiden wären. Bis auf die Kleidung, bis auf Speis' und Trank!

Nathan: und nur von seiten ihrer Gründe nicht. – Denn gründen alle sie sich nicht auf Geschichte? Geschrieben oder überliefert! Und Geschichte muß doch wohl allein auf Treu und Glauben angenommen werden? – Nicht? – Nun, wessen Treu und Glauben zieht man denn am wenigsten in Zweifel? Doch der seinen? Doch deren Blut wir sind? Doch deren, die von Kindheit an uns Proben ihrer Liebe gegeben? Die uns nie getäuscht, als wo getäuscht zu werden uns heilsamer war? – Wie kann ich meinen Vätern weniger als du den deinen glauben? Oder umgekehrt. – Kann ich von dir verlangen, daß du meine Vorfahren Lügen strafst, um meinen nicht zu widersprechen? Oder umgekehrt.
Das Nämliche gilt von den Christen. Nicht? –

Saladin: (Bei dem Lebendigen. Der Mann hat recht. Ich muß verstummen.)

Nathan: Laß auf unsre Ring' uns wieder kommen. Wie gesagt: die Söhne verklagten sich, und jeder schwur dem Richter, unmittelbar aus seines Vaters Hand den Ring zu haben. – Wie auch wahr! – Nachdem er von ihm lange das Versprechen schon gehabt, des Ringes Vorrecht einmal zu genießen. – Wie nicht minder wahr! – Der Vater, beteuerte jeder, könne gegen ihn nicht falsch gewesen sein; und eh' er dieses von ihm, von einem solchen lieben Vater, argwohnen lass': eh' müss' er seine Brüder, so gern er sonst von ihnen nur das Beste bereit zu glauben sei, des falschen Spiels bezeihen; und er wolle die Verräter schon auszufinden wissen; sich schon rächen.

Saladin: Und nun, der Richter? – Mich verlangt zu hören, was du den Richtern sagen lässest. Sprich!

Nathan: Der Richter sprach. Wenn ihr mir nun den Vater nicht bald zur Stelle schafft, so weis ich euch von meinem Stuhle. Denkt ihr, daß ich Rätsel zu lösen da bin? Oder harret ihr, bis daß der rechte Ring den Mund eröffne? – Doch halt! Ich höre ja, der rechte Ring besitzt die Wunderkraft beliebt zu machen; Vor Gott und Menschen angenehm. Das muß entscheiden! Denn die falschen Ringe werden doch das nicht können! – Nun; wen lieben zwei von euch am meisten? – Macht, sagt an! Ihr schweigt?
Die Ringe wirken nur zurück? Und nicht nach außen? Jeder liebt sich selber nur am meisten? – Oh, so seid ihr alle drei betrogene Betrüger! Eure Ringe sind alle drei nicht echt. Der echte Ring vermutlich ging verloren. Den Verlust zu bergen, zu ersetzen ließ der Vater die drei für einen machen.

Saladin: Herrlich! Herrlich!

Nathan: Und also, fuhr der Richter fort, wenn ihr nicht meinen Rat, statt meines Spruches, wollt: Geht nur! – Mein Rat ist aber der: ihr nehmt die Sache völlig wie sie liegt. Hat von euch jeder seinen Ring von seinem Vater: So glaube jeder sicher seinen Ring den echten. – Möglich, daß der Vater nun die Tyrannei des einen Ring nicht länger in seinem Hause dulden wollen! – Und gewiß; das er euch alle drei und gleich geliebt: indem er zwei nicht drücken mögen, um einen zu begünstigen. – Wohlan! Es eifre jeder seiner unbestochnen von

Vorurteilen freien Liebe nach! Es strebe von euch jeder um die Wette, die Kraft des Steins in seinem Ring' an Tag zu legen! Komme dieser Kraft mit Sanftmut, mit herzlicher Verträglichkeit, mit Wohltun, mit innigster Ergebenheit in Gott zu hilf'! Und wenn sich dann der Steine Kräfte bei euern Kindes-Kindeskindern äußern: So lad ich über tausend Jahre sie wiederum vor diesen Stuhl. Da wird ein weisrer Mann auf diesem Stuhle sitzen als ich; und sprechen. Geht! – So sagte der bescheidene Richter.

Saladin: Gott! Gott!

Nathan: Saladin, wenn du dich fühlest, dieser weise versprochene Mann zu sein: ...

Saladin: (Der auf ihn zustürzt und seine Hand ergreift, die er bis zu Ende nicht wieder fahren läßt) Ich Staub? Ich Nichts? Oh Gott!

Nathan: Was ist dir, Sultan.

Saladin: Die tausend Jahre deines Richters sind noch nicht um. – Sein Richterstuhl ist nicht der meine. – Geh! – Geh! – Aber sei mein Freund.

Nathan: Und weiter hätte Saladin mir nichts zu sagen?

Saladin: Nichts.

Nathan: Nichts?

9.5 Merksätze zur Gesprächsführung

Am Ende dieses Kapitels zur Gesprächsführung möchte ich Ihnen noch einmal einige wichtige Merksätze checklistenartig anbieten:

Gesprächsführung

1. Es ist wichtiger, daß der Kunde Sie liebt als Sie den Kunden.
2. Zu seinem Vorteil läßt sich jeder gerne beeinflussen, denken Sie stets an den Vorteil Ihres Kunden.
3. Am besten setzen Sie Ihre Ziele durch, wenn Sie wissen, was der Kunde von Ihnen und Ihrem Produkt erwartet.
4. Wer fragt, der führt.
5. Wer zuhören kann, kann Fragen stellen.
6. Gemeinsamkeiten verbinden. „Im Streit zwischen Gefühl und Intellekt siegt immer das Gefühl" (8. Grundgesetz der Lebensentfaltung), Gefühl ist Gemeinsamkeit.
7. Durch eine gezielte Entscheidung kann die Aufmerksamkeit auf jeden ausgewählten Punkt gelenkt werden, Beachtung bringt Verstärkung, Nichtbeachtung bringt Befreiung (10. und 11. Gesetz der Lebensentfaltung).
8. Wenn Sie wissen, was Ihr Kunde von Ihnen und Ihrem Produkt erwartet, können Sie Erwartungen erfüllen und selbst Erfolg einstreichen.
9. Gesprächsführung und Verkaufen haben beides gemein: Das Ziel kann nur mit größtmöglicher Flexibilität erreicht werden – das ist wie beim Autofahren.
10. Die ständige Wiederholung einer Idee wird erst zum Glauben – dann zur Überzeugung (auch in negativer Hinsicht) – 13. Grundgesetz der Lebensentfaltung.

10 Verkaufstechnik

Nikolaus B. Enkelmann: Mit Erfolg Kunden gewinnen und betreuen

Peter Sperling über Nikolaus B. Enkelmann als Verkaufstrainer

Jeder Mensch ist Kunde. Auch ein Verkäufer ist in bestimmten Momenten und Situationen Kunde. Als Kunde, auf der anderen Seite des Tisches, erwartet auch ein Mensch, der von Beruf Verkäufer ist, daß er in diesem Augenblick mit seinen Bedürfnissen im Mittelpunkt steht. Der professionelle Verkäufer weiß, daß weder er selbst noch die Produkte im Vordergrund stehen sollten, sondern die Bedürfnisse des Kunden. Der Kunde ist niemals Gegner, den es zu bekämpfen gilt – es kommt vielmehr darauf an, den Kunden zu gewinnen!

Diese elementare Regel des professionellen Kundenkontakts ist eine der zentralen Inhalte der Erfolgs-Seminare, die Nikolaus B. Enkelmann entwickelt hat. Nicht nur infolge seiner 35jährigen Berufserfahrung als Verkaufs- und Erfolgstrainer weiß Enkelmann, worauf es beim erfolgreichen Verkaufsgespräch ankommt: Er ist vor allem selbst Kunde. Und als Kunde weiß er, daß das Wertvollste zwischen Verkäufer und Kunden Vertrauen ist.

Weil aber gerade Vertrauen herstellen und Vertrauen gewinnen eine der schwierigsten Hürden im Verkaufsgespräch ist, zeigt Nikolaus B. Enkelmann in seinen Seminaren den Weg zum Herzen des Kunden. Vertrauen wird nicht im Kopf – über den Intellekt – erzeugt, sondern im Herzen mit dem Gefühl. Gute Verkäufer, die erfolgreich Kunden gewinnen, betreuen und halten, wissen instinktiv, wie Vertrauen entsteht und wächst, weil sie ein Gespür dafür entwickelt haben, was der Kunde hören will und was sie ihm sagen müssen. Sie stellen sich ganz und gar auf die Bedürfnisse des Kunden ein, gebrauchen die richtigen Argumente wie einen Schlüssel zum Herzen des Kunden. Das Erfolgssystem von

Nikolaus B. Enkelmann zielt exakt darauf hin, auch bei unerfahrenen oder gar unbeholfenen Verkäufern ein Gespür, ein Gefühl für die verschiedenen Kundentypen, deren Eigenschaften und den positiven, den erfolgreichen Umgang mit ihnen zu entwickeln. Kundenkenntnis ist immer auch Menschenkenntnis. Beim professionellen Kundenkontakt ist es immer wichtig, sich bereits zu Beginn des ersten, sehr bedeutenden, oft auch entscheidenden Gesprächs zu vergewissern, mit welchem Kundentypen man es zu tun hat, um sich mit positiver, das heißt die Persönlichkeit des Kunden berücksichtigender, Fragetechnik auf dessen besondere Eigenschaften und Reaktionen einstellen zu können. Als die verschiedenen Kundentypen und ihre Eigenschaften definiert Nikolaus B. Enkelmann:

- der Vorsichtige
- der Neugierige
- der Konservative
- der Gerissene
- der Biedermann
- der Nörgler
- der Draufgänger
- der Streitsüchtige
- der Listige
- der Aggressive
- der Schweigsame
- der Nervöse
- der Optimistische
- der Übergenaue
- der Hinauszögerer
- der Unberechenbare
- der Arrogante
- der Besserwisser
- der Pessimist
- der Unsichere
- der Skeptiker
- der Pedant
- der Angeber
- der Rechthaber
- der Korrekte
- der Geizige
- der Schüchterne
- der Redselige
- der Fortschrittliche

Die meisten Kunden sind „Mischtypen", die mehrere dieser Merkmale auf sich vereinigen. Dennoch wird deutlich, daß man es als Verkäufer mit den verschiedensten menschlichen Eigenschaften zu tun hat, die mehr oder weniger ausgeprägtes Einfühlungsvermögen und professionelle Fähigkeiten verlangen. Die gesamte Persönlichkeit des Verkäufers – Charakter, Ausstrahlung, Auftreten, Aussehen, Verkaufsgeschick – ist gefordert, um sich auf diese so grundverschiedenen Kundentypen souverän und selbstbewußt einstellen zu können. Nikolaus B. Enkelmann greift in seinen Seminaren auf den Vergleich mit den Naturgesetzen zurück, in deren Einklang er sein Erfolgssystem sieht. Wie in der Natur, im Wechsel der Jahreszeiten, in dem der Herbst die Zeit der Ernte ist, geht auch dem Verkaufserfolg eine Zeit des Säens und Wachsens voraus.

Die drei Phasen des Verkaufsgesprächs setzen deshalb vor den Abschluß (= Ernte) die Phase der Vertrauensbildung (= Säen) und die Phase des

Überzeugens und Gewinnens (= Wachsen, Blühen). Um diesen vertrauensbildenden Prozeß nicht zu gefährden, arbeitet der gute Verkäufer nicht mit Druck, sondern mit der Sog-Technik. Schritt für Schritt führt er den Kunden zum Ziel, das mit jedem Schritt präziser, deutlicher und wertvoller wird. Indem er Ruhe und Selbstdisziplin statt Hektik und Druck ausstrahlt, vermittelt er Sicherheit. Dieses „Echo-Prinzip" ist für Nikolaus B. Enkelmann eine der wichtigsten Regeln im professionellen Kundenkontakt: So wie es in den Wald hineinschallt, so schallt es auch heraus.

Da der Verkäufer Botschaften nicht nur verbal sendet, sondern auch mit seiner Mimik, seiner Gestik, dem Tonfall und sogar der Sprechgeschwindigkeit, kommt es vor allem darauf an, diese unbewußten Signale bewußt zu machen und positiv umzusetzen. Das Arbeiten an der Persönlichkeit, an der sympathischen Ausstrahlung ist der rote Faden aller Enkelmann-Seminare. Ohne eine überzeugende Persönlichkeit geht nichts! Ein guter Verkäufer trainiert deshalb bewußt, systematisch und konsequent seine Wirkung auf andere.

Das Gesetz der Wiederholung, die zur Meisterschaft führt, gilt genauso für die Arbeit an sich selbst wie für die Arbeit mit dem Kunden: Nur durch stetige Betreuung wird das erzeugte Vertrauen auch erhalten. Wichtig für den regelmäßigen Kundenkontakt ist auch das systematische Training des Namensgedächtnisses – denn auch der Kunde hat ein Gedächtnis, und nichts ist so schmeichelnd wie die Erkenntnis, daß der betreuende Verkäufer einen Namen nicht vergessen hat. Denn im Mittelpunkt steht immer der Kunde, der Kunde erwartet, im Mittelpunkt zu stehen. Ein guter Verkäufer weiß, daß positives Denken bedeutet, realistisch zu denken. Der Abschluß um jeden Preis sollte deshalb weder einkalkuliert noch angestrebt werden.

Das Ziel über allem ist für Nikolaus B. Enkelmann niemals der überrumpelte Kunde, sondern der gewonnene, der zufriedene Kunde. Nur der zufriedene Kunde ist auch ein treuer Kunde. Langfristige Kundenzufriedenheit und eine stabile, vertrauensvolle Bindung an die Gesellschaft setzt Enkelmann stets über kurzfristiges „Abschluß-Denken". Gerade darin unterscheidet er sich von vielen anderen Verkaufstrainern.

10.1 Wollen Sie ein Spitzenverkäufer sein?

Der Beruf des Verkäufers oder Verkäuferin hat in Deutschland kein besonders gutes Ansehen. Entweder sie sind nicht da, wenn man sie braucht (beispielsweise in Kaufhäusern), oder sie schwatzen einem Dinge auf, die man nicht braucht (Haustürverkäufer) – so etwa kann man plakativ die Vorurteile der Deutschen gegenüber dem wichtigsten Beruf in unserer Gesellschaft zusammenfassen. Dabei ist ohne Verkäufer und Verkäuferinnen unsere Wirtschaft und unser Wohlstand überhaupt nicht vorstellbar. Warum das Image von Verkäufern in Deutschland so schlecht ist, liegt möglicherweise daran, daß auch das Wort „Verkaufen" einen negativen Beigeschmack hat. „Verraten und verkauft", sagt man oft, wenn man sich getäuscht fühlt.

Kein Wunder, daß deshalb bei den wenigsten Verkäufern diese Berufsbezeichnung auf der Visitenkarte steht. Die Zeitschrift „Sales Profi", Gabler Verlag, Wiesbaden, hat in einer Marktforschung allein 25 unterschiedliche Berufsbezeichnungen für den Verkäufer an der Basis ermittelt. In einer anderen Untersuchung hat die Zeitschrift ermittelt, daß in Deutschland rund 800 000 Verkäufer und Verkäuferinnen im Außendienst aktiv sind; dazu müßte man noch einmal rund zwei Millionen Verkäufer/innen rechnen, die im stationären Einzelhandel tätig sind (Quelle für beide Untersuchungen: Sales Profi 6/95, Gabler Verlag, Wiesbaden). Also eine recht stattliche Anzahl. Und die Geschichte vom durchsetzungsstarken oder faulen Verkäufer stimmt längst nicht mehr: Nicht der dominante, fordernde, willensstarke und sachorientierte Typ ist im Außendienst der deutschen Wirtschaft gefragt, sondern eher der Verkäufer, der initiativ, umgänglich, kontaktfreudig, offen und redegewandt auftritt. Verkäufer also, die in der Lage sind, mit dem Kunden eine gemeinsame Beziehung aufzubauen (Sales Profi 9/95).

Die Untersuchungen und Berichte des Fachmagazins für Top-Verkäufer belegen: Nur der wird zum Spitzenverkäufer, der sich in die Situation seines Kunden einfühlen und seine Wünsche erfüllen kann. Nur der bleibt Spitzenverkäufer, der es schafft, auch nach dem ersten Abschluß eine tragfähige Verbindung mit seinen Stammkunden aufzubauen und auch in er Zukunft gute Geschäfte mit ihnen zu machen.

Verkäufer aufgepaßt! So urteilen Einkäufer

Wie Einkäufer Verkäufer beurteilen und welche Konsequenzen das hat, ist nachfolgend einmal tabellarisch aufgelistet:

- Wer kommt an?
  - Wer ehrlich ist.
  - Wer mit Haltung verlieren kann.
  - Wer Probleme lösen kann.
  - Wer freundlich aber professionell verkaufen kann.
  - Wer zuverlässig ist.
  - Wer anpassungsfähig ist.
  - Wer „mein Geschäft" kennt.
  - Wer gut vorbereitet ist.
  - Wer geduldig ist.
- Wer kommt nicht an?
  - Wer Follow-up leistet.
  - Wer ohne Terminvereinbarung kommt.
  - Wer mit Sportereignissen das Gespräch eröffnet.
  - Wer die Wettbewerbsprodukte schlechtmacht.
  - Wer nicht zuhören kann.
  - Wer zuviel telefonieren muß.
  - Wer lausig präsentiert.
  - Wer es versäumt, den Bedarf auszuloten.
  - Wer seine Produkte nicht kennt.
  - Wer die Zeit verschwendet.
- Wer wird in hohem Bogen …?
  - Wer alles besser weiß.
  - Wer mich „dear" oder „sweetheart" nennt (bei Einkäuferinnen).
  - Wer zu persönlich wird.
  - Wer den Einwänden kein Gehör schenkt.
  - Wer zuviel redet.
  - Wer weinerlich wird.
  - Wer die Firmen untereinander ausspielt.
  - Wer sich als Pusher aufführt.
  - Wer im Büro raucht.

Haben Sie sich in der Auflistung irgendwo wiedererkannt? Haben Sie Verbesserungspotential wahrgenommen? Vielleicht hilft Ihnen auch die nachfolgende Checkliste, die Sie selbstkritisch betrachten sollten.

Checkliste: Habe ich das Zeug zum Spitzenverkäufer?

1. Verlasse ich mich auf mich selbst, um meine Stellung auszufüllen, oder rechne ich auf die Hilfe Dritter?
2. Halte ich an meiner Stellung fest, bis ich mein Ziel erreicht habe, oder gebe ich leicht auf?
3. In welchem Umfang kann man sich auf mich verlassen, daß ich alles in meinen Kräften Stehende tun werde, um meinen Verantwortungsbereich auszufüllen?
4. Sieht die Mehrzahl meiner Kunden in mir die Verkörperung meines Unternehmens oder lediglich einen Vertreter?
5. In welchem Umfang erregt mein Verhalten bei meinen Kunden den Wunsch, mir zuzuhören und meinen Vorschlägen freudig zu folgen?
6. Arbeite ich aus eigenem Schwung, oder muß ich immer wieder angetrieben werden?
7. In welchem Umfang behalte ich, wenn ich in eine Krise gerate, die Nerven und gehe dagegen an, anstatt verzweifelt, verirrt und völlig entschlußlos zu werden?
8. Kommen mir fortlaufend neue Ideen, wie ich meine berufliche Tätigkeit ausüben soll, oder verfolge ich hierbei ausgetretene Pfade, ohne Originalität zu zeigen?
9. Entscheide ich im Rahmen der generellen Politik des Unternehmens innerhalb meines speziellen Aufgabenbereichs selbständig, oder frage ich fortlaufend: „Was soll ich anfangen?"
10. Inwieweit gelingt es mir, andere für mich arbeiten zu lassen?
11. Beeinflusse ich die Anstrengungen der mir unterstellten Mitarbeiter durch vernünftige Direktiven?
12. Teile ich mir meine Arbeit im voraus ein und arbeite dann entsprechend diesem Arbeitsplan, indem ich die betrieblichen Formulare, Verkaufsförderungsprogramme usw., die mir zur Verfügung stehen, ausnutze?
13. Wie weit bin ich imstande, meine Verkaufsleistungen zu organisieren und sie auf die speziellen Wünsche und Interessen eines jeden Kunden abzustellen?
14. Wirke ich beim Verkaufsangebot überzeugend, bin ich mitreißend?
15. Auf welchen Gebieten muß ich meine Leistungen steigern oder welche Gebiete hemmen mich in meiner vollen Entfaltung?

Sicher haben Sie jetzt festgestellt, wo Sie noch an sich arbeiten können. Dazu noch einige Merksätze:

Merksätze

- **Sie wollen Ware verkaufen. Dazu müssen Sie aber erst ein Gespräch mit dem Kunden führen. Überzeugen Sie Ihren Partner gleich zu Beginn der Verhandlung davon, daß sich ein Gespräch mit Ihnen lohnt.**
- **Jeder Tag bietet mehr Chancen, als wir nutzen können.**
- **Strahlen Sie Sicherheit, aber nie Überlegenheit aus. Bei der Verkaufsverhandlung strahlt Ihre Sicherheit positiv auf Ihre Kunden aus.**
- **Die Sprache ist das wichtigste Handwerkszeug des Verkäufers. Sie sollten dieses Werkzeug mit Hingabe pflegen und ständig verbessern.**
- **Es gibt kaum ein Produkt, über das man nicht immer wieder etwas Neues und Interessantes aussagen könnte.**
- **Glauben Sie an Ihre Firma, an Ihr Produkt, an alle Bedingungen Ihres Angebotes! Dann können sich Ihre Kunden diesem Einfluß nicht entziehen.**
- **Übertriebene Höflichkeit schadet ebenso wie zweckbetonte. Die beste Höflichkeit ist Natürlichkeit.**
- **Wer seine Vorsätze schriftlich niederlegt, macht gewissermaßen einen Vertrag mit sich selbst. Das verpflichtet.**
- **Nichts ist überzeugender als Erfolg.**
- **Es gibt drei Methoden, um leben zu können:
betteln, stehlen oder etwas leisten.**
- **Erfolgreich sind wir nur, wo wir nützen, nicht wo wir ausnützen.**
- **Wer sich leicht ablenken läßt, der erscheint nicht nur unstet, er ist es auch.**
- **Zweifel an den eigenen Fähigkeiten, ist die Vorstufe zum Mißerfolg.**
- **Je länger wir etwas aufschieben, desto größer wird unsere Abneigung dagegen.**
- **Je mehr wir liegenlassen und aufschieben, desto weniger arbeiten wir. Aber desto mehr fühlen wir uns belastet und überlastet.**
- **Wer aufhört, besser werden zu wollen, der hört bald auf, gut zu bleiben.**
- **Unser Leben ist das, was unsere Gedanken daraus machen.**

Ganz wichtig ist es jedoch, immer Ihren Kunden im Blickfeld zu haben. Natürlich haben Sie schon jede Menge Erfahrung mit Kunden und Sie haben sich immer wieder vorgenommen, Ihren Kunden so zu sehen, wie er sich selbst gerne sehen möchte. Und möglicherweise entwickeln Sie manchmal einen regelrechten Haß auf Ihre Kunden – auch das ist zuweilen legitim, Sie sollten jedoch schon längst die Möglichkeit entwickelt haben, diese Negativgefühle gegenüber Ihren Kunden sehr schnell über Autosuggestion in positive Gefühle zurückzuverwandeln.

Bedenken Sie: Die besten Geschäfte haben Sie möglicherweise genau dort gemacht, wo Sie ein Kunde an einen seiner Geschäftspartner weiterempfohlen hat. Möglicherweise sogar durch einen Kunden, der gerade nicht gekauft hat, der aber von Ihrem Verhalten begeistert war. Erinnern Sie sich bitte an meinen Merkspruch: Nicht Sie sollen den Kunden, sondern der Kunde soll Sie lieben!

Prägen Sie sich deshalb die nachfolgend ausgestellte Kundenphilosophie noch einmal ganz deutlich ein und unterstützen Sie sich auf Ihrem Weg zum Spitzenverkäufer, indem Sie Ihre Suggestivkraft nutzen und Ihrem Unterbewußtsein befehlen, ein gerne gesehener Spitzenverkäufer zu werden. Denken Sie, je höher Ihre Ziele, desto häufiger werden Sie unsere Übungen durchführen.

Also: Lernen Sie den Suggestiv-Befehl „Spitzenverkäufer“ auswendig. Wiederholen Sie ihn mindestens viermal täglich mit lauter Stimme einen Monat lang.

Kundenphilosophie

Ein Kunde	ist die wichtigste Person in unserem Unternehmen, gleich ob er persönlich da ist oder schreibt oder telefoniert.
Ein Kunde	hängt nicht von uns ab, sondern wir von ihm.
Ein Kunde	ist keine Unterbrechung unserer Arbeit, sondern ihr Sinn und Zweck.
Ein Kunde	ist jemand, der uns seine Wünsche bringt. Unsere Aufgabe ist es, diese Wünsche gewinnbringend für ihn und uns zu erfüllen.

Ein Kunde	ist jemand, mit dem man ein Streitgespräch führt oder seinen Intellekt mißt. Es gibt niemand, der je einen Streit mit einem Kunden gewonnen hat.
Ein Kunde	ist kein Außenstehender, sondern ein lebendiger Teil unseres Geschäftes. Wir tun ihm keinen Gefallen, indem wir ihn bedienen, sondern er tut uns einen Gefallen, wenn er uns Gelegenheit gibt, es zu tun.

Der Verkäufer als Persönlichkeit

Fachmann oder Persönlichkeit – wo liegt der Unterschied:

- Das Selbstbewußtsein der Persönlichkeit.
- Die Ausstrahlung der Persönlichkeit.
- Das Einfühlungsvermögen der Persönlichkeit.
- Die Überzeugungskraft der Persönlichkeit.
- Die Reaktion der Persönlichkeit in Streßsituationen.
- Das Auftreten und Sprechen der Persönlichkeit.
- Wird man als Persönlichkeit geboren?
- Investitionen in sich selbst.
- Das ABC der Beeinflussungstechniken.
- Sind Sie noch begeisterungsfähig?
- Willenskraft und Energie als Voraussetzung für jeden Erfolg.
- Die Möglichkeiten des Mentalen Trainings.
- Erfolg im Leben – leben im Erfolg.

Suggestivkraft

- Ich werde ein gern gesehener Spitzenverkäufer. Mein Auftreten ist frei und sicher und erzeugt bei meinen Kunden eine sympathische Stimme.
- Meine Stimme wird immer weicher und einflußreicher.
- Mein Schwung und meine Begeisterung reißt alle meine Kunden mit.
- Der Macht und dem Einfluß meiner Worte kann sich kein Kunde entziehen.
- Ich bin ein Meister in der Kunst der Menschenbehandlung und es gelingt mir immer besser, meine Kunden zu fesseln und von dem Wert meiner Produkte zu überzeugen.

10.2 Top-Verkäufer hypnotisieren ihre Kunden

Verkäufer ist eigentlich jeder von uns; denn jeder bemüht sich, Meinungen, Interessen, Arbeit und Produkte „zu verkaufen". Deshalb sollte eigentlich auch jeder ein „Top-Verkäufer" sein. Der Chef, der seine Mitarbeiter zu einer zeitaufwendigen Extraarbeit motivieren möchte, ebenso wie der freie Journalist, der einen Chefredakteur von seinem Artikel überzeugen muß. Der Versicherungsvertreter, der die gesetzliche Altersversorgung bei seinem Kunden durch eine Lebensversicherung ablösen möchte, wie auch die 18jährige Tochter, die ihrem Vater „Autoleihen gegen Rasenmähen" vorschlägt.

Verkauft wird überall – zu jeder Zeit – und auf allen Ebenen. Dabei überzeugt nur zum Teil das Produkt, der wichtigste Teil ist das Auftreten und die Argumentation.

- Ich bin genauso wie Sie.
- Wir harmonieren.
- Sie können mir ganz vertrauen.

Durch solche Suggestionsformeln stellen die besten Verkäufer zunächst eine Atmosphäre des Vertrauens und der menschlichen Nähe her. Ihre Bemerkungen und ihre emotionale Grundhaltung schaffen die hypnotische Einstimmung. Dabei stellt sich der Verkäufer auf eine Stufe mit dem Kunden. Er versetzt ihn in einen Zustand intensivster Aufmerksamkeit und Sensibilität, wodurch die Empfänglichkeit für Suggestionen steigt. Die einfachste Form der Einstimmung ist die „beschreibende Einstimmung", bei der der Verkäufer Erfahrungen des Kunden zutreffend beschreibt. „Der Regen in den letzten Tagen hat einen ganz deprimiert gemacht. Finden Sie nicht auch?" „Genießen Sie nicht auch einen solch schönen Frühlingstag?"

Durch solche banalen Feststellungen werden Übereinstimmungen hergestellt und eine Verbindung geschaffen. Ein durchschnittlicher Verkäufer neigt dazu, sofort sein Verkaufsgespräch zu beginnen oder den Kunden mit Fragen zu überschütten.

Eine zweite Art hypnotischer Einstimmung ist die „Einwand-Einstimmung". Der Kunde bringt einen Einwand vor oder leistet Widerstand. Der gute Verkäufer stimmt ihm zu, wobei er seine Bemerkungen denen des Kunden anpaßt.

Ein Versicherungsverkäufer könnte durchaus zugeben, daß eine Versicherung „nicht die beste Geldanlage ist" oder ein Autoverkäufer, „daß es sparsamere Typen als seinen – schnittigen Wagen gibt". Die Wand, gegen die der Kunde anrennen wollte, ist plötzlich verschwunden. Nach der Bestätigung führt er den Kunden unmerklich in eine Position, die diesen Einwand negiert oder unterminiert. Der Versicherungsverkäufer, der seinem Interessenten zugesteht, daß „eine Versicherung heutzutage nicht die beste Geldanlage ist", fährt mit der Bemerkung fort: „Aber sie hat eine Menge Vorteile." Dann beschreibt er die nützlichen Seiten einer Lebensversicherung. Mittelmäßige Verkäufer reagieren auf Widerstand meist mit einem Gegenangriff. Mit Argumenten, mit denen sie den Einwand des Kunden entkräften möchten. Diese Reaktion veranlaßt den Kunden oft, sich noch hartnäckiger hinter seinen Argumenten zu verschanzen.

Die wirkungsvollsten Formen der Einstimmung beziehen sich mehr darauf, wie etwas gesagt wird, als darauf, was gesagt wird. Der gute Verkäufer besitzt die Fähigkeit, sich wie ein Chamäleon der Sprache und der Denkweise jedes Kunden anzugleichen. Mit hypnotischer Wirkung paßt sich der Verkäufer dem Tonfall, dem Rhythmus, der Lautstärke und der Sprechgeschwindigkeit des Kunden an. Er imitiert Haltung, Körpersprache und Stimmung des Kunden. Er übernimmt typische Redewendungen des Kunden („hört sich gut an“, „da fällt mir was ein“, „in den Griff bekommen“).

Wenn der Kunde ein bißchen deprimiert ist, räumt der Verkäufer ein, er habe sich in letzter Zeit „auch nicht richtig wohl gefühlt“. Erzählt der Kunde stolz von geschäftlichen Erfolgen, die er in den letzten Wochen und Monaten verbuchen konnte, so stellt sich auch der Verkäufer optimistisch. Im Grunde genommen fungiert der erfolgreiche Verkäufer als hochentwickelter Biofeedback-Mechanismus, indem er die Wirklichkeit des Kunden teilt und reflektiert. Erst dann, wenn der Verkäufer ein Band des Vertrauens und der menschlichen Nähe geknüpft hat, läßt er die suggestiven Vorschläge und indirekten Befehle ins Verkaufsgespräch einfließen. Eine solche weiche Verkaufstechnik besteht darin, die unbestreitbar wahren Einstimmungs-Feststellungen als Brücken zu beeinflussenden Behauptungen zu verwenden, die zu der erwünschten Reaktion oder Aktion führen.

Beispiele

„Sie sehen sich dieses Modell an und erinnern sich sofort, welche Freude es macht, einen verläßlichen neuen Wagen zu besitzen.“ Oder: „Sie sind jetzt 27 Jahre, und nach unseren Erfahrungen brauchen Sie eine Lebensversicherung über 150 000 DM.“

Diese zugleich einstimmenden und beeinflussenden Feststellungen ähneln den Techniken, die der Hypnotiseur anwendet, um einen Patienten in die Hypnose zu führen:

Beispiel

„Sie sitzen in diesem Sessel und hören meine Stimme“ – die unbestreitbaren Einstimmungs-Feststellungen – „und Ihre Augenlider werden schwer und beginnen sich zu schließen ...“

Es braucht kein logischer Zusammenhang zwischen einer einstimmenden und einer beeinflussenden Bemerkung zu bestehen. Sie können sogar völlig unzusammenhängend sein, doch wenn sie im Zusammenhang ausgesprochen werden, entsteht eine „Verkaufslogik", die sehr wirkungsvoll sein kann, sogar bei gemeinhin so analytisch veranlagten und nachdenklichen Kunden wie Ärzten.

Die starke Wirkung dieser beeinflussenden Bemerkungen rührt daher, daß sie die positive Einstellung ausnutzen, die durch die unbestreitbar wahren, einstimmenden Feststellungen erzeugt wurde, mit denen der Kunde jetzt vertraut ist.

Kunden, die einem Verkäufer schon einmal oder mehrmals zugestimmt haben, erwarten unbewußt weitere Übereinstimmung, genau wie Kunden, die dem Verkäufer einmal widersprochen haben, auf weitere Meinungsunterschiede gefaßt sind.

Die „traditionelle" Wahrheit dieser einstimmenden Feststellungen färbt auf die beeinflussenden Bemerkungen ab, und ohne es zu merken, beginnt der Kunde, immer mehr von dem, was der Verkäufer sagt, persönlich wichtig zu nehmen.

Gute Verkäufer achten darauf, daß ihre getarnten Befehle beim Kunden ankommen, indem sie Tonfall, Rhythmus und Lautstärke ihrer Worte ändern. Wenn sie die Befehle aussprechen, verlangsamen sie im typischen Fall ihre Sprache, sehen dem Kunden direkt in die Augen und verleihen jedem einzelnen Wort Gewicht.

Daß man in einem Satz den Namen des Gesprächspartners nennt, mag banal erscheinen, doch die Stellung des Namen im Satz kann sich stark darauf auswirken, wie dieser den Zuhörer beeinflußt. Wenn er vor oder nach dem Befehlsteil eines Satzes kommt, verleiht er der Aufforderung zusätzliches Gewicht.

10.3 Die Zehn-Stufen-Verkaufstechnik

In keinem Beruf wimmelt es so sehr an goldenen Regeln wie im Verkauf. Geholfen haben diese Eselsbrücken nur denen, die vorab Ihre Persönlichkeit ausgebildet haben, die mit Selbstsicherheit und Vertrauen in sich und andere nach den 14 Grundgesetze der Lebensentfaltung und den neun Schritten auf dem Weg zum Erfolg vorgegangen sind. Verkaufen ist wie Autofahren: Das Ziel ist bekannt, der Weg dorthin muß wegen

Staus, Baustellen, Umleitungen oder durchaus auch mal einer falschen Abzweigung so flexibel als möglich gehalten werden.

Diese Empfehlung gilt auch für die nachfolgend vorgestellte Zehn-Stufen-Verkaufstechnik. Ich will dabei nicht den schon bestehenden fünfhundert oder mehr „Goldenen Verkaufssystemen" das fünfhunderteinte hinzufügen, aber in einem Buch über die Power der Verkaufsrhetorik sollte – um beim Bild des Autofahrens zu bleiben – spätestens jetzt eine Straßenkarte angeboten werden, wie Sie systematisch Ihr Ziel erreichen. Nutzen Sie also die Zehn-Stufen-Verkaufs-Technik wie eine Straßenkarte, um mit dem inzwischen erworbenen und noch zu trainierenden persönlichen Fähigkeiten systematisch an Ihr Ziel zu kommen.

Hier bekommen Sie den gesamten Verkaufsprozeß detailliert in zehn Stufen dargestellt. Im Anschluß erhalten Sie unter der Überschrift „Besuchsvorbereitung" diese zehn Stufen noch einmal wie eine Checkliste zusammengefaßt. Besonders werde ich dann auch noch auf das Thema „Reklamationsgespräch" in Form einer Checkliste eingehen.

Die Zehn-Stufen-Verkaufstechnik: Übersicht

1. Erster Eindruck, Begrüßung, Vorstellung
2. Kontakt, sachlich, persönlich
3. Gesprächseröffnung
4. Problemanalyse
   a) Fragetechniken
   b) Emotionale Analyse
   c) Rationale Analyse
   d) Technik der Kernproblemanalyse
5. Empathie, Zuhören, Verstärken
6. Problemlösungspräsentation, Firma, Produkt, Verkäufer
7. Überzeugungstechnik
8. Einwandtechnik
9. Abschlußtechnik
10. Endkontakt

1. Erster Eindruck, Begrüßung, Vorstellung		
Haltung, Gestik, Mimik Optik, Kleidung Pünktlichkeit Sicherheit, Augenkontakt Geruch Namensansprache Händedruck Innere Einstellung	**Alles o.k.?** **Alles gecheckt?**	**Kleider machen Leute. Man empfängt den Menschen nach seinem Anzug (Äußeren) und verabschiedet ihn nach seinem Verstand und Wesen (Inneren).**

2. Kontakt: sachlich, persönlich	Atmosphäre ...!!
1. sachliche Interessenlage 2. persönliche Interessenlage 3. Augenkontakt 4. kritische Distanz	5. auf gleiche Frequenz schalten 6. Introvertiert – extravertiert 7. Transaktionen* 8. Leistungs-Partnerorientierung
* Transaktionen: nach der Transaktionsanalyse auf Erwachsenen-Ich schalten und nicht ins Eltern- oder Kindheits-Ich fallen!	

3. Gesprächseröffnung	(VWF)
V	Versprechen (Köder, der dem Fisch schmeckt), Nutzen
W	Auf der Grundlage eines dominanten Kunden-Wunsches (Lösung eines Kunden-Problems)
F	Frageform (Richtungsfragen)
Zweck: 1. Steuerungsfunktion, 2. Kontrollfunktion, 3. Vermeiden von Einwänden, Gewinnen von Interesse	

4. Problemanalyse	
a) Fragetechniken	1. offene Frage (wer, wie, was, warum) 2. geschlossene Frage (ja/nein) 3. Richtungsfrage (Nutzenversprechen) 4. Reflektierende Frage („Sie meinen also ...“) 5. Suggestivfrage („... doch“) 6. Provokatorische Frage („doch mindestens ...“) 7. Direkte, indirekte Frage 8. Alternativ-Frage („jetzt/oder ...“) 9. Rhetorische Frage 10. Gegenfrage 11. Fragen zum Wunsch 12. Fragen zum Problem
b) Emotionale Analyse	2.1 Motive, Motivbündel 2.2 Motiv-Typen – Sicherheits-Typ – Anerkennungs-Typ – Zielerreicher-Typ 2.3 Verhaltensgesetz 2.4 Eisbergthese
c) Rationale Analyse	3.1 Problem-Matrix 3.2 Produkt-Profil 3.3 Konkurrenz-Vergleich
d) Technik der Kernproblemanalyse	A-, B-, C-Probleme, Kernprobleme Kaufmotive/Argumente (Maslow): 1. Hunger/Durst/Existenz 2. Sicherheit 3. Soziale Anerkennung 4. Mehr Geld/Prestige/Status 5. Selbstverwirklichung

5. Emphatie, Zuhören, Verstärken	
Empathie:	Fähigkeit, sich in die a) rationale Problemwelt b) emotionale Motiv- und Gefühlswelt des Menschen hineinzuversetzen
Zuhören:	Wer fragt führt und kann zuhören – Schweigen ist Gold!
Verstärken:	Aussagen der Kunden werden verstärkt bestätigt

6. Problemlösungspräsentation und EVN-Technik

Problemlösungspräsentation

1. Horizontale EVN-Technik (Eigenschaften, Vorteile, Nutzen)
2. Gewichtung der Argumente gemäß Problemanalyse
3. Wichtigstes Argument zuerst
4. Firma, Produkt, Verkäufer
5. Kein Technoquatsch
6. Produkt-Sprache in Kunden-Problem-Sprache dolmetschen
7. Vorteil = Problemlösung
8. Nutzen = etwas gewinnen oder vermeiden (rationaler und emotionaler Nutzen aus der Problemlösung

EVN-Problemlösungspräsentation
Schema gilt gleichermaßen für Firma, Produkt und Verkäufer

Eigenschaft	Vorteil	Nutzen (emotional/rational)
E1 E2 E3 ...	V1 V2 ...	N1 ...

„Bevor man einen Menschen für eine Sache gewinnen kann, muß man ihn davon überzeugen, daß man ein ehrlicher Freund ist."
Abraham Lincoln

7. Überzeugungstechnik
1. Demonstration 2. Referenz 3. Qualitätsverkauf 4. Wirtschaftlichkeitsvergleich 5. Leistungsgarantie 8 Einwandtechnik

8. Einwandtechnik		
1. Einwand-Definition 2. Ursachen-Analyse (-Diagnose) durch Fragetechnik 3. Hebelansatz (Therapie, Einwandbeseitigung)		
Einwände: 1. zu teuer 2. nichts neues 3. falsche Qualität 4. Lieferzeit 5. Konditionen 6. falsche Firma 7. falscher Verkäufer 8. keine Zeit 9. kein Bedarf, kein Problem 10. Wichtig, aber nicht jetzt 11. ...	**Einwand** zu teuer nichts Neues	**Ursache** 1. Budget 2. Konkurrenz billiger 3. Nutzen zu gering 1. Zufrieden 2. Umstellungsangst 3. Risikoangst
Einwand/Vorwand-Test 1. „Angenommen, daß ..." 2. „Unterstellen wir, daß ..." 3. „Vorausgesetzt, daß ..." 4. „..."		

9. Abschlußtechnik	
Abschlußtechnik 1. Kauf unterstellen, nicht in Frage stellen 2. Alternativtechnik 3. Teilentscheidungstechnik 4. Bilanztechnik (Aktiva/Passiva) 5. Probekauf	**Tu, was du fürchtest, und das Ende der Angst ist gewiß.** **Sich selbst überwinden heißt den schlimmsten Feind besiegen.**
Nach Kaufsignalen hören: 1. Wann können Sie überhaupt liefern ...? 2. Welche Ausführung ist für mich besser ...?	

10. Endkontakt	
Endkontakt	**Zünde täglich ein neues Feuer in dir an, und du lebst nie im Schatten deiner Vergangenheit.**
→ – Goodwill – Image – Vertrauenspotential – Sympathie – Empfehlung an potentielle Kunden – Positive Mund-zu-Mund-Werbung	

Die Besuchsvorbereitung

(Nutzen Sie diese neun Punkte wie eine Checkliste!)

1. Kunden-Struktur
2. Meine Ausgangslage
3. Ziele
4. Planung
4.1 VWF-Technik
4.2 Teilprobleme durch Fragetechnik
4.3 rationale Probleme, Problem-Matrix, Problem-Gewichtung, Konkurrenzvergleich
4.4 emotionale Probleme
Motive
4.5 Problemlösungspräsentation
E1 V1 N1
E2 V2 N2
E3 V3 N3
4.6 Überzeugungstechniken
4.7 Einwandtechniken
5. Steuerung
5.1 Kundengesprächssteuerung
5.2 emotionale Selbststeuerung
6. Durchführung
Zehn-Stufen-Technik (siehe Seite 195ff.)
7. Störgrößen
7.1 Störfaktoren (vorhanden)
7.2 Mangelfaktoren (etwas fehlt)
8. Ergebnis
8.1 nach den jeweiligen Stufen
8.2 nach dem Verkaufsgespräch
9. Soll-Ist-Vergleich
9.1 Abweichungen
9.2 Ursachenanalyse
10. Rückkopplung
10.1 taktische Rückkopplung
10.2 Strategische Rückkopplung
10.3 Zielkorrektur

Das Reklamationsgespräch

1. Begrüßung
2. Kontakt
3. Empathie, Danken, Ventil, Zuhören,
   Ausreden lassen, nicht bagatellisieren,
   Ernstnehmen, Schweigen, nicht verdächtigen,
   Nicht auf die Firma abwälzen
4. Verbindendes Betonen
   Identifikation, Wir-Gefühl
5. Problem-Analyse
   a) Ist-Analyse, Feststellung des Sachverhalts
   b) Ursachen-Analyse durch Fragetechnik
      aa) Aus der Sicht des Kunden
          Kundenstandpunkt
      bb) Aus der Sicht des Herstellers
          Herstellerstandpunkt
          Gegenargumente entgegennehmen,
          Einwände vorwegnehmen
6. Beurteilung, Entscheidung, Entschuldigung
   dem Partner das Gesicht lassen
7. Problem-Lösung
   a) Sofort-Lösung, Termin, verantwortlich, Maßnahmen
   b) Problem abstellen, Termin, verantwortlich, Maßnahmen
   c) Vorbeugemaßnahmen
   d) Erledigen, Gutschrift
8. Ummünzen in einen Auftrag
9. End-Kontakt

Jeder Tag hat 24 Stunden und 1 440 Minuten, die unwiederbringlich sind. Was haben Sie aus dem vergangenen Zeitkapital gemacht? Machen Sie für die Zukunft bewußt Zeit-Bilanz, damit Ihnen die Zeit nicht unter den Händen zerrinnt.

Täglicher Lernprozeß

1. Zweck des Besuchs, Beeinflussungsgröße
2. Analyse der Ausgangslage
3. Zielsetzung
4. Planung, Strategieentwicklung (Schlachtplan)
5. Kunden- und Selbststeuerung
6. Gesprächsdurchführung
7. Störgrößen
8. Ergebnisermittlung
   a) während des Gespräches
   b) nach dem Gespräch
9. Soll-Ist-Vergleich
   Ursachenanalyse
   Rückkopplung, Auswertung
   Konsequenzen,
   neue Entscheidungen,
   neue Maßnahmen,
   neue Termine

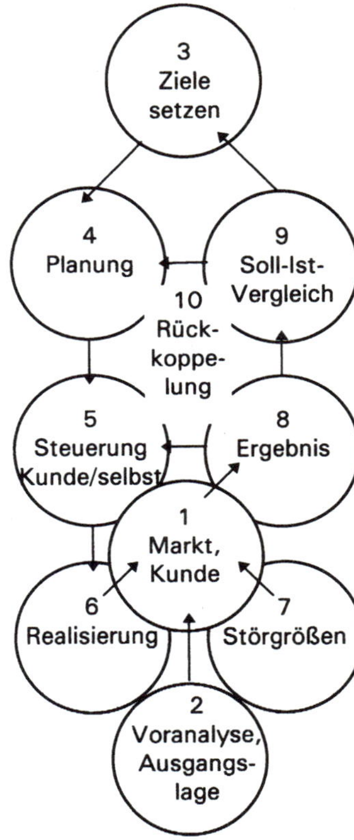

Täglicher Lernprozeß:

Kybernetische Selbstprogrammierung zur Erzeugung von Erfolgsketten

Entwickeln Sie Ihre persönlichen und situationsspezifischen Suggestivformeln zur Programmierung Ihres Unterbewußtseins, Ihres Freundes und Helfers.

10.4 Telefontechnik: Telefonieren Sie sich an die Spitze

Pro Kundenbesuch investieren Unternehmen und Verkäufer nicht selten Beträge zwischen 400 und 800 DM. Und das ohne Erfolgs-„Garantie". Im Sinne einer neuen Wirtschaftlichkeit müssen wir Qualität und Effizienz beim Thema Telefon in den Vordergrund stellen, unsere Kontakte und menschlichen Verbindungen optimal über das Telefon aufbauen, erhalten und pflegen. Die enormen Chancen, die uns professionelles Telefonieren eröffnet, können wir allerdings nur dann nutzen, wenn *alle* im Unternehmen sich an bestimmte Erfolgsregeln halten und sich aktiv für die neue „Telefon-Kultur" einsetzen.

> Wer im Umgang mit dem Telefon
> seine Stärken entdeckt und trainiert,
> der sichert seinen persönlichen
> sowie den Unternehmenserfolg.

Das Telefon steht uns als Erfolgs- und Zeitspar-Instrument zur Verfügung – oder als Zeitfresser und Zeitdieb – ganz wie wir es für die Erreichung unserer täglichen Zielaufgaben einsetzen. Durch das Nutzen einiger (aber bedeutender) Regeln im Umgang mit dem Telefonkontakt können wir die entstehenden menschlichen Verbindungen sowie die erfolgsorientierten Ergebnisse um ein Vielfaches verbessern. Sie werden gleich bekannte Hinweise aus vorangegangenen Kapiteln wieder entdecken. Bewußt! Denn erstens vergessen viele die guten Regeln der Rhetorik sofort, wenn sie den Telefonhörer in die Hand nehmen, zweitens wissen Sie inzwischen, daß Wiederholung nicht schadet ...!

Freundlichkeit

In vielen Unternehmen scheint der Begriff der Sparsamkeit falsch umgesetzt zu werden, indem Freundlichkeit zuerst wegrationalisiert wird. Professionelles Telefonieren setzt aber Freundlichkeit voraus und gibt nicht nur dem Anrufer, sondern auch dem Angerufenen ein angenehmes Gefühl, ja, verleiht beiden eine Atmosphäre von Konstruktivität und optimaler Verständigung. Mit Freude telefonieren bedeutet: Ein Funke der Begeisterung springt zum anderen Menschen über.

Die Stimme

Unsere Stimme erzeugt eine dementsprechende Stimmung. Und auch das wieder auf beiden Seiten. Werden wir angerufen, so klingt sehr schnell in den ersten Sekunden ein Eindruck in unser Ohr, der uns die augenblickliche Befindlichkeit des Anrufers vermittelt. Ein gehemmter Mensch spricht mit gehemmter Stimme, ein selbstbewußter klingt selbstbewußt, ein gehetzter Mensch drückt uns die Stimmung seiner Zeitnot ins Ohr.

Wortwahl

Beim Beobachten vieler Telefonate fällt immer wieder auf, daß es gar nicht so falsch ist, *was* gesagt wird, aber *wie* er oder sie sich ausdrückt. Da spricht jemand über ein gemeinsames Abendessen und meint: „Das war gar nicht schlecht." Wenn uns etwas gefällt, dann dürfen wir es gerne motivierend ausschmücken, so daß sich der andere auch ein Bild davon machen kann. Diese Fähigkeit, positiv zu formulieren, erzeugt andere Impulse vor unserem geistigen Auge. Und darauf kommt es an: Jedes Telefonat wirkt nur mit der Intensität, wie das Gefühl, das es entstehen läßt. Anstatt: „Dafür bin ich nicht zuständig", klingt viel besser: „Das fällt in den Aufgabenbereich meiner Kollegin Frau Kramer, ich verbinde Sie gerne mit ihr, kleinen Augenblick bitte."

Auch ein Telefonat gilt als „Besuch". Wir besuchen den anderen Menschen mit unserer Stimme und können die Chancen nutzen, das richtige Gesprächsklima aufzubauen und gemeinsame Ziele über die optimalen Informationen zu erreichen.

In der heutigen Zeit scheinen „Kurztrainings on the job" immer wichtiger zu werden, wenn es um konkrete kurzfristige Veränderungen geht wie zum Beispiel in der Kunst, erfolgreich zu telefonieren. Nachfolgend finden Sie einige einfache, wirksame Tips als Einstimmung auf einen Prozeß, der vielleicht für Sie heute beginnt und niemals endet: Nutzen Sie das Telefon als Ihr ergebnisorientiertes Erfolgs-Instrument!

Telefon-Tips für Ihren Erfolg

- Lächeln Sie! Sprechen Sie immer freundlich und begeistert. Es wirkt Wunder und steckt jeden Gesprächspartner an.
- Nennen Sie Ihren und seinen Namen immer deutlich.
- Benutzen Sie mehrmals den Namen des Kunden. Schreiben Sie ihn auf. Fragen Sie nach, falls Sie ihn nicht verstanden haben.
- Hören Sie aufmerksam zu. Fragen Sie. Zeigen Sie Ihr Interesse, helfen Sie.
- Schreiben Sie sich die wichtigsten Dinge auf. Papier und Schreibzeug sind genauso wichtig wie das Telefon selbst.
- Sprechen Sie langsam, klar, deutlich und immer direkt in die Sprechmuschel.
- Vermeiden die Hintergrundgeräusche sowie Parallel-Aktivitäten.
- Beenden Sie jedes Telefonat mit Freundlichkeit und einer kurzen Zusammenfassung. So hinterlassen Sie immer einen positiven Eindruck.
- Sorgen Sie selbst für Erledigung oder Weitergabe der Information sowie für versprochene Rückrufe.

Die Telefontechnik in fünf Stufen

1. Begrüßung, Vorstellung
2. Gesprächseröffnung nach der VWF-Technik
3. Bestätigung erlangen
4. Alternativ-Frage zum Termin
5. Danken, Bestätigen

Einwände übergehen am Telefon: Bumerang-Technik

1. Unterlagen schicken
2. Angebot machen
3. Geht bei uns nicht
   Das ist ja gerade der Grund, weshalb ...

Das gilt auch und gerade beim Telefonieren:
Sie sind, was Sie *denken.* Sie sind positiv durch positives Denken. Wenn man sein Ziel kennt, so gibt das Festigkeit. Festigkeit aber führt zur Ruhe. Die Ruhe allein führt zum inneren Frieden.

11 Rhetorik-Training

11.1 Die Schatzkammer Ihres rhetorischen Reichtums

Als Verkäufer kennen Sie vielleicht den Spruch: „Holen Sie den Kunden dort ab, wo er sich gerade befindet." Auch wenn Sie nicht Verkäufer sind: Den Meister der Rhetorik zeichnet aus, daß er zu den Gefühlen seiner Zuhörer Zugang findet, sie für seine Sache emotional erwärmt, Gemeinsamkeiten herstellt. Zwar mögen Sie mir jetzt wohl beistimmen. In der Theorie hört sich das ja auch alles sehr richtig an. Aber wie gehen Sie in der Praxis vor? Wie erreichen Sie Ihren Kunden oder Gesprächspartner?

Sie erreichen ihn, indem Sie ihn verstehen lernen. Na klar, werden Sie einwenden, das ist doch kein Problem. Täuschen Sie sich nicht: Kann ein Engländer, der nur Englisch spricht, einen Franzosen verstehen, der nur Französisch sprechen gelernt hat? Nein, werden Sie sagen. Und genauso wird es Ihnen auf dem Weg zum Erfolg gehen: Wie der Engländer, der den Franzosen verstehen will und deshalb Französisch lernt, werden Sie lernen, die Sprache und die Gefühlslage von immer mehr Mitmenschen kennenzulernen.

Ich will Ihnen das noch einmal an zwei Beispielen verdeutlichen:

Beispiel

Ein Computerspezialist sieht seine Lebensaufgabe und seinen Erfolg darin, die komplizierten Systeme zu verstehen und nicht locker zu lassen, bis er die innere Logik eines Softwareprogrammes verstanden hat. Dafür wendet er unendlich viel Zeit auf, dafür vertieft er sich in dicke Handbücher, macht diverse Tests, tüftelt endlos und ist ganz stolz, das Ergebnis seiner Bemühungen in – wie er meint – völlig klarer Sprache und logischen Ableitungen seinem Auftraggeber oder Kunden zu erklären. Der jedoch hat von Computern überhaupt keine Ahnung, er will sie nutzen – und das so schnell und effektiv wie möglich. Ihn interessiert überhaupt nicht, zu welchen Leistungen das System in der

Lage ist, er benötigt sowieso nur 5 Prozent des angebotenen Software-Leistungsumfangs, ist aber höchst verärgert, wenn er sich deshalb langatmige Erklärungen anhören muß, die er weder versteht, noch verstehen will. Der von seiner Materie begeisterte Computerspezialist dagegen ist möglicherweise sogar gekränkt darüber, daß sein Kunde oder Auftraggeber sich nur mit einem Bruchteil der angebotenen Leistung zufriedengeben will. Er, der in der Computerwelt ganz und gar aufgeht, hat keinen Blick dafür, daß es außer dieser wunderbaren Welt auch noch andere wunderbare Dinge gibt, er beginnt möglicherweise sogar, den Kunden als Laien zu verachten – die beiden werden nie wirklich zueinanderkommen. Nicht auf dieser Ebene.

Ein zweites Beispiel

Ein Buchhalter in der Reisekostenabrechnungsstelle, dessen Lebensziel und Erfolgserlebnis es ist, Ordnung und Klarheit zu schaffen, Vorschriften penibel einzuhalten und sehr glücklich ist, Belege auf den Pfennig genau nachzuweisen, fühlt sich ständig von einem Außendienstmitarbeiter mißachtet und zutiefst verletzt. Warum? Weil der Außendienstler die Dinge, die für den Buchhalter zur Lebensaufgabe gehören, als „Peanuts" ansieht, die ihn in seinem Geschäft nun wirklich nicht interessieren. Die Welt des Außendienstlers sind Kontakte, sind neue Geschäfte, sind Eroberungszüge bei seinen Kunden. Sein Erfolg ist es, Kunden zu gewinnen, Geschäfte zu machen, Geld hereinzuholen. Daß dafür Reisen notwendig sind und Ausgaben – das ist ja wohl logisch. Und daß er, wenn er sich auf seine Kunden konzentriert und wie ein Jagdhund hinter seiner vermuteten Beute herhechelt, nicht so genau aufpaßt, wo er nun welche Ausgaben verursacht hat, das müßte doch jeder begreifen. Er in seiner Welt kann sich überhaupt nicht vorstellen, daß es ein Erfolgserlebnis wäre, diese Ausgaben denn minuziös und ordentlich aufzulisten. Eine Arbeit für Sumpfköppe, denkt er. – Ein klassischer Konflikt, der Außendienstler und der Buchhalter werden sich wohl nie richtig mögen.

Nun sind beides harmlose Beispiele. Der Buchhalter und der Außendienstler müssen sich nicht lieben, der Computerspezialist und sein Auftraggeber müssen keine herzinnige Freundschaft entwickeln. Aber: Rhetorik ist die Meisterschaft des Überzeugens. Und solange Sie als Außendienstler keinen Buchhalter überzeugen können, solange Sie als Computerspezialist Ihren Auftraggeber nicht für Ihre Arbeit begeistern und faszinieren können, haben Sie als Rhetoriker verloren. Denn: Unter Ihren Zuhörern sind immer Menschen, die ein ganz anderes Verständnis von dieser Welt haben, deren Lebensaufgabe der Ihren möglicherweise konträr gegenübersteht.

Also bleibt Ihnen nichts anderes übrig – wie im Beispiel ganz oben –, als die Sprache, und damit das Denken anderer Menschen zu lernen. Und damit erweitern Sie die Schatzkammer Ihres rhetorischen Reichtums. Wenn Sie gelernt haben, in vielen verschiedenen Sprachen zu sprechen und in vielen unterschiedlichen Sichten dieser Welt (und der Lebensaufgaben von Menschen) zu Hause zu sein, dann können Sie wirklich den Kunden dort abholen, wo er sich gerade befindet.

Erweitern Sie also die Schatzkammer Ihres rhetorischen Reichtums! Ich habe schon weiter vorne in diesem Buch angeboten, Ihren Sprachschatz zu erweitern. Lesen Sie Literatur, nutzen Sie die Fragetechnik bei Kunden, um nicht nur deren Einstellung zu Ihnen und zum Produkt, sondern sogar deren Lebenseinstellung und deren Lebensaufgabe zu erforschen. Entwickeln Sie eine naive Neugier, hinter die Gefühle und hinter die Ansichten und Einstellungen anderer Menschen zu kommen.

Das geht nur, indem Sie Ihren eigenen Lebensrahmen erweitern. Nutzen Sie Ihre Kontaktfähigkeit, um immer mehr in die Denkweise und in die Sprache anderer Menschen hineinzugelangen. Lernen Sie den Sprachschatz der Jugendlichen genauso wie den der Hochschulprofessoren, entdecken Sie, welche Faszination es für Zahnärzte bedeutet, in Zähnen herumzufummeln, und versuchen Sie, das Erfolgserlebnis eines Buchhalters oder eines Literaturprofessors nachzuempfinden.

Vergrößern Sie Ihren Lebensrahmen. Bauen Sie Ihren Sprachschatz aus. Erweitern Sie Ihr Denkgebäude, lassen Sie fremde Ansichten und Lebensanschauungen zu. Sie können das, denn Sie haben in diesem Buch gelernt, Ihre Persönlichkeit zu festigen, Ihr Selbstvertrauen auszubauen und sich aufzumachen für Fremdes. Erweitern Sie Ihren Rahmen!

Übung

Auch hier wieder gilt, nicht das Lernen im Theoretischen stehen zu lassen. Legen Sie sich deshalb eine Kartei an, wo Sie auf kleine Karteikärtchen neue Worte, interessante Sätze, neue Gedanken aufschreiben. Ordnen Sie die Karteikarten bestimmten Personen, Berufen, gesellschaftlichen Schichten, anderen Kulturkreisen zu. Erweitern Sie so auch materiell die Schatzkammer Ihres rhetorischen Reichtums. Nutzen Sie diesen reichen Vorrat an Worten, Gedanken, Ansichten, um Ihren eigenen Denk- und Handlungsrahmen zu vergrößern und nutzen Sie diesen Karteikasten ganz konkret, wenn es darum geht, einen neuen Kunden oder einen neuen Kundenkreis zu erschließen und – zu überzeugen! Jetzt haben Sie wesentlich mehr Mittel, den Kunden auch dort zu erreichen, wo er sich gerade befindet ...

11.2 Sätze, Wörter, Blickkontakt – und Erholungspausen

In meinem Buch, *Mit Freude erfolgreich sein*, habe ich 50 Regeln für Redner aufgestellt, außerdem Rhetorikgrundregeln und Tips bei unfairer Dialektik. Ich will sie hier nicht wiederholen, denn ich gehe davon aus, daß Sie als Verkäufer nicht so sehr oft Reden halten, als vielmehr im Gespräch überzeugen oder Präsentationen durchführen müssen (dazu später). Die wichtigsten Tips aus dieser umfangreichen Sammlung möchte ich Ihnen hier dennoch anbieten:

Sätze

Achten Sie darauf, daß Sie sich nicht in allzuvielen Nebensätzen verlieren. Nebensätze sind „Neben-Sätze". Sie führen vom Satz weg, verlieren sich in Nebensächlichem. Möglicherweise haben Sie selbst schon oft beobachtet, wenn ein Erzähler den roten Faden verliert und vom Hauptgleis seiner Botschaft sich auf Nebengleise verliert, bis er irgendwo vollends das Ziel und die Botschaft seiner Aussage verloren hat. Das sind – Sie wissen es – die ewigen Laberer. Versuchen Sie einmal, sich selbst zuzuhören, wenn Sie im Gespräch sind. Versuchen Sie einmal, die Sätze, die Sie sprechen, im Geiste mitzuschreiben. Genauso wie Sie versuchen sollten, sich selbst im Gespräch einmal aus Marsmännchen-Perspektive zu beobachten, eine Übung, die ganz wesentlich hilft, Ihre Körpersprache zu verbessern.

Wörter

Vorn habe ich über den durchschnittlichen Wortschatz der Deutschen geschrieben und oben habe ich Ihnen auch empfohlen, Ihren Rahmen zu erweitern. Welche Wörter gebrauchen Sie gern? Kommen Sie aus gewissen Jargon-Ausdrücken (Beispiel: „Das ist ja toll", „Das ist ja wirklich toll“) nicht heraus? Wie einfach haben es doch da die Jugendlichen in der ersten Hälfte der Neunziger, dort ist die Steigerung für gut – besser – am besten mit den drei Worten „geil“, „obergeil“, oder „oberaffengeil“ sehr leicht umschrieben. Das ist nicht besonders schlimm. Erinnern Sie sich – auch in Ihrer Jugend – gab es ganz bestimmte Ausdrücke mit denen man signalisierte, daß man „in“ war. Heute, als Erwachsener, sollten Sie über eine differenziertere, feinfühligere und umfangreichere Schatzkammer Ihrer Worte verfügen.

Übung

Horchen Sie beim nächsten Gespräch sich selbst zu, und notieren Sie im Geist die Worte, die Sie am häufigsten gebrauchten und für die Ihnen partout kein anderes Wort einfallen wollte. Schreiben Sie das Wort dann abends zuhause auf und finden Sie mindestens 20 andere Worte, die dieses eine Wort in verschiedenen Facetten umschreiben. Das geht. Üben Sie am Anfang durchaus mit einem Synonym-Wörterbuch.

Ein kleiner Hinweis am Rande: Ein Volksstamm in der Südsee – so wird erzählt – hat allein für die Farbe Blau 85(!) verschiedene Worte. Möglicherweise ist das deshalb besonders wichtig, weil die unterschiedlichen Blau-Farben von See und Himmel existentiell notwendig sind, um das Wetter vorherzusagen, um im Falle eines Sturms oder Unwetters überleben zu können.

Was ist für Sie existentiell notwendig, wie viele Wörter haben Sie dafür?

Blickkontakt

Wie oft schauen Sie Ihr Gegenüber an? Wie oft halten Sie den Blickkontakt, registrieren das leichte Neigen des Kopfes (meistens bedeutet das innerliche Zustimmung), wie oft bemerken Sie, daß der andere eine eher ablehnende Haltung eingenommen hat? Das Beispiel mit der Marsmännchen-Perspektive nannte ich schon. Wenn Sie die weiter vorne im Buch beschriebenen Übungen wirklich durchführen, dann sind Sie so entspannt im Gespräch, daß Sie in der Lage sind, sich voll und ganz auf Ihr Gegenüber zu konzentrieren. Sie können Ihn beobachten und müssen nicht befürchten, daß Sie selbst unter Beobachtung stehen. Befürchten müssen Sie schon gar nichts! Sie wissen, in entspannter selbstsicherer Atmosphäre haben Sie durchaus die Möglichkeit, ernste und wichtige Gespräche in voller Konzentration zu führen und dabei gleichzeitig sich selbst und den anderen in Marsmännchen-Perspektive zu beobachten.

Erholungspausen

In so einer gelassenen und doch konzentrierten Gesprächsatmosphäre werden Sie auch feststellen, wenn sich ein Gespräch festzufahren beginnt. Sie merken es, wenn die Körperhaltung Ihres Gegenüber verkrampfter wird, wenn Sie selbst sich geistig in einer argumentativen Sackgasse befinden, wenn Sie nicht weiterwissen. Genau das ist der Punkt, eine Erholungspause einzulegen. Und das meine ich wörtlich so. In so einer Situation sollten Sie Ihre Körperhaltung ganz deutlich verändern und sich in eine andere, entspanntere Haltung begeben. Das signalisiert auch Ihrem Gegenüber, Sie wollen jetzt eine gedankliche Pause einlegen – die ist Ihrem Gegenüber möglicherweise sogar willkommen. Es ist auch überhaupt nicht schlimm, sich hier für einen Moment für einen Gang auf die Toilette zu entschuldigen. Jede Unterbrechung, jede körperliche Umstellung führt zu neuen Gedanken, führt aus der Sackgasse heraus. Seien Sie sicher: Ihr Gegenüber wird dies ebenso empfinden. Mit dieser Unterbrechung lösen Sie die Erstarrung (wortwörtlich) auf. Damit schaffen Sie auch die Möglichkeit, nach der Unterbrechung den Faden wieder aufzunehmen und die beiden Standpunkte, die vorher so erstarrt waren, noch einmal aufzugreifen: „Wo waren wir jetzt gleich stehengeblieben …?“ – Sie werden merken, das wirkt Wunder.

Eine weitere Möglichkeit einer „Erholungspause“ ist es, wenn Ihnen einfällt, daß Sie Ihren Gesprächspartner etwas zeigen oder aufzeichnen können – darüber im nächsten Abschnitt mehr.

11.3 Ein Bild sagt mehr als tausend Worte

Bei dieser Überschrift werden Sie jetzt doch vielleicht ein wenig stutzig: „Ein Bild sagt mehr als tausend Worte.“ Gleich zu Beginn dieses Buches habe ich daraufhingewiesen, daß es die Stimme ist, die suggestiv überzeugt. Richtig, das ist mein Standpunkt, dazu stehe ich. Doch manchmal reicht dies nicht aus. Rhetorik ist Kunst der Überzeugung.

Rhetorik ist die Kunst, den anderen im Gespräch dort abzuholen, wo er sich befindet, Gemeinsamkeiten zu entwickeln und ihn dorthin mitzunehmen, wohin Sie ihn führen wollen. Da kann es manchmal durchaus hilfreich sein, besonders schwer zu erklärende Zusammenhänge aufzuzeichnen, in dem einen oder anderen Fall auch Bilder, Fotos oder Grafiken zu präsentierten – jeder Verkäufer kann das und weiß das. Haben Sie aber auch schon einmal umgekehrt gedacht? Haben Sie schon einmal daran gedacht, Ihrem Kunden, Ihrem Gesprächspartner, die Chance zugeben, Dinge, die er schlecht in Worten ausdrücken kann, aufzuzeichnen?

Verkäufer – so sagt man – seien rhetorisch so geschickt, daß sie Kunden regelrecht mir ihren Worten einseiften und ihnen das Fell über die Ohren ziehen. Lassen Sie diesen Eindruck niemals zu! Geben Sie Ihrem Gesprächspartner immer wieder die Möglichkeit, sich selbst so auszudrücken, wie er es am besten versteht. Bleiben Sie geduldig dabei, hören Sie zu und geben Sie ihm doch die Chance, die Dinge, die er Ihnen nur schwer erklären kann (aus welchem Grund auch immer), einfach einmal aufzuzeichnen. Oder zeichnen Sie selbst. Das Erfolgserlebnis ist verblüffend: Diese im Verkaufsgespräch flüchtig hingeworfene Verständnis-Skizze ist möglicherweise exakt die Brücke, die Sie brauchen, um auf den anderen zuzugehen, oder ihn vor Ihr eigenes Ufer zu bitten, um Gemeinsamkeit herzustellen! Nicht selten werden solche Skizzen hinterher als „wichtige Unterlage" angefordert mit der Bitte, „darf ich das behalten?" (eine Geste, die Sie auf jeden Fall beherzigen sollten, wenn Ihr Kunde Dinge skizziert hat). Denn was passiert bei diesem Vorgang: Die Skizze wird so wichtig wie das Autogramm eines Stars!

Rhetorik ist die Kunst der Überzeugung, der Beeinflussung. Erweitern Sie die Schatzkammer Ihres rhetorischen Reichtums, trainieren Sie Rhetorik als die Kunst, um sich selbst und andere zu öffnen, Ihren Handlungs- und Denkrahmen zu erweitern, um mit dem anderen Gemeinsamkeiten herzustellen, um ihn auf Ihr Ziel hin zu gewinnen! Laden Sie den anderen ein, Ihnen zu folgen, zwingen Sie ihn nicht dazu! Nur der, der aus freien Stücken Ihrer Einladung folgt, wird auch später ein Partner bleiben und zum Freund werden.

12 Rhetorik-Meisterschaft: Angriffe umdrehen

12.1 Wie Sie ein „Nein" in ein „Vielleicht" und dieses in ein „Ja" verwandeln

Kaum ein Angehöriger einer anderen Berufsgruppe muß sich so viele „Neins" anhören wie ein Verkäufer. Und wer sich nicht mindestens zehn Neins hintereinander anhören kann, um beim elften Mal das Ja zu hören und einen Treffer zu landen, der sollte sich um einen anderen Beruf bemühen.

Wie können Spitzenverkäufer mit den vielen „Neins" umgehen?

1. Sie sehen in dem „Nein" des Kunden nicht gleichzeitig eine Ablehnung ihrer Person.
2. Sie wissen ganz genau, daß nach soundsovielen „Neins" ein „Ja" erfolgt – die Methode, statistisch festzuhalten, nach wie vielen Neins das Ja erfolgt, wird sogar von einigen Verkaufstrainern gelehrt, um das Selbstvertrauen des Verkäufers zu aktivieren und die Zahl der „Neins" gar als Maßstab und „Kilometerzähler" für das nächste Jahr zu verwenden.
3. Sie lassen nicht locker und sehen das „Nein" nur für die jetzige Situation und den augenblicklichen Stand der Dinge an.

Denken Sie doch einmal zurück. Wie war es denn, als Sie jemanden verliebt waren und der oder die Angebetete von Ihnen nichts wissen wollte. Haben Sie aufgegeben? Wie oft haben Sie es versucht? Und was ist Ihnen nicht alles eingefallen, um das „Nein" in ein „unter welchen Bedingungen" wäre es denn in ein „Vielleicht" umzuwandeln, bis dann später das „Ja" erfolgte?

Möglicherweise wissen Sie das bereits: Nur dann werden Sie bei einem „Nein" als absoluter Loser dastehen, wenn es Ihnen nicht gelingt, herauszufinden, warum Ihr Gegenüber Sie mit einem „Nein" abserviert.

Auf jedes Nein gibt es den Ausweg „unter diesen Bedingungen – vielleicht“ und „unter jenen Bedingungen – ja“. Finden Sie dies heraus. Und vergessen Sie nie, was Sie vorhin schon gelesen haben. Ihre Persönlichkeit muß überzeugen, nicht die von Ihnen angebotene Dienstleistung oder das Produkt. Ihre Persönlichkeit ist es, die möglicherweise einen Kunden, der jetzt noch nicht bei Ihnen kauft, eine Empfehlung für einen Kollegen aussprechen läßt.

Übung

Ich habe nachfolgend die wichtigsten „Nein-Begründungen“ aufgelistet. Finden Sie für jede dieser Begründungen drei Antworten, die das Nein in ein Vielleicht oder in ein Ja verwandeln könnten:

- So haben wir das früher noch nie gemacht.
- Das geht nicht.
- Meine Finanzlage erlaubt das nicht.
- Das haben wir schon versucht.
- Dazu bin ich jetzt nicht in der Lage.
- Alles graue Theorie.
- Darüber läßt sich ein Andermal reden.
- Man weiß doch, das läßt sich einfach nicht machen.
- Warten wir erst einmal die Entwicklung ab.
- Bei mir geht das einfach nicht.
- Alles Quatsch.
- Klingt ja ganz gut, aber ich glaube nicht, daß das wirkt.
- Das wächst mir noch über den Kopf.
- Später.
- Zu spät.
- Das bringt doch nichts.
- Meine Mitarbeiter werden nicht mitmachen.
- Warum etwas Neues – der Umsatz steigt doch laufend.
- Technisch undurchführbar.
- Warten wir lieber erst die Entwicklung ab.
- Damit muß sich ein Ausschuß beschäftigen.
- Der Betrieb ist für so etwas viel zu klein.

Das Nein zerstört – das Nein ist der Ausschalter.

Das Ja ist der Einschalter, das Ja baut auf.

12.2 Allein vor einer Gruppe: Einwürfe abwehren

Allein vor Gruppen ist es noch wichtiger, die Fähigkeit zu besitzen, die anderen zu beobachten. Achten Sie darauf, daß Sie der Gruppe nie Ihren Rücken zukehren, bleiben Sie bei Ihrer Präsentation außerhalb des Sichtfeldes Ihrer Zuhörer, die ein Chart oder ein Dia betrachten wollen, lassen Sie sich auch nicht die kleinste Regung im Publikum entgehen.

Nun ist es immer so, daß eine Präsentation von den Teilnehmern der Gruppe oft genutzt wird, sich innerhalb der Gruppe zu positionieren. Besonders wenn eine Gruppe aus der gleichen Firma kommt, ist der Anlaß einer Präsentation eines Fremden die willkommene Chance, endlich dem Nebenbuhler von der anderen Abteilung durch Besserwisserei eins auszuwischen. Die Besserwisserei gilt allerdings nicht dem Nebenbuhler der anderen Abteilung, Sie sind die Zielscheibe, auf Ihnen wird herumgeprügelt. Das müssen Sie einfach wissen.

Wenn Ihnen dieser Mechanismus bekannt ist, wird es Ihnen leicht fallen, Ihre Gelassenheit, Ihr Selbstvertrauen zu behalten. Kontrollieren Sie bei Einwürfen, die destruktiv wirken, blitzschnell Ihre Körperhaltung: Stehen Sie verkrampft? Hatten Sie Ihr Publikum gerade nicht im Blick? Lassen Ihre Arme und Hände, Ihr Oberkörper oder Ihre Beinstellung erkennen, daß Sie gerade nicht auf sicherem Boden stehen?

Das erste, was Sie in so einer Situation tun sollten, ist, sich auch körperlich zu entspannen, sich dem Publikum voll zuzuwenden, Offenheit und Aufmerksamkeit auszustrahlen. Erst dann sollten Sie aus der Schatzkammer Ihres rhetorischen Reichtums in aller Gelassenheit die richtige Antwort (siehe *Mit Freude erfolgreich sein*) aussuchen.

Am sinnvollsten ist es – je nachdem wie gemein und destruktiv der Störer Sie angegriffen hat – zunächst einmal wirklich eine Pause zu machen. Diese Pause hilft Ihnen – und den Zuhörern – innerlich Stellung zu beziehen: Wenn es ein kleiner Karrierist war, der diesen Zwischenruf startete, werden Sie in dieser Gedenk-Sekunde sicherlich die meisten der Anwesenden auf Ihre Seite bekommen, wenn Sie nach dieser Gedenk-Sekunde antworten: „Darf ich Ihren Einwand notieren, um später darauf zurückzukommen?“

Wenn der Zwischenruf so gar nichts mit Ihrem Thema zu tun hat, ist es sogar denkbar, zurückzufragen, „Hier bin ich im Moment überfragt, hat einer der Anwesenden hierfür möglicherweise eine Antwort?“

Schwieriger ist es schon, wenn in der Gruppe der Chef selbst oder eine ähnlich wichtige Person negative Äußerungen machen. Die können Sie nicht so einfach abspeisen, denn Sie müssen davon ausgehen, daß die Worte und die Stimmung des Chefs Gesetz sind für alle anderen. Hier können Sie nur darum bitten, den Einwand gleich im Anschluß ausführlich behandeln zu dürfen, oder Sie können Ihre Präsentation unterbrechen und anbieten, auf die Frage jetzt sofort einzugehen.

Aber auch hierbei: Bleiben Sie gelassen, holen Sie sich vorher die Zustimmung ein, jetzt Ihre Präsentation zu unterbrechen und nach Beantwortung der Frage wieder fortzusetzen.

Wichtigstes Gebot bei allen Störungen, wenn Sie allein vor einer Gruppe stehen: Behalten Sie Ihre Gelassenheit, bleiben Sie innerlich souverän. Selbst, wenn durchsetzungsstarke Störer aus der Gruppe Ihr ganzes Konzept kippen wollen: Lassen Sie sich auf keinen Fall in einen Schlagabtausch mit diesem Störer ein. Entweder er gelingt Ihnen, ihn innerhalb der Gruppe zu isolieren oder – und das sollten Sie tun, wenn Sie sich nicht sicher sind, ob die Gruppe hinter dem Störer steht – lassen Sie ihm freie Bahn und brechen im Zweifel Ihre Präsentation ab.

Einfach so? Nein – nicht einfach so! Hier, wie bei allen Situationen in der Rhetorik, versichern Sie sich vor dem Abbruch Ihrer Präsentation, daß dies auch das einhellige Votum der Gruppe ist, das diese Handlungsweise Zustimmung findet.

Wenn Sie – auch in dieser heiklen Situation – die Zustimmung zum Abbruch Ihrer Präsentation eingefordert haben (und noch haben Sie es in der Hand, ob Sie weitermachen oder abbrechen werden), dann haben Sie wieder eine Gemeinsamkeit erzielt. Und so bitter es für Sie ist, die sorgsam vorbereitete Präsentation abbrechen zu müssen: Auf der Basis der auch so hergestellten Gemeinsamkeit, können Sie das Feld zunächst dem Störer überlassen, in aller Ruhe und Gelassenheit die Situation überschauen – Sie befinden sich ja in Gemeinsamkeit mit dem Publikum – und geschickt den Faden dann wieder aufnehmen, wenn der Störer sein Pulver verbraucht hat. Die Zwischenzeit nutzen Sie, um völlig offen und entspannt zu beobachten, was jetzt abläuft, wo die eigentlichen Meinungsführer und Entscheider positioniert sind, um sie später – oder bei einem anderen Termin – dort abzuholen, wo Sie jetzt gerade entdeckt haben.

Vielleicht sind Sie jetzt enttäuscht, daß ich Ihnen zu einem Verhalten rate, das Sie wie einen Verlierer dastehen läßt. Ich bin sicher, wenn Sie die Übungen, die ich bisher beschrieben habe, regelmäßig durchführen, wird es wohl kaum zu so einer peinlichen Situation kommen. Aber – und das schrieb ich schon ganz zu Anfang in diesem Buch – es gibt nun einmal Menschen, die destruktiv veranlagt sind, die stören wollen, die nicht Ihre Freunde sind. Sollte es einmal zu so einem Eklat kommen, nutzen Sie diese Situation, um Ihre wahren Freunde zu entdecken und mit Ihnen weiter zu arbeiten.

12.3 Kritik vor dem Chef oder vor Kunden

Mit eine der aller schwierigsten Situationen ist es, wenn Sie vor einem Chef oder einem Kunden stehen, und der Sie gnadenlos „runtermacht". Sie werden kritisiert. Was passiert: Sie fühlen sich nicht gut und versuchen, sich zu rechtfertigen. Lassen Sie es sein. Üben Sie auch hier wieder die Grundregeln der Rhetorik, und versuchen Sie, zunächst eine Gemeinsamkeit herzustellen. Versuchen Sie, die Hintergründe des Kritisierenden zu erfassen, seine Einsamkeit und Ängstlichkeit. Ich will Ihnen das mit den nachfolgenden Gedanken zum Thema „Kritik ist wertlos" etwas leichtermachen. Wenn Sie diese Zeilen gelesen haben, werden Sie – da bin ich ganz sicher – selbst sehr vorsichtig mit Kritik umgehen, beziehungsweise sie ganz vermeiden. Das heißt nicht, daß Sie alles tolerieren sollen, was beispielsweise Mitarbeiter Ihnen präsentieren. Aber es ist ein Unterschied, ob ich kritisiere oder Verbesserungsmöglichkeiten aufzeige …

Kritik ist wertlos

Es schwebt ein Gespenst durch unsere Köpfe – ein Gespenst mit Namen Kritik. Einer der größten Irrtümer gebildeter und vor allem intellektueller Menschen ist die Vorstellung, mit Kritik könne man andere überzeugen und gewinnen. Man müsse den Gegner nur mit den richtigen scharfen Worten stillegen, um ihn auszuschalten. Das Gegenteil ist der Fall. Kritik vernichtet, doch nicht primär den Kritisierten, sondern vor allem eine mögliche Beziehung, eine Kommunikationsebene zwischen Kritisiertem und Kritiker.

Wer kritisiert, ist einsam, er hat das letzte Wort gesprochen, selbst wenn es das erste gewesen sein sollte. Kritik – und sei sie noch so angeblich sachlich vorgebracht – hat für den Kritisierten immer etwas auf seine Persönlichkeit zielendes, etwas Vernichtendes. Man fühlt sich ertappt, erkannt, enttarnt. Kritik ist ein Übergriff auf die Seele des anderen, in der er seine tiefsten Geheimnisse verborgen hat, die vom Zeitpunkt der Kritik an scheinbar ungeschützt bloßliegen. Niemand, der kritisiert wird, ist für diese Kritik wirklich dankbar. Sicher kann er Dankbarkeit heucheln, um sich keine weitere Blöße zu geben. Doch tief in seinem Inneren wird er einen Groll gegen seinen Kritiker hegen, der eine offene und vertrauensvolle Beziehung zwischen beiden niemals wirklich entstehen lassen kann. Kritik ist das wichtigste Instrument für eine *negative* Menschenführung. Denn Kritik baut andere nicht auf, Kritik macht andere klein – und ist deshalb immer negativ. Wer andere kleiner macht, macht sich in Wahrheit selbst klein, obwohl er doch genau das Gegenteil anstrebt. Es gibt viele Gründe, warum ein Mensch kritisiert:

Er kritisiert aus:

- Mißgunst und Neid,
- Rache,
- Unzufriedenheit,
- Geltungsbedürfnis,
- Unsicherheit,
- Verärgerung,
- Antipathie,
- Frustration,
- Taktik,
- Unwissenheit,
- purer Kritiklust,
- aggressiver Stimmung,
- Böswilligkeit,
- Unfähigkeit,
- negativer Grundeinstellung,
- Angst,
- Egoismus,
- Hilflosigkeit,
- Minderwertigkeitskomplexen,
- Überheblichkeit,
- Sensationslust.

Er kritisiert:

- weil er glaubt, alles besser zu können,
- um zu kränken,
- um seine eigenen Schwächen zu verbergen,
- weil er glaubt, über den Dingen zu stehen,
- um zu provozieren,
- um sich abzureagieren,
- um aufzufallen, weil er seine Ziele nicht liebt.

Sie erkennen, daß es nicht einen einzigen positiven Grund für Kritik gibt. Würde man den Kritiker fragen, warum er kritisiert, würde er höchstwahrscheinlich antworten: „Weil ich erfolgreich sein möchte."

Doch Kritik ist kein Mittel, das zum Erfolg führt – Kritik zerstört Brücken zwischen Menschen. Das Gegenteil davon sind die „Brückenbauer", die wissen, daß sie nur etwas bewegen und bewirken können, wenn sie die Hilfe und Unterstützung anderer für ihre Ziele gewinnen können. Sie suchen die Nähe und Kommunikation mit anderen, sie bauen Brücken zu ihnen und öffnen den Zugang zu den Menschen, die an sie glauben. Alle Großen der Geschichte waren Brückenbauer. Sie haben anderen genutzt, haben anderen Wege geebnet, haben ihnen Hände gereicht – um selbst Hilfe und Unterstützung zu bekommen, nicht als Mittel zum Zweck, sondern auf der Basis von Gegenseitigkeit: „Ich mache dich groß, damit du mich groß machst."

Der Brückenzerstörer dagegen ist zumeist ein Einzelgänger, einer der glaubt, die Unterstützung anderer nicht nötig zu haben, es sei denn, er könnte einseitig davon profitieren. Er kritisiert, weil er – und das ist die wichtigste aller Ursachen für Kritik – seine Ziele nicht liebt. Damit beginnt der Teufelskreis der Kritik: Wer seine Ziele nicht liebt, kann sich selbst nicht lieben, wer sich selbst nicht liebt, kann andere nicht lieben, wer andere nicht liebt, kann sie nicht groß machen, er kritisiert, wer andere kritisiert, liebt seine Ziele nicht …

Adolf Freiherr von Knigge schrieb 1788 in seinen Richtlinien *Über den Umgang mit Menschen*: „Die Kunst des Umgangs mit Menschen besteht darin, sich geltend zu machen, ohne andere unerlaubt zurückzudrängen." Der Kritiker dagegen überschreitet ständig die Grenzen der anderen:

- Er kritisiert ständig ohne Rücksicht auf die Empfindungen anderer.
- Er kritisiert, ohne daß seine Meinung gefragt und gewünscht ist.

- Er sieht in allem immer zuerst das Negative.
- Seine Reaktionen sind unberechenbar.
- Er will beherrschen und Macht über andere haben.
- Seine Denk- und Handlungsweise ist ausschließlich auf den persönlichen Vorteil gerichtet.
- Er ist neidisch und sucht Verbündete, um diesen Neid zu nähren.
- Er gönnt niemandem außer sich selbst Erfolg und Anerkennung.
- Er kann andere bewußt und zielgerichtet verletzen.
- Er ist ständig schlecht gelaunt.
- Er gibt bei Fehlern grundsätzlich anderen die Schuld.
- Er glaubt grundsätzlich, alles besser zu wissen und zu können.
- Er ist intrigant.
- Er blockiert die Ideen und die Kreativität anderer.

Jemand, der kritisiert, sieht sich stets auf der „richtigen" Seite. Die Kritik an anderen schützt ihn davor, mit sich selbst ins Gericht zu gehen. Seine persönliche Isolation als Folge dieser Schutzmauer kompensiert er mit Selbstüberwertung. Selbstüberwertung jedoch ist immer irreal und hat eine Selbstunterwertung zur Folge, die nur deshalb nicht als solche auffällt, weil sie durch die nach außen vorgebrachte Kritik verheimlicht oder verleugnet wird. Eine Führungskraft, die ständig kritisiert, erlangt demnach folgerichtig nicht die gewünschte Achtung und den Respekt der Mitarbeiter und Kollegen, sondern sie zerstört Brücken der Kommunikation.

Probleme, die man anderen macht, sind in der Regel Probleme, die man selber hat. Und diese psychologische Tatsache wird instinktiv und unbewußt von allen Menschen erkannt und bewertet. Ein Kritiker kann deshalb niemals ein Motivator sein, ein „Leader" mit Charisma und Vorbildfunktion für seine Mitarbeiter. Mitarbeiter führen heißt Mitarbeiter erfolgreich machen. Wer seinen Mitarbeitern Schwierigkeiten macht, kann auf Feindseligkeiten und Haß warten.

Kritik ist wertlos. Die kritisierende Führungskraft wird niemals respektiert – sie wird gefürchtet, ignoriert, gehaßt. Kein Mitarbeiter kann ständige Kritik an seiner Person, an seinem Handeln, seinen Überzeugungen und Leistungen auf Dauer ertragen.

Niemand, der an sich selbst glaubt, hält es über Jahre hinweg stoisch aus, wenn seine Ideen und seine Kreativität kleingehalten werden. Dem Unternehmen bleiben unter der Fittiche notorischer Kritiker am Ende nicht die Fähigen und die Starken, sondern die Schwachen und Unfähigen, die sowieso nicht an sich selbst glauben und es für selbstverständlich halten, immer kleingemacht zu werden. Deshalb sind die Kritiker für jedes Unternehmen so gefährlich: Sie können das gesamte Leistungspotential in ihrem Betrieb lahmlegen und dem Unternehmen dadurch großen wirtschaftlichen Schaden zufügen.

Jedes Unternehmen ist nur so gut wie seine Mitarbeiter – jede Führungskraft hat die Pflicht und Verantwortung dem Unternehmen gegenüber, die Besten, die Selbstbewußten, die Leistungsträger zu halten und zu motivieren. Die psychologischen Blockaden, die ein chronischer Nörgler in seinen Mitarbeitern aufbaut, sind auch betriebs- und sogar volkswirtschaftliche Blockaden mit katastrophalen Folgen für Unternehmen und Wirtschaft. Konfrontation erzeugt Reibung – Reibung verlangsamt Tempo. Ob eine Firma eine Erfolgsfirma wird, zeigt sich darin, wie groß der Anteil derer ist, die aus eigenem Antrieb, aus Spaß an der Sache oder auf der Suche nach Bewährung sind. Wer Leistung fordert, muß Sinn bieten und nicht Sinn nehmen.

Das Nachrichtenmagazin „Der Spiegel" beklagte im Oktober 1994, daß die modernen Manager den Kontakt zur Welt, die sie regieren, längst verloren hätten: „Über 80 Prozent der Vorstände, Direktoren und Abteilungsleiter gaben an, daß ihnen jegliches psychologische Basiswissen fehle. Nicht einer (...) sah sich veranlaßt, daran etwas zu ändern." Doch „Der Spiegel" sieht bereits die Götterdämmerung nahen: „Schneller als jemals driften Schein und Sein in den Chefetagen auseinander. Die Führungsaufgaben haben sich verändert, die Chefs nicht." Motivation und Menschenpflege als entscheidende Erfolgsfaktoren rangieren beiden Führungsmenschen ganz unten auf der Werteskala – eine fatale Fehleinschätzung. Wo es einzig noch um die Sicherung von Pfründen, um Machterhalt um jeden Preis geht, geht das Menschliche, das sogenannte „Klima" verloren, nicht allein beim Mitarbeiter, sondern auch beim Vorgesetzten. Wer Zeichen der Zeit zu spät erkennt, wird einsam, und krank. Kritiksucht und Nörgelei von Führungsmenschen ist häufig genug nur noch der – vergebliche – Versuch, einer inneren Isolation zu entkommen.

Es ist vor allem die Gelassenheit, an der man die Eignung eines Chefs ermessen kann – denn Gelassenheit kommt aus der inneren Freiheit. Ein gelassener Mensch kritisiert nicht. Eine Führungspersönlichkeit ist man, wenn man menschlich respektiert wird und als vertraueneinfößendes Vorbild gilt. Leadership ist die Fähigkeit und der Wille, Männer und Frauen zur Erreichung eines gemeinsamen Zieles um sich zu scharen und als Persönlichkeit Vertrauen einzuflößen. Denn marschieren kann man befehlen – Spitzenleistungen jedoch nicht.

12.4 Überzeugen und Argumentieren will gelernt sein!

Sechsmal fünf Beispiele für die tägliche Praxis, Argumente zu plazieren:

1. dem Referenten möchte ich danken für eine Menge neuer Einsichten ...
2. unter anderem hat er auch gesagt ...
3. dagegen ist aber auch zu halten, daß ...
4. vergleicht man beide Ansichten, dann ...
5. aus diesem Grunde schlage ich vor ...

1. gemeinhin sieht man die Sache so ...
2. aus unserer Erfahrung aber ...
3. denn erstens ...
4. außerdem zweitens ...
5. folglich ...

1. ich meine, der Vorschlag x ist gefährlich ...
2. wir müssen überlegen, ob nicht ...
3. mit scheint, der bessere Weg, wenn ...
4. dann nämlich können wir ...
5. wir haben zu entscheiden, ob ...

1. die A-Partei hat folgenden Standpunkt ...
2. sie begründet ihn mit ...
3. die B-Partei vertritt den entgegengesetzten Standpunkt ...
4. sie begründet ihn mit ...
5. ich kann mich für keinen von beiden entschließen, sondern ...

1. A behauptet ...
2. B widersprach mit dem Hinweis auf ...
3. mit scheint, die beiden treffen sich in einem Punkt ...
4. hier liegt vielleicht die Lösung, wenn ...
5. wir sollten in dieser Richtung weiterdenken ...

1. wir reden schon eine Weile über ...
2. bislang drehte sich alles um ...
3. dabei wurde übersehen, daß ...
4. gerade dies scheint mir aber besonders wichtig, weil ...
5. ich stelle den Antrag ...

Merksätze zur Rhetorik-Meisterschaft

- **Leben heißt: Altes stirbt – Neues wird lebendig. Daraus ergibt sich für uns, wir müssen offen sein für Morgen, für die Weiterentwicklung, für das Neue.**
- **Ganz gleich, was wir tun, immer müssen wir mit Menschen umgehen. Wenn der Umgang mit Menschen nicht autoritäre Manipulation sein soll, ist Vertrauen notwendig. Vertrauen aber kann nur auf Vertrauenswürdigkeit beruhen. Also müssen wir eine „Vertrauen-einflößende-Persönlichkeit" sein. Durch Bildung kann jeder Mensch in einen Prozeß der Persönlichkeitswerdung hineinkommen.**
- **Wenn wir im Mitarbeiter oder Bürger den Menschen sehen können, ihm als Menschen begegnen und ihn als Menschen behandeln, so muß man zuvor wissen, was der Mensch ist und wer dieser spezifische Mensch ist, mit dem man es gerade zu tun hat. Wir müssen Menschenkenner sein und Meister in der Kunst der Menschenbehandlung, um die täglich neu auftretenden Probleme lösen können.**
- **Gedanken, Ideen, Wünsche haben die Tendenz sich zu realisieren.**
- **Ist es nicht auffallend, daß der sportlich engagierte Mensch Schwierigkeiten geradezu aufsucht. Weshalb können wir nicht auch unsere täglichen Schwierigkeiten des Berufs als wertvolle Hilfsmittel unserer Selbstentfaltung betrachten?**
- **Verwandle große Schwierigkeiten in kleine und kleine in gar keine!**
- **Wer Schwierigkeiten sucht, findet immer welche.**

- **Sie wollen Ware verkaufen. Dazu müssen Sie aber erst ein Gespräch mit dem Kunden führen. Überzeugen Sie Ihren Partner gleich zu Beginn der Verhandlung davon, daß sich ein Gespräch mit Ihnen lohnt.**
- **Jeder Tag bietet mehr Chancen, als wir nutzen können.**
- **Strahlen Sie Sicherheit, aber nie Überlegenheit aus. Bei der Verkaufsverhandlung stahlt Ihre Sicherheit positiv auf Ihre Kunden aus.**
- **Die Sprache ist das wichtigste Handwerkszeug des Verkäufers. Sie sollten dieses Werkzeug mit Hingabe pflegen und ständig verbessern.**
- **Es gibt kaum ein Produkt, über das man nicht immer wieder etwas Neues und Interessanteres aussagen könnte.**
- **Glauben Sie an Ihre Firma, an Ihr Produkt, an alle Bedingungen Ihres Angebotes! Dann können sich Ihre Kunden diesem Einfluß nicht entziehen.**
- **Übertriebene Höflichkeit schadet ebenso wie zweckbetonte. Die beste Höflichkeit ist Natürlichkeit.**
- **Wer seine Vorsätze schriftlich niederlegt, macht gewissermaßen einen Vertrag mit sich selbst. Das verpflichtet.**
- **Nichts ist überzeugender als Erfolg.**

13 Verwalten oder gestalten?

Man kann historisch betrachtet die Menschen in drei Gruppen aufteilen: die Sklaven, die Verwalter und die Eroberer. Die Eroberer gehören zu der Gruppe, die Veränderungen hervorruft, die Gruppe, der wir die gesamte Entwicklung bis heute zu verdanken haben. Sie haben Initiative ergriffen, Herausforderungen angepackt, Hindernisse überwunden, sie haben kreativ gestaltet. Zur Ausführung ihrer Ideen haben sie die Verwalter und die Sklaven gebraucht.

Die Verwalter haben zu allen Zeiten die Pläne der Eroberer bearbeitet. Sie waren die Offiziere, die Befehle von oben nach unten weitergegeben haben, sie waren Vollstrecker und Zwischeninstanzen zwischen Eroberern und Sklaven, unverzichtbar, aber ohne größere gestalterische Befugnisse. Sie haben Experimente im Auftrag durchgeführt, Kriegstaktiken vor Ort angewandt, Todesurteile vollstrecken lassen, sie haben überwacht und kontrolliert. Sie sorgen auch heute noch dafür, daß jedes System funktioniert, ohne ihm jedoch ihren persönlichen Stempel aufzudrücken.

Die Sklaven schließlich sind die ausführenden, die keine andere Aufgabe haben, als das zu tun, was ihnen von oben verordnet wird. Haben die Verwalter noch keinen Spielraum, können sie noch interpretieren, Zwischenziele stecken, taktieren, so haben die Sklaven vom einstigen Leibeigenen bis zum heutigen Hilfsarbeiter so gut wie keine Entscheidungsbefugnisse. Sie sind Rädchen im Getriebe, ebenfalls notwendig, um das Getriebe am Laufen zu halten, aber sie gestalten nicht. Sie dienten in der Vergangenheit und sie dienen in der Gegenwart als Kanonenfutter in Kriegen, als Handlanger, Überbringer und als diejenigen, die sich die Finger schmutzig machen. Die Mauerschützen in der ehemaligen DDR waren solche modernen Sklaven. Und sie stehen heute für ihre Taten vor Gericht, nicht die Verwalter und schon gar nicht die Gestalter, die die Befehle zum Todesschuß gegeben haben. Die braucht man noch, während es immer genug Sklaven gibt. Sie bilden die größte Gruppe und schon von daher hat der Einzelne innerhalb dieser Gruppe den geringsten Wert. Das Individuum hat den höchsten Wert in der Gruppe der Gestalter. Jeder weiß, wer Julius Cäsar war, aber wer kennt die vielen tausend Legionäre, die seine Schlachten ausgeführt haben, gefallen sind in Eroberungskriegen? Jeder kennt General Schwarzkopf, den Golfkrieg-Strategen, doch wer kennt die Namen der Soldaten, die seine Befehle ausgeführt haben? Die Sklaven sind auch diejenigen, die sich für die Ideen der Eroberer opfern, für Ideen, die nicht ihre eigenen sind. Deshalb sollte sich jeder Mensch die Frage stellen:

- Will ich mich für die Ideen anderer opfern, oder will ich für meine eigenen Ideen leben?

Auch Verwalter und sogar Sklaven können zu Gestaltern werden – wenn sie es wollen. Die Montagsdemonstrationen in der Ex-DDR oder die Niederschlagung des Putsches gegen Gorbatschow in der Sowjetunion sind die aktuellen Beispiele von gelungenen „Sklavenaufständen", die gestaltende und umgestaltende Wirkung hatten. In Indien werden die Menschen in sogenannte Kasten hineingeboren, aus denen sie ihr ganzes Leben nicht mehr herauskommen. Ein Mann aus einer niedrigen Kaste darf keine Frau aus einer höheren Kaste heiraten. Das System ist in sich geschlossen. Sklaven bleiben zeitlebens Sklaven, Privilegierte bleiben privilegiert. In Europa gibt es keine Kasten, doch wir ordnen uns unbewußt freiwillig einer Kaste zu und jeder Gedanke an Loslösung davon ist mit Angst besetzt, denn Zuordnung bedeutet auch Sicherheit, Lösung, Verlust. Freiheit von dieser Verlustangst bedeutet grenzenlose Chancen. Niemand ist gezwungen, auf der Stufe stehenzubleiben, auf der er sich gerade befindet und weder Geburt noch Umstände sind für unsere persönliche Lebensentscheidung und -gestaltung verantwortlich zu machen. Sicher haben es manche Menschen von Anfang an leichter als andere, aber die Willensstarken haben sich immer und zu allen Zeiten durchgesetzt. Sehr viele Gestalter der Weltgeschichte kamen aus einfachen Verhältnissen, wuchsen in Armut und Elend auf – und haben sich dennoch von ihrer „Sklavenkaste" gelöst, um sich auf die Seite der Eroberer zu schlagen. Ein Erfolgscharakter akzeptiert kein Nein, sondern sieht in jedem Widerstand eine Herausforderung. Freiheit von Angst bedeutet, die Widerstände des Lebens annehmen, sich ihnen stellen und den Willen haben, sie zu überwinden. Alles im Leben fließt und verändert sich. Jede Veränderung bietet neue Chancen. Eroberer haben die Eigenschaft, Chancen zu erkennen und zu ergreifen. Ein Sklave erkennt die Chancen nicht, er fürchtet Veränderungen.

Was unsere Welt braucht, ist eine größere „Kaste“ der Eroberer. Nie gab es so viele Chancen wie heute, in einer Zeit der schnellen und einschneidenden Veränderungen, nie gab es so viele Herausforderungen. Nur die Eroberer können die Zukunft gestalten, nur sie haben die Möglichkeiten, die Macht und die Fähigkeiten dazu. Wenn die Gruppe der Sklaven immer größer wird, muß es zu sozialen und wirtschaftlichen Problemen kommen, die wiederum von den Gestaltern gelöst werden müssen. Je mehr Eroberer, desto gesicherter ist unsere Existenz. Eroberer gestalten nicht nur, sie finanzieren auch das soziale Netz. Und in ihrer Hand liegt es, ob es mit unserer Wirtschaft aufwärts oder abwärts geht. Mit dem Untergang der Eroberer gehen auch die Sklaven und die Verwalter unter, oder, wie Bert Brecht es sagte: „Der stürzende Wagen reißt die schwitzenden Zugtiere mit in den Abgrund.“

Zu welcher Kategorie zählen Sie sich selbst – zu den Verwaltern oder den Gestaltern, zu den Eroberern oder den Sklaven? Wenn Sie Ihr Leben vor Ihrem geistigen Auge Revue passieren lassen, werden Sie vielleicht feststellen, daß es im Laufe der Jahre Situationen und Zeiten gab, wo Sie Sklave waren, aber es gab auch immer Phasen, in denen Sie Eroberer waren. Beantworten Sie sich selbst einmal folgende Fragen:

- Wann war ich Eroberer?
- Wann Verwalter?
- Wann Sklave?
- Wann fühlte ich mich am wohlsten?
- Wann konnte ich am meisten bewirken und bewegen?
- Wo stehe ich heute?
- Wo möchte ich stehen?
- Was werde ich unternehmen, um diese Entscheidung zu realisieren?

Wer sich dafür entscheidet, Eroberer zu werden, entscheidet sich für die aktive Gestaltung der Zukunft. Wem es dagegen genügt, nur Verwalter oder gar nur Sklave zu sein, der wird nicht verschont werden von den Eroberungen und Veränderungen anderer. Nur wer selbst aktiv gestaltet, hat seine Zukunft in der Hand.

Verzeichnis der wichtigsten Gesetze, Regeln, Merksätze

Literaturverzeichnis

Weitere Titel von Nikolaus B. Enkelmann

Mit Freude leben. Der Weg zu Glück und Erfolg. Arbeitsbuch zur Persönlichkeitsbildung. München 1992

Mit Freude erfolgreich sein. Motivieren, Begeistern, Überzeugen. Arbeitsbuch zur Persönlichkeitsbildung. München 1994

Die Formel des Erfolgs: Ratgeber für Sieger. München 1994

Die Macht der Motivation. So motivieren Sie sich selbst und andere: Rhetorik – Charisma – Persönlichkeit. München, Landsberg 1995

Das System zum Erfolg. Live-Seminar: Der erfolgreiche Weg. 6 Toncassetten mit Begleitbuch. München 1990

Der erfolgreiche Weg. Video-Lehrfilm mit 3 Toncassetten und Begleitbuch. Bonn 1992

Enkelmann-Power-Training. Video-Lehrfilm mit 3 Toncassetten und Begleitbuch. Bonn 1995

Stichwortverzeichnis

Stichwortverzeichnis